LA MILICE FRANÇAISE

DU MÊME AUTEUR

Vichy et le fascisme, Paris-Bruxelles, Complexe, 1987.

Le Conseil national de Vichy, 1940-1944, Paris, Nathan, 1989.

Histoire culturelle de la France, Paris, SEDES, 1989.

De Gaulle et l'Algérie française, Paris, Perrin, 1995 ; coll. « Tempus », 2012.

Vichy capitale, 1940-1944, Paris, Perrin, 1998 (prix Millepierres de l'Académie française).

L'Église sous Vichy, Paris, Perrin, 1998 (couronné par l'Académie française).

Pétain et les Français, Paris, Perrin, 2002.

De Gaulle et Giraud, l'affrontement, 1942-1944, Paris, Perrin, 2005 (couronné par l'Académie des sciences morales et politiques).

Marie-Madeleine Fourcade. Un chef de la Résistance, Paris, Perrin, 2006.

Nouvelle Histoire de Vichy (1940-1945), Paris, Fayard, 2011.

Secrets et mystères de la France occupée, Paris, Fayard, 2015.

Histoire des 16. Les premières femmes parlementaires en France, Paris, Fayard, 2017.

Les Françaises dans la guerre et l'Occupation, Paris, Fayard, 2018.

AVEC JEAN-PAUL COINTET

La France à Londres. Histoire de la France libre, Paris-Bruxelles, Complexe, 1990.

Dictionnaire historique de la France sous l'occupation. Encyclopédie, Paris, Tallandier, 2000.

MICHÈLE COINTET

LA MILICE FRANÇAISE

TEXTO

Texto est une collection des éditions Tallandier

Ouvrage édité sous la direction de Fabrice d'Almeida

48, rue du Faubourg-Montmartre – 75009 Paris
www.tallandier.com

AVANT-PROPOS

« Miliciens, assassins, fusillés de demain… » martèle chaque jour la BBC.

Pourquoi une telle menace ? Pourquoi tant d'opprobre ?

La Milice française est née en janvier 1943 dans l'État français humilié et dépouillé de ses dernières forces. Après le débarquement des Alliés en Afrique du Nord, en novembre 1942, la zone libre est occupée par les Allemands, l'armée d'armistice est dissoute, la flotte de guerre sabordée. La création de la Milice doit conjurer cette décadence.

Depuis le 30 janvier 1943, elle est une institution nouvelle de l'État, une police supplétive et un mouvement politique, une triple orientation dont la complexité restait à déchiffrer. L'histoire de la Milice, incrustée pour deux années dans l'État, révèle un Vichy demeuré inconnu pour plusieurs raisons. Tantôt elle est repoussée en fin d'ouvrage, quand l'intérêt de l'auteur s'est porté sur les débuts d'un régime riche d'idées politiques et de constructions innovantes, tantôt, réduite à son propre récit, elle souffre d'une étroitesse de vision, tantôt, enfin, l'horreur que ce mouvement inspire amène à jeter un voile sur ses membres, ses actes, sa signification dans l'histoire d'un fascisme français dont il est plus aisé de déclarer la France préservée.

Tandis que le secrétaire général de la Milice, Joseph Darnand, focalise l'attention, le rôle éminent de son créateur, d'une tout autre dimension politique, le chef du gouvernement français, Pierre Laval, reste dans l'ombre où lui-même a eu intérêt à la maintenir au moment du jugement. La Milice n'apparaît qu'à l'arrière-plan du procès de cet homme politique à l'imagination aussi fertile que les ruses, acharné à convaincre les jurés de son rôle d'ultime recours avant que les collaborateurs de Paris ne soient investis par les Allemands du gouvernement de la France. Il prétend avoir créé, avec la Milice française, une force virile capable de réprimer le désordre intérieur, d'éviter l'action répressive directe des occupants, d'assurer à la France un rôle dans l'Europe en guerre et une place de choix au moment de l'organisation de la paix. La Milice française ne serait pas une simple police supplétive, mais une institution révélatrice de la nature de l'État français dans sa dernière phase.

La Milice, pourtant, appartient à l'histoire de la Collaboration qui ne se réduit pas à celle des éléments somme toute marginaux de la société française, les intellectuels et les journalistes dévoyés par l'argent et l'idéologie nazie, des chefs de partis comme Déat ou Doriot, opiniâtres à conquérir l'État français pour participer à un fascisme européen. Sa direction devient l'enjeu d'un féroce combat entre le gouvernement français et les Allemands et leurs affidés. L'enquête historique éclaire d'un jour inédit des épisodes comme la répression des Glières, l'assassinat de Maurice Sarraut, l'assassinat de Georges Mandel. Elle confirme mon analyse de l'État français devenant un « État meurtrier[1] ». L'assassinat politique est une catégorie, peu glorieuse et méprisée mais incontestable et négligée, de la science politique.

Au fond, la Milice relève de l'histoire de la société française. Un film comme *Lacombe Lucien* et l'historiographie traditionnelle donnaient la vision d'une Milice issue des bas-fonds, peuplée de déclassés sociaux. Hélas ! La vérité est autre. À côté des Lacombe Lucien se trouvent des professeurs, des journalistes, des officiers, des industriels, des commerçants et même quelques beaux noms de la noblesse française. Si la collaboration parisienne est animée par des intellectuels et par le milieu, la Milice est provinciale et bourgeoise. Elle plonge des racines profondes dans la société rurale, et au cœur des territoires – Nice et la Savoie – qui veulent rester français. Elle est en rapport avec le sentiment national, et cette affirmation ne doit pas choquer. À sa naissance, en effet, existe une illusion patriotique à cause de la volonté de repousser les convoitises fascistes étrangères. Ce leurre patriotique a entraîné dans la Milice des Français qui, une fois l'Italie retirée du jeu en septembre 1943 et l'Allemagne seule maîtresse des décisions, n'ont plus le choix d'en sortir. Ils sont alors entrés dans la Waffen SS, la lutte contre la Résistance, en compagnons d'armes des Allemands, contre le soviétisme fondant sur l'Europe.

L'histoire de la Milice est enfin celle de la violence politique. Elle réveille le vieux débat entre l'historien israélien Sternhell et les historiens français. La France n'est pas aussi immunisée qu'elle voudrait le croire contre le fascisme européen, lequel ne s'abat pas d'un coup sur le pays qui lui avait déclaré la guerre en 1939. Son instauration est progressive. La masse de la population, anesthésiée par deux ans de Révolution nationale, ne prend pas garde à ses premières manifestations parées d'indignations et de craintes sincères, dénonçant l'inertie d'un régime vite usé, incapable de protéger la Nation contre ce qui menace sa substance, mettant à profit le silence imposé à la presse qui dissimule son idéologie. Les Français prennent conscience des réalités miliciennes lorsque le sang coule et que chacun risque d'être personnellement touché. Le fascisme français s'est infiltré à pas de loup. L'historien doit donc repérer la succession des escalades, les aveuglements intéressés, la passivité complice, les résolutions des adversaires dressant de la Milice une image de terreur inacceptable.

Vaincue et réprimée, la Milice française disparaît de la mémoire après 1945 avec un bref réveil trente ans plus tard. Mais faut-il croire que la violence politique est définitivement éradiquée de nos sociétés européennes ? N'est-il pas indispensable de comprendre les raisons de son instauration ? Quand l'horizon paraît sombre, l'histoire peut donner des leçons salutaires.

Chapitre premier

Les origines de la Milice

En créant la Milice, Pierre Laval, le chef du gouvernement, cherche à sauver la politique de collaboration, menacée par le débarquement américain en Afrique du Nord. Sans cesser de se considérer comme institution de l'État français, comme tout corps obligé de se développer pour survivre, la Milice allait croître, en liaison avec les Allemands. Ses initiatives politiques et idéologiques jettent un défi à Pierre Laval qui, comme Pénélope, retisse sans cesse, jusqu'en août 1944, les fils de son pouvoir. Aussi est-il nécessaire, pour renouveler les premières études sur la Milice, d'imbriquer son histoire dans celle, plus générale, de l'État français. Au final, la Milice n'est pas un parti, pas plus que l'efflorescence de la Légion française des combattants. La Milice est l'État.

Le débarquement de novembre 1942 en Afrique du Nord

Le débarquement américain au Maroc et en Algérie dans la nuit du 7-8 novembre 1942 est la crise la plus grave que le gouvernement de Vichy ait eu à affronter. Il met en cause sa ligne politique étrangère en le privant de ses dernières forces : armée, flotte de guerre, zone libre, Empire, certitude de victoire allemande, solide appui d'une administration restée longtemps fidèle. Il enterre la pratique conservatrice du pouvoir et lance la France dans l'expérience, pour elle inédite, d'un fascisme européen dispersant les vestiges étatiques traditionnels.

Comme toujours, la démarche de Pierre Laval n'est pas franche. Face au défi du débarquement, il navigue, avec Pétain dans son sillage, entre deux exigences. Il ne veut pas entrer en conflit avec les États-Unis, ce qui l'amène à refuser une aide militaire allemande trop appuyée. Mais, dans le même temps, il ne veut pas que les Allemands, encore si puissants, le considèrent comme le complice de l'opération en Afrique. Les apparences en effet prêtent au soupçon : l'amiral Darlan, son prédécesseur, ne se trouvait-il pas à Alger au moment du débarquement ? Laval ne fera pas avaler aux Allemands la fable d'un père accourant au chevet de son fils mourant de la poliomyélite dans un hôpital d'Alger. Pourtant, dans un premier temps, l'amiral a ordonné de défendre le pays en tirant sur les envahisseurs américains, mais, rapidement, le 10 novembre, il a conclu un armistice avec eux.

Laval d'abord accepte un appui aérien allemand contre les transports alliés en haute mer. Surtout, il veut, selon sa méthode favorite, s'expliquer dans une conversation directe avec Hitler. L'ambassadeur allemand Otto Abetz la lui ménage pour le 9 novembre. Laval croit disposer d'un atout de collaboration : offrir aux Allemands une tête de pont en Tunisie, au moment précis où Rommel a dû reculer en Libye sous la poussée britannique. L'accueil de Hitler est d'une politesse glacée. Sans prêter la moindre attention aux explications de Laval sur son arrivée retardée par le brouillard, il ordonne d'accueillir des renforts allemands en Tunisie où les Américains n'avaient pas pu débarquer. Laval se dérobe, alléguant qu'il n'est pas seul à décider, qu'il lui faut consulter le maréchal Pétain. Finalement il accepte que les troupes allemandes s'installent – sans autorisation explicite de la France –, ce qui ouvre une guerre qui durera six mois avant que les Italiens et les Allemands n'y abandonnent, en mai 1943, beaucoup de matériel et plus de 160 000 prisonniers. Un désastre comparable à Stalingrad.

Hitler n'a pas daigné mettre Laval au courant de ses intentions concernant la France : l'invasion de la zone sud a déjà été décidée. Le lendemain, à 4 heures du matin, Abetz réveille le chef du gouvernement pour le prévenir que les troupes allemandes sont sur le point de pénétrer en zone libre. Il ne s'agit nullement d'une « invasion », mais d'un « secours » apporté aux Français pour défendre la côte méditerranéenne très exposée à un second débarquement américain. C'est tout juste si Abetz n'attend pas des remerciements. Un avion et une forte escorte aérienne sont mis à la disposition du chef du gouvernement français pour qu'il regagne rapidement la France.

Avant son départ, Laval avait demandé que rien ne soit décidé et avait laissé le Maréchal sous bonne garde. Le secrétaire général des Affaires étrangères, Jacques Guérard, et le chef de la police, René Bousquet, sauraient l'empêcher de prendre quelque initiative, comme de s'envoler pour Alger. À quatre-vingt-six ans, le Maréchal est dépassé par les événements et n'a plus la force physique de les dominer. Il envoie à l'amiral Darlan un télégramme secret approuvant ses décisions et lui demandant de ne pas tenir compte de ses injonctions antérieures qui étaient décryptées par les Allemands. À l'Hôtel du Parc, quand Pétain apprend du maréchal von Rundstedt que la zone libre est envahie, il est assailli d'avis opposés. Le général Bridoux, ministre de la Guerre, le somme de se soumettre à l'inévitable, le général Weygand fulmine de rage (il le paiera d'un enlèvement et d'un emprisonnement en Allemagne), même Bousquet s'indigne à l'idée que l'armée d'armistice, bouclée dans ses casernes, subira passivement la violation de la convention d'armistice. Et la flotte de guerre de Toulon ? L'installation des Allemands sur la côte méditerranéenne est pour elle une menace directe. Vichy ne peut pas laisser la flotte passer aux Allemands. C'est une promesse faite aux Anglais. Ce serait une faute contre l'honneur. Seulement, l'amiral Auphan, ministre de la Marine, ne veut pas prendre ses responsabilités et délègue la négociation avec les Allemands au niveau local, parfaitement inadéquat, avant de démissionner. À Toulon, l'amiral Marquis et l'amiral de Laborde, bien incapables de mener une négociation régalienne, veulent croire en la bonne foi du représentant de la commission d'armistice allemande, Ruault-Frappart, qui garantit que le camp retranché ne sera pas occupé à condition que les marins français le défendent contre toute attaque des Alliés. C'est un marché de dupes. Le pire ne tarde pas.

Le 27 novembre, l'armée d'armistice est dissoute. Le même jour, à 5 heures du matin, l'offensive allemande se déclenche contre Toulon. Quand les envahisseurs arrivent à la porte occidentale de l'arsenal, l'émetteur à ondes courtes du navire amiral donne l'ordre : « Coulez la flotte… Coulez la flotte. » Il est relayé par des signaux optiques et des émissaires. Après évacuation des hommes, les équipes spécialisées s'affairent. Les parties vitales des bâtiments sont détruites, les chaufferies explosent, les panneaux sont ouverts. Les navires coulent. Il s'en est fallu de peu – un manque de coordination entre les troupes allemandes de l'Est et de l'Ouest – pour que le sabordage rate. Les trois quarts des 155 bâtiments composant la flotte de guerre française gisent au fond de la rade recouverte d'une épaisse fumée noire. Munitions et équipements stockés dans l'arsenal sont pris par les Allemands. Les opérations de renflouement commencent, au profit des occupants.

C'en est bien fini des illusions de souveraineté dans lesquelles se complaisait Vichy depuis juin 1940 : plus d'Empire (l'A-OF se rallie à Darlan ; l'Indochine reste sous contrôle japonais), plus d'armée, plus de flotte de guerre. Les Italiens et les Allemands se partagent l'occupation de la zone libre.

Alors qu'à l'Hôtel du Parc l'affolement et la sidération paralysent les ministres, Laval, que rien jamais n'abat, garde son sang-froid. Ce n'est pas rien d'avoir pour affronter la crise un chef qui garde toutes les ressources d'une intelligence exceptionnelle, une immense confiance en lui et de l'imagination. La croyance en un grand destin l'a habité dès l'enfance et a été confirmée par sa réussite. Le fils de l'aubergiste de Châteldon est devenu par son travail un homme riche. Il a derrière lui, depuis son élection à Aubervilliers, quarante ans d'expérience de la vie politique. Il a abordé tous les domaines d'action de l'État, créant les assurances sociales, dirigeant la justice sans négliger ses affaires, il est un homme moderne qui a compris le rôle de la presse, de la radio et qui connaît tous les ressorts d'un monde sensible à la corruption. Il ne doute pas que si la France avait suivi sa politique étrangère, elle aurait évité le désastre. Pour la fin de la guerre actuelle, il a son plan : jouer les intermédiaires entre les belligérants. À la conférence de paix, la France saura tirer les bénéfices de sa médiation, au prix du sacrifice de l'Alsace-Lorraine auquel il s'est résolu, mais qu'importe, car la vocation de la France n'est plus nationale. Elle est européenne. Il sera un jour reconnu, par ces Français qui ne le comprennent pas, comme un grand homme : « Ils m'élèveront des statues », disait-il. En attendant, ils peuvent souffrir un peu puisqu'ils bénéficient du bien suprême, la paix.

Il faut donc renforcer la confiance des Allemands. Laval ne lésine pas sur les moyens. Ils n'ont pas eu la flotte de guerre ? Il laisse à leur disposition la flotte de commerce française et leur cède même ce qu'il ne possède pas, la flotte de commerce des pays neutres stationnée dans les ports méditerranéens. Il fournit plus que jamais produits alimentaires et industriels. Il envoie les travailleurs français dans les usines en Allemagne pour contribuer à la production de guerre, avec juste ce qu'il faut de réserves et de ruse pour ne pas arriver à une révolte des requis. Enfin, il accepte l'accroissement de l'énorme indemnité d'occupation en raison de l'invasion de la zone sud. Il est le garant zélé du bien-être et de la sécurité des Allemands.

Assurer la sécurité des occupants

Assurer la sécurité des occupants, voilà une exigence suprême dans les relations franco-allemandes. C'est à tort que l'on croit que les Allemands occupaient en force la France. L'erreur vient de ce que sont confondues sous le même terme – « Allemands » – troupes d'occupation, unités au repos ou à l'entraînement et police avec des troupes capables de véritables opérations. La confusion est compréhensible tant la présence allemande bouleversait les Français qui les voyaient partout. Pendant longtemps aussi les chercheurs ne se sont pas penchés sur les documents militaires allemands qui auraient pu préciser la situation. Les fluctuations liées aux événements militaires rendent leur état mouvant dans le temps. La précision sur le volume des troupes, à un moment donné, est délicate à établir, d'ailleurs les organisations résistantes spécialisées dans le renseignement militaire comme Alliance remettaient cent fois sur le métier le tableau des troupes allemandes en France à partir des fameux TCO (transports en cours d'opérations). De telles études viennent enfin d'aboutir et elles révèlent que les troupes d'occupation allemandes n'étaient finalement pas nombreuses, ce qui créait pour l'État français une possibilité de service dont il attendait récompense[1]. Les Allemands n'ont en France que 60 bataillons de territoriaux de défense. En tenant compte de ceux qu'immobilisent la garde des prisonniers, l'occupation de Paris, il ne reste que 33 bataillons à déployer sur le territoire. Or, la zone d'occupation a considérablement augmenté après le 11 novembre 1942. Il faut considérer aussi l'implantation des forces allemandes placées de préférence près des zones côtières où les Allemands craignent un débarquement, si bien que des pans entiers du territoire, en particulier les zones montagneuses, sont quasi à l'abandon. Il résulte de cette faible implantation un problème de sécurité pour les Allemands que Laval a senti et qu'il entreprend de résoudre et de monnayer.

Dans la perspective d'un débarquement des Alliés sur la côte méditerranéenne où sont cantonnées leurs forces d'occupation, les Allemands sont soucieux de la sécurité de leurs lignes de communication entre Marseille et l'est de la France et du maintien des liaisons avec l'Italie. Laval doit trouver de nouveaux moyens de protection des occupants. Hitler en parle à Jodl le 1er décembre 1942. Il est décidé à accorder sa confiance à la police française dans la mesure où elle se lierait étroitement aux Allemands : « Bien ! La police est bonne. Nous allons

enthousiaste pour participer aux obligations de la collaboration avec les Allemands. S'il ne procède pas à cette création, les partis de la Collaboration, eux, sont tout disposés à se substituer à l'État pour lancer, avec l'aide des Allemands, des milices partisanes. Laval refuse de leur laisser cette initiative et entend garder le monopole de la sécurité. Car la concurrence des collaborateurs de Paris est sérieuse. Avec un tel appui ils exigeraient d'entrer au gouvernement, à l'Intérieur, et, une fois dans la place, ils ne tarderaient pas à s'en prendre à lui.

En effet, le débarquement a créé à Paris une effervescence chez les collaborateurs. Le PPF de Doriot a toujours eu de nombreux adhérents en Afrique du Nord. Ils ont défendu les intérêts de l'Empire, criant à la « traîtrise » de l'amiral Darlan, « l'amiral Félon ». Dénonçant aussi ses « complices de Vichy », ils réclament l'envoi d'un corps expéditionnaire qui viendrait aider les Allemands et leurs partisans locaux à défendre la Tunisie contre l'« invasion américaine ». Qu'attend Vichy ? Il aurait besoin d'un apport de nouveaux ministres capables de galvaniser les énergies. L'inertie de Laval est dénoncée. Le PPF s'en prend directement à sa personne. Partis du vélodrome d'Hiver où vient de se terminer leur congrès quand se produit le débarquement, les militants du PPF, avec Doriot et son bureau politique à leur tête, remontent l'avenue Marceau puis descendent les Champs-Élysées en criant : « Guerre à l'Angleterre », « Laval trahison », « Laval au poteau »[4]. Arrivés au siège du parti, rue des Pyramides, ils acclament leur chef et exigent la création d'une « légion impériale » pour défendre l'Afrique du Nord contre l'agression.

Laval entend ne rien abdiquer de ses responsabilités gouvernementales. La Collaboration, c'est lui qui la mène, appuyé sur Abetz, et avec une prudence dont il est fier. Il ne veut pas être débordé par qui que ce soit. Le premier trublion à qui il doit régler son compte est son secrétaire d'État aux Relations franco-allemandes, Jacques Benoist-Méchin. Celui-ci n'a-t-il pas imaginé avec son directeur de cabinet Pierre Gallet de marcher sur Vichy pour s'emparer du pouvoir ? Gallet s'est retrouvé en 1940 au corps franc de Darnand qui lui a sauvé la vie en le ramenant dans les lignes françaises alors qu'il avait été blessé. Désormais il s'intègre à la bande de Niçois de Darnand qu'il met en relations avec Benoist-Méchin. Le secrétaire d'État s'ouvre de son projet de putsch à Joseph Darnand, dirigeant charismatique du SOL (Service d'ordre légionnaire), et lui propose d'être son bras armé. Darnand décline l'invitation de cet imaginatif rêveur : « Si nous faisons un coup de force, comment réagiront l'armée, la police, la marine ? Que dira le Maréchal ? Que feront les Allemands ? Le sais-tu ? Il y a trop d'inconnues dans cette aventure. Si ce pays n'était pas occupé, je n'hésiterais pas une seconde. Mais fait-on un coup d'État au milieu des baïonnettes étrangères[5] ? » Darnand a dénoncé Benoist-Méchin à Pierre Laval déjà informé par des sources policières. Le 26 septembre 1942, Laval a renvoyé le conspirateur Benoist-Méchin du gouvernement. Pierre Gallet, se retrouvant sans emploi, se retire pour écrire un livre sur la guerre de 1939-1940 bientôt refusé par la censure allemande[6].

Laval s'est débarrassé de l'ambitieux Benoist-Méchin qui ne le manipulera pas comme un amiral Darlan, mais il est tenu d'agir pour les Allemands. Il reprend donc à son compte l'idée de « Légion tricolore », désormais baptisée « Phalange africaine », force collaboratrice contrôlée par l'État français, alors que la LVF (Légion des volontaires français contre le bolchevisme) recrutait beaucoup de membres du PPF et était intégrée dans la Wehrmacht. La « Phalange africaine », elle, participerait, aux côtés des Allemands, à la défense de la Tunisie contre les Américains et les troupes du général Giraud. L'avantage tient à l'effet d'annonce qui coupe l'herbe sous le pied aux collaborateurs de Paris. Le risque d'affrontement avec les Américains n'est pas immédiat, car les volontaires devront recevoir un long entraînement avant de combattre. Environ trois cents sont envoyés au camp de l'éphémère Légion tricolore près de Guéret. Leur chef sera le commandant Cristofini, promu lieutenant-colonel, assisté d'un SOL de Nice, le commandant Curnier. Les Allemands, dubitatifs sur la qualité militaire des volontaires, n'acceptent de transporter à Tunis qu'une petite mission militaire française composée d'officiers du dépôt de Guéret. Paul Marion y délègue un de ses proches, Georges Guilbaud, jeune propagandiste venu du parti communiste, passé par le PPF. Dans ce petit état-major, le guerrier est le lieutenant Henry Charbonneau, un MSR, futur milicien de premier plan. Sur place Guilbaud dirige *Tunis-Journal*, inspire les émissions de Radio-Tunis, domine l'amiral Esteva, arrive difficilement à recruter deux cents volontaires doriotistes. Le 7 avril 1943, une compagnie de la Phalange africaine est intégrée dans la division du général Weber sur le front de Medjez-el-Bab. Un mois après c'est la défaite allemande. Les officiers français seront ramenés en France par les avions allemands avant l'entrée des Alliés et des Giraudistes à Tunis. L'épopée est ratée. Le geste tunisien n'est pas considéré comme suffisant par les Allemands qui suspectent la ruse et maintiennent toutes leurs exigences en matière de renforcement policier. Il faut à Laval des hommes nouveaux, aguerris, pas inféodés aux collaborateurs de Paris mais assez intéressés par la politique pour participer à une opération de conquête de la zone nord où il faudra un minimum de savoir-faire politique, une idéologie révolutionnaire capable de rivaliser avec celle des partisans de Doriot ou de Déat. Ces hommes devraient surtout reconnaître pleinement son autorité politique. Où trouver de tels spécimens[7] ? Il en existait à la Légion française des combattants, fondée en août 1940, mais sa direction, avec François Valentin, patriote pétainiste et chrétien, est hostile à Pierre Laval. En son sein cependant s'est dégagé un groupe d'activistes qui ont attiré l'attention de Laval en refusant de suivre Benoist-Méchin. Ce balourd de Darnand aurait-il, derrière son masque obtus, plus de finesse politique que Laval ne l'avait cru ? N'y aurait-il quelque avantage à tirer du SOL, ce Service d'ordre légionnaire que Darnand a inventé à Nice, en le libérant de la tutelle de la Légion française des combattants et en exploitant fe politique ?

Pourquoi Nice ?

L'histoire de Vichy est devenue, à la disparition de Paris comme capitale, une histoire à forte dimension régionale, dépendant de la diversité des territoires et des cultures de la zone libre. Un SOL n'aurait jamais pu naître et prospérer en Corrèze ou dans la Haute-Loire. Le terreau d'un patriotisme menacé par les visées de l'étranger était nécessaire à son existence. SOL et Milice sont puissants à Nice et en Savoie parce que le rattachement de ces territoires à la France, qui date du Second Empire, est contesté par les visées expansionnistes italiennes que ni la presse ni les discours des dirigeants de Vichy n'évoquent, ce qui explique le long silence des historiens français sur cet important problème. Robert Paxton est devenu célèbre en France en utilisant, après Eberhard Jäckel, les archives diplomatiques allemandes. Il manquait une plongée dans les archives italiennes de l'époque fasciste pour couvrir l'horizon international. Elle fut accomplie par Romain Rainero. L'histoire de la France du Sud-Est de l'historien Jean-Louis Panicacci s'appuie sur les mêmes sources et révèle une Italie qui ne se réduit pas à la benoîte image d'un occupant philosémite, un concept partiel, récemment mis à mal par Marie-Anne Matard-Bonnucci[8]. Ni la presse ni les discours des dirigeants de Vichy n'évoquent ce point-là. Les historiens français, très diserts sur les malheurs de l'Alsace, de la Lorraine ou du Nord, ont longtemps ignoré cette situation de la France du Sud-Est sans laquelle on ne comprend rien à la naissance du SOL.

Dès l'avant-guerre la Chambre des faisceaux avait retenti des cris de « Nice, Corse et Savoie », objets des revendications de Mussolini. L'Italie nourrissait de grandes ambitions qui se réaliseraient au détriment de la France. Déclarer la guerre à sa voisine le 10 juin 1940 était la première étape pour tirer des avantages du futur traité de paix. Hitler, pour amener les Français de Bordeaux à conclure l'armistice, a freiné ces revendications mais ce n'était sans doute que partie remise. L'armistice de la villa Incisa de juin 1940 n'a soumis que treize communes frontalières et Menton à l'occupation italienne, mais celle-ci, après le 11 novembre 1942, s'étend aux départements des Alpes-Maritimes, du Var, de la Corse, de la Drôme, de l'Isère, des Hautes-Alpes, du Vaucluse, de la Savoie et de la Haute-Savoie. Les pratiques des fascistes italiens dans les premières communes occupées ne sont pas modérées. La langue italienne devient officielle, les services publics sont italianisés, la justice pénale relève de la cour d'assises de Turin. Expulsé, le maire de Menton, Jean Durandy, est remplacé par un commissaire italien. Ezio Garibaldi, petit-fils de Giuseppe Garibaldi, ancien député, réfugié en France, crée à Vintimille les *gruppi dei nativi de Nizza et d'azione nizzarda* (GAN) qui envisagent un coup de force sur Nice, la ville natale du « héros des Deux Mondes ». Des papillons proclamant : « *Nizza fu italiana. Nizza sara italiana* » contestent un rattachement appuyé par un référendum vieux de quatre-vingts ans. À Turin, à Gênes, à Milan, des hordes fascistes crient qu'elles veulent Nice et la Savoie italiennes. Les bornes routières sont changées pour n'indiquer que la direction de Rome. La lire y a un taux de change avantageux. Le courrier est contrôlé à Turin. Les archives italiennes enfin révèlent la volonté d'annexer, à la paix, l'espace entre la frontière et le Rhône et des textes revendiquent jusqu'à la région de Toulouse !

Si l'on ignore ces réalités on ne comprend pas pourquoi les Alpes-Maritimes sont le département où se recrutent le plus de légionnaires : 67 000 ! Le gouvernement de Vichy appuie sur eux cette résistance aux visées italiennes.

La Légion française des combattants, créée en août 1940 pour éviter la formation d'un parti unique proposé par Marcel Déat, n'était ouverte qu'aux anciens combattants. Son chef était le maréchal Pétain, son directeur général François Valentin. Elle a réuni plus de un million d'adhérents à son apogée. Mouvement civique, elle célèbre le souvenir des glorieux défenseurs de la patrie, constitue « les yeux et les oreilles du Maréchal » jusque dans la plus petite commune, ce qui lui donne la responsabilité de la propagande en faveur de la Révolution nationale mais aussi du combat contre les dissidents. Elle use de séduction par ses grands rassemblements, par les recommandations aux emplois et à l'administration, par des œuvres sociales mais pratique aussi, ce qui la rend souvent odieuse, la délation. Un mouvement d'une telle importance est le soutien du régime, mais aussi l'enjeu des rivalités des groupes et des hommes qui se disputent le pouvoir derrière l'apparence d'union. Les Allemands qui se défient de son esprit patriotique l'ont interdite en zone occupée[9]. Elle compense par son ardeur et ses ambitions en zone libre. À Nice elle incarne l'attachement à la mère patrie. Quand, aux arènes de Cimiez, le chef légionnaire François Sauvaigu désigne le sol en disant : « Ici commence la Gaule », il est follement acclamé[10]. En mai 1941, pour la fête de Jeanne d'Arc, une marée de drapeaux et d'oriflammes transforme Nice en ville tricolore. Femmes et enfants sont vêtus aux couleurs nationales. Il n'est pas une boutonnière qui ne soit ornée des trois couleurs : « La population unanime crie sa volonté de demeurer attachée à la mère patrie. » Les photographies des cérémonies de la Légion en Savoie sont aussi impressionnantes par la participation d'une foule fervente[11].

Darnand et ses amis craignant de voir leur petite patrie tomber aux mains des Italiens décident de se préparer à répondre par les armes à un éventuel coup de force des Italiens. Pour ce genre de riposte la grande masse de la Légion française est plus encombrante qu'utile, d'où l'idée de constituer des groupes d'hommes résolus à s'y opposer, armés, bien entraînés, immédiatement mobilisables. C'est ainsi qu'est né au sein de la Légion le Service d'ordre légionnaire dirigé par Darnand et Gombert. Ce Service d'ordre est dégagé d'une « Légion mal fichue », selon l'expression de Darnand. Il tient de la Cagoule ressuscitée. Le mouvement est anti-italien, patriotique, mais aussi idéologique, car les idées fermentent dans ces petits groupes activistes, déçus par l'action charitable, les commémorations larmoyantes, la propagande fade de la Légion française des combattants. Ils veulent plus que ce régime réactionnaire : « J'ai invité, dira à son procès Joseph Darnand, ceux qui étaient de véritables révolutionnaires, ceux qui pensaient sur le plan social qu'une véritable révolution devait se faire, qu'il fallait qu'on change complètement de régime. C'est ainsi qu'on a fait le SOL[12]. » Venus en inspection à Nice, l'amiral Darnand et Pierre Pucheu ont été impressionnés par le dynamisme du SOL. Ils ont invité deux proches de Darnand, Pierre Gallet et Noël de Tissot, à s'installer à Vichy et à développer, par une action de propagande et de recrutement, des SOL dans d'autres départements. Joseph Darnand séjourne aussi souvent à Vichy à partir de janvier 1942 : « On m'a dit : votre expérience est intéressante. Il faut la porter sur le plan national. C'est très bien. Laissez vos affaires à Nice. Vendez votre affaire. Venez nous trouver. Ici, ensemble, nous allons faire le Révolution nationale. » « On », c'est Pierre Pucheu, le ministre de l'Intérieur : « Pucheu a essayé par tous les moyens, c'est-à-dire à l'intérieur de la Légion, de donner corps à ce Service d'ordre. Pucheu avait une idée qui était de rassembler ces mouvements en un bloc unique à la tête duquel il mettrait un homme sur lequel il avait réussi à prendre une emprise totale, à savoir Darnand[13]. » Pucheu séduit Darnand en se présentant à lui comme un patriote, un homme d'ordre inflexible obligé de prendre la responsabilité d'une répression que des ministres hypocrites de Vichy, comme le garde des Sceaux, Barthélemy, n'ont pas le courage d'assumer. D'accord avec le chef du gouvernement, l'amiral Darlan, il enkyste les SOL dans la Légion en dépit de l'opposition de son directeur François

Valentin. Il encourage les jeunes intellectuels de l'entourage de Darnand à élaborer leur doctrine, concentrée en vingt et un points, et il leur donne les moyens d'essaimer dans différentes villes du Sud et en Savoie. Des SOL se créent à Nîmes, Montpellier, Valence, Carcassonne, Narbonne. Le 12 janvier 1942, une instruction consacre l'existence d'un SOL national intégré dans la Légion. Le 22 février 1942, a lieu l'investiture du SOL de Nice au cours de laquelle Darnand énumère les « vingt et un points ». Les dix-sept premiers et le vingt et unième sont conformes à la doctrine de la Révolution nationale – communautaire, anticapitalisme, hiérarchie, discipline, autorité, anticapitalisme, justice sociale, travail, solidarité, christianisme – les dix-huitième, dix-neuvième et vingtième sont d'un tout autre ton : « Contre la dissidence gaulliste, pour l'unité française / Contre le bolchevisme, pour le nationalisme / Contre la lèpre juive, pour la pureté française. »

Voilà la force que trouve Laval à son retour au pouvoir, en avril 1942. Il récupère le chef du SOL niçois, Joseph Darnand, orphelin de son mentor politique Pierre Pucheu. Il s'entretient régulièrement avec lui, le flatte, lui délivre des confidences soigneusement dosées, s'épanche : « Au fond, soupire-t-il, vous êtes mes seuls amis. » Laval félicite Darnand d'avoir ce sens de l'État dont sont dépourvus les collaborateurs de Paris. Leur intérêt commun est de constituer un organisme purement français, dynamique mais agissant avec responsabilité. Darnand accepterait-il de travailler avec lui ? Le Niçois est subjugué par Laval. Darnand n'est considéré par lui ni comme un chef de bande ni comme un stipendié des Allemands, ce que sont les collaborateurs de Paris, mais comme un futur grand serviteur de l'État sous l'autorité d'un maréchal de France. Il lui est demandé de servir dans une passe difficile. Il ne se dérobera pas à son devoir. Pierre Laval vient de rallier un homme dont il veut se servir pour diminuer le rôle de la Légion française des combattants dont, par ailleurs, il remplace le directeur, François Valentin, par Raymond Lachal, son ancien agent électoral dont il a fait la carrière parlementaire. Le 9 juin 1942, il nomme Joseph Darnand délégué de la Légion auprès du gouvernement. Surtout, il propose à ces SOL en ébullition, gagnés par la violence, la protection de l'État, comme le révèle l'affaire d'Annecy où s'affirme un fascisme français que le gouvernement pourrait arrêter mais qu'il choisit d'encourager.

Annecy : l'affaire de Menthon

En Haute-Savoie, entrée dans l'unité française en même temps que Nice, le sentiment anti-italien a aussi soutenu le développement d'une Légion puissante. Appuyée par le clergé et les commerçants, l'organisation a quadrillé le département. Joseph Darnand s'y rend souvent pour s'y reposer et rencontrer ses amis, Antonin Vergain, chef départemental de la Légion, et Gaston Jacquemin, chef du SOL. Il partage leur vision manichéenne : le peuple l'emportera sur ceux qui veulent détruire la France, les gaullistes et les communistes.

L'occasion se présente. La France libre a lancé, à la radio de Londres, un appel à manifester le 1er mai 1942. Le régime autoritaire de Vichy interdisant tout regroupement de nature politique dans la rue, la consigne a été prudente : il faudra, le 1er mai, se promener devant les mairies, symboles de démocratie. C'était peu, mais c'était se désigner aux « yeux et aux oreilles du Maréchal » qu'étaient les légionnaires et les SOL revendiquant le monopole de l'expression politique et ne supportant aucun geste de dissidence.

À Annecy, la Résistance est d'autant plus insupportable aux SOL qu'elle s'incarne dans une personnalité moralement inattaquable et respectée, le comte François de Menthon. Il appartient à une des plus illustres familles savoyardes dont le château domine de ses tours le village de Menthon-Saint-Bernard sur la rive ensoleillée du lac. Père de famille nombreuse, François de Menthon est un ancien combattant valeureux dont la place, estiment-ils, aurait dû être à la Légion et au SOL. Son refus de servir au sein de l'organisation patriotique est déjà une provocation. La famille cache à peine ses sentiments patriotiques dissidents.

Un incident l'a déjà désignée à la colère de la Légion. Les fidèles, sortant de la messe de minuit, ont constaté que la plaque baptisant le pont voisin du nom du maréchal Pétain avait été arrachée. C'était l'œuvre des fils de François de Menthon. Pour les catholiques traditionnels du SOL Pierre de La Nouë du Vair ou Antonin Vergain, Menthon n'est pas en odeur de sainteté, car il était, avant la guerre, un des plus brillants dirigeants de la démocratie chrétienne assimilée à la subversion. S'ils ignorent les activités secrètes du professeur à Lyon où il a cofondé le mouvement de résistance Combat, ils ne tolèrent pas qu'il refuse de donner l'exemple de l'obéissance.

Or, le 1er mai 1942, le professeur de Menthon s'est promené longuement devant l'hôtel de ville, tournant plusieurs fois autour de la fontaine qui orne la place. Sa présence n'a pas échappé aux membres du SOL venus repérer les « promeneurs ». Ils ont même cru voir passer sa femme. Circonstances aggravantes, dans la nuit du 1er au 2 mai, un pot de minium a été jeté sur la statue de saint François de Sales, que nul n'ignore être le patron que se sont choisi les légionnaires et les SOL. Un baliveau de bouleau, planté en souvenir de la visite du maréchal Pétain à Annecy, a été scié. Le coupable serait le comte François de Menthon. De telles provocations sont jugées intolérables. Une cérémonie de réparation est aussitôt organisée mais c'est insuffisant. Quelques légionnaires décident de s'en prendre physiquement au professeur gaulliste. Ce sera une action punitive publique, sur les lieux mêmes du scandale, place de l'Hôtel-de-Ville. Il s'agira de ridiculiser et d'humilier publiquement François de Menthon dont la supériorité intellectuelle est une offense et l'autorité sociale, le vestige intolérable d'un passé révolu.

Il est 17 h 30, en ce 2 mai, quand un homme descend d'une voiture devant la maison de François de Menthon, avenue d'Albigny. Il remet un court billet invitant le maître de maison à se présenter d'urgence à l'hôtel de ville pour une affaire importante le concernant. Il peut utiliser la voiture. Étonné du style du message et de l'allure du porteur en qui il reconnaît un relieur d'Annecy, le professeur préfère enfourcher sa bicyclette et, quelques minutes plus tard, il est devant le bureau du maire qu'il trouve fermé. Alors qu'il repart, songeur, il est assailli par une bande d'adhérents du SOL qui le saisissent aux poignets, le renversent, le traînent jusqu'à la fontaine de la place, lui enlèvent son pantalon avant de le jeter dans la vasque. L'un d'eux photographie la scène. Ils l'injurient en lui criant : « Eh bien, maintenant, crie "Vive de Gaulle". Si tu aimes tellement les Anglais te voilà décoré de l'ordre du Bain. » Des passants alertent des agents de police qui se portent au secours de François de Menthon. Muni d'un certificat médical attestant ses blessures, il porte plainte au commissariat de police. Le commissaire Avit Toussaint, qui sera plus tard déporté comme résistant, exprime sa compassion. Parmi les agresseurs, Menthon a reconnu des responsables du SOL, La Nouë du Vair, Chambaz, Michal, Jacquemin[14].

Pour la première fois dans une ville française a lieu une action ressemblant aux exactions des fascistes italiens des années 1920.

Loin d'être impressionnés, les notables conservateurs de la région se rebellent contre ces agissements. La Légion de Thônes rappelle que seule la police a le droit d'appréhender une personne ainsi que l'engagement d'honneur prêté par les légionnaires. Le maire d'Annecy, le général Cartier, ancien chef de la brigade alpine d'Annecy, dirigeant de la Légion de Haute-Savoie, s'indigne de l'utilisation à l'occasion de son nom et demande à Vergain de désavouer les SOL. Faute d'obtenir des excuses, il démissionne. Le colonel Laurent, commandant militaire de la région, déclare au préfet, qui l'approuve, que cet attentat est indigne de la révolution pacifique voulue par le maréchal Pétain. La Légion espérait rallier l'union des syndicats, mais ces derniers dénoncent des procédés de gangsters.

La justice étant saisie, l'État doit réprimer les coupables. Mais Laval décide de protéger le SOL. Darnand, ravi et sûr de ses appuis, pousse la provocation en félicitant les auteurs de l'action : « Je vous félicite très chaleureusement pour le sang-froid, la correction et le tact [*sic*] avec lesquels vous avez su répondre aux injures des ennemis de la Révolution nationale. » Il les donne en exemple aux SOL des autres départements, et déclare que « l'acte de violence commis contre M. de Menthon entre dans les attributions du SOL. Les pouvoirs reconnus au SOL sont assez larges pour couvrir la brimade infligée à M. de Menthon ». Défiant la justice, il affirme que les membres du SOL sont seuls juges pour apprécier les méthodes qu'ils ont à employer.

Vergain suscite une fronde des conseillers municipaux appartenant à la Légion contre le maire, le général Cartier, qui soutenait François de Menthon. Il réclame l'enquête sur la gestion municipale d'un commissaire du pouvoir, dépêché de Vichy. Le conseil municipal est dissous.

Non seulement la justice vichyste assure l'impunité des agresseurs, mais elle se retourne contre la victime. Le garde des Sceaux Joseph Barthélemy (grand professeur de droit), ordonne au procureur de Chambéry de ne pas poursuivre. Deux lignes manuscrites sur l'avis qu'il donne à Laval indiquent son intention de sanctionner la victime : « Je pense faire interner M. de Menthon et à révoquer du même coup M. de Menthon professeur à la faculté de droit[15]. » L'emploi de la première personne permet d'écarter que la note ait été écrite par un membre du cabinet. Le ministre en prend la responsabilité. Le 21 février 1945, interrogé dans la procédure d'inculpation devant la Haute Cour, Barthélemy présente de pauvres excuses : Il espérait « que M. de Menthon serait informé et prendrait des précautions en conséquence ». Il dit que le responsable ce n'était pas lui, mais Pierre Laval : « Celui-ci m'intima sans aucune bonne grâce l'ordre qu'il n'y eût pas de poursuites. Je me souviens encore du son et du ton de sa voix et des arguments qu'il me donnait. Vous poursuivez beaucoup trop mes miliciens (*sic*). Je ne veux pas qu'on poursuive les miliciens. » En témoin accablé et non en acteur du drame, l'ancien garde des Sceaux conclut : « Laval voulait créer une force qui fût exclusivement à son service, qui n'ait qu'une doctrine, un seul principe, une seule loi, le dévouement à M. Laval, et qui pour le reste fût affranchie du respect des lois et assurée de l'impunité. De chute en chute, d'ignominie en ignominie, on est arrivé à cette horreur[16]. »

François de Menthon, considéré comme indigne d'enseigner le droit, est révoqué de son poste de professeur en octobre 1942. Il entre dans la clandestinité, participe aux travaux du Comité général d'études, gagne Alger et devient, à la Libération, le premier garde des Sceaux du général de Gaulle, pour présider à l'épuration que subira alors Joseph Barthélemy.

L'affaire de Menthon signe l'émergence de la violence politique. La volonté de détruire l'adversaire n'est encore que symbolique. Elle ne tardera pas à devenir physique. Elle révèle l'appui intéressé de Pierre Laval au SOL. Désormais l'État protège ceux qui violent le droit et usent de violence pour imposer leur vision politique. À Nice, en septembre 1942, les SOL saccagent la synagogue. Le ministre de la Justice s'incline encore. Ce sont ces hommes que Laval s'apprête à intégrer à l'État français. Il est résolu à exploiter, en espérant le contrôler, leur redoutable dynamisme.

En deux mois, le chef du gouvernement met sur pied une « Milice française » au nom évocateur presque médiéval, avec ses volontaires maintenant l'ordre dans les bonnes villes.

Quelles seront la place et la vocation de la Milice française dans le régime une fois qu'elle aura obtenu son indépendance par rapport à la Légion ? René Bousquet voudrait l'intégrer dans la police, mais Darnand est poussé par ses conseillers à refuser de servir ce Bousquet suspect de radicalisme. Ils n'aspirent pas à devenir des sous-policiers mais à accéder au niveau politique. Laval fait mine de s'en inquiéter. Les hommes de Darnand auront-ils assez de maturité politique pour une tâche politique ? L'allusion aux exactions d'Annecy ne gêne pas Darnand qui promet d'organiser des stages pour sélectionner les meilleurs et écarter les exaltés.

La Milice française est vantée à Pétain comme « l'avant-garde du maintien de l'ordre à l'intérieur du territoire français en accord avec les forces de police ». Elle dépendra directement du chef du gouvernement et les volontaires resteront ses chers soldats, « acceptant cette transformation avec le meilleur esprit de camaraderie légionnaire[17] ». Le Maréchal accepte la création de la Milice par souci de l'ordre mais aussi parce que Laval la lui a présentée comme l'embryon de l'armée à reconstituer. Darnand n'admet cette interprétation qu'avec de fortes réserves et pose ses exigences. Il n'est pas question de s'encombrer de demi-solde de l'armée d'armistice et d'être brimé par la discipline militaire et un recrutement apolitique. Laval lui demande cependant de réfléchir à cette option : ne serait-il pas utile que la Milice attire à elle des militaires, les empêchant ainsi de rejoindre la Résistance ? Le chef du gouvernement ne voit pas dans la Résistance un idéal, mais un lieu où exercer un besoin d'action. S'il s'agit de cette bonne cause, Darnand en est d'accord, d'autant plus qu'il a des contacts avec des membres de l'Armée secrète qui ne savent plus, dit-il, comment se tirer d'une collaboration avec les communistes. Il poursuivra dans cette voie, mais qu'on soit bien d'accord : jamais la Milice ne renoncera à participer à la lutte politique. Laval acquiesce. Il veut que la Milice s'impose aux collaborateurs de Paris, qu'elle ait la capacité de les absorber.

Dès avant la création de la Milice, des dynamiques contradictoires sont donc apparues. Pierre Laval la crée pour satisfaire les Allemand mais il craint d'être débordé par une Milice qui prendrait corps. Darnand et son entourage ambitionnent déjà pour elle un rôle politique. Laval en a l'intuition mais il se rassure : Darnand, cet être fruste, ne sera jamais un rival pour lui. Il le manœuvrera facilement, et l'adulation de ce brave soldat pour Pétain permettra toujours de le freiner et Laval se sent capable de les tenir.

S'étant ainsi persuadé qu'il crée un instrument docile, Laval se résout à la naissance de la Milice française (*JO* du 31 janvier 1943). Il préfère ne donner aucun éclat à la fondation de la Milice, simplement marquée, le 30 janvier, par une réunion vite expédiée à son siège et un banquet amical à l'hôtel Majestic.

Le matin, à la discrète cérémonie d'intronisation, Darnand déclare que l'autonomie de la Milice par rapport à la Légion lui permettra d'accomplir enfin avec efficacité sa mission d'ordre et de défense du territoire. Elle s'attaquera aux trahisons et agira en accord avec le chef du gouvernement, son chef, contre l'Angleterre, l'Amérique, l'URSS qui suscitent en France l'action d'agents qu'il est résolu à éliminer.

Le ministre de l'Éducation nationale, Abel Bonnard, prend la parole parce qu'il est ami des miliciens. Survolté par cette belle et virile jeunesse qui s'offre à l'État français, il se surpasse dans la misogynie et l'appel aux fantasmes. Les élites nouvelles de la Milice française, « les hommes du fond » qui montent du peuple, balayeront les aspirations « mortifères » à une solution étroitement française, prétendant conditionner « un printemps sous-cloche, un printemps en pot, un printemps dans une cave ou dans une armoire ». Un monde nouveau s'enfante dans les grandes batailles européennes où disparaîtront le règne de l'argent, le respect de la personne humaine, l'anonymat sans chaleur, la prééminence de l'individu, le « nain arrogant, l'avorton prétentieux ». Il n'y a plus d'armée ? Il n'y a plus de marine ? Qu'importe puisqu'il reste la Révolution. Contemplant cette rare jeunesse, le vieux ministre défaille de bonheur : « L'opinion est une énorme femelle. Je reconnais et salue en vous l'élément mâle de la nation. »

À la fin du banquet, auquel le maréchal Pétain n'assiste même pas, Pierre Laval trace la voie à tenir : lutter, avec l'Allemagne, contre le danger mortel du communisme. Il rappelle que la Milice ne dépend que de lui : « Je désire aussi qu'il y ait entre vous et moi un lien étroit. Vous serez mes compagnons. Je veux être votre ami, et je serai votre chef. » Dans cette réunion administrative sans éclat, Laval vient de confier la direction de la nouvelle institution de l'État français dont il est le chef à son secrétaire général, Joseph Darnand.

Chapitre 2

Joseph Darnand, chef de bande

Un héros de guerre

L'ascension de Joseph Darnand sous l'Occupation reste un mystère.

La plupart des dirigeants de Vichy ont déjà acquis avant 1940 une notoriété politique. Joseph, lui, avant 1939, n'est personne… ou presque. Il n'est pas un homme politique considérable comme l'était Laval. Il n'a jamais été l'espoir intellectuel d'un parti de gauche comme Marcel Déat le fut un temps pour les socialistes. Il n'a pas fondé de parti nouveau, comme Doriot, le puissant animateur du PPF. Il ne participe pas à l'effervescence intellectuelle et politique des années 1930. Tout juste est-il sorti de l'anonymat grâce à la Grande Guerre.

Avant d'être happé par l'histoire, Joseph Darnand, né le 19 mars 1897 à Coligny, dans l'Ain, n'a rien que de banal. Il n'appartient pas à une de ces grandes familles désignant dès l'enfance à ses rejetons les glorieux modèles ancestraux. Ses ancêtres sont des paysans. Son père est entré, comme d'autres ruraux, aux chemins de fer. Être chef de voie à la gare de Bourg assure un revenu régulier pour élever une famille nombreuse. Sa mère, femme de caractère, active, trouve encore le temps de prendre en nourrice des « gones » de Lyon. La famille Darnand, connue pour sa grande piété, est très estimée. Chaque soir, le chapelet récité à haute voix réunit autour des parents la dizaine d'enfants. La gratuité des voyages assurée aux cheminots permet parfois une grande excursion du dimanche au Sacré-Cœur de Montmartre.

L'enfance du futur chef est ordinaire. Ni particulièrement doué, ni rebelle, ni timide, il est de ces écoliers modestes dont on ne se souvient pas. Ses frères parleront de sa gentillesse, une sœur de son caractère autoritaire. Il est discret. Rien à voir avec le jeune Laval d'une intelligence exceptionnelle et d'un caractère marqué, chef et organisateur des gamins de Châteldon, recevant force taloches paternelles pour ses actes de sauvageon mais retenant l'attention des notables du bourg par ses dons intellectuels exceptionnels et une séduction conquérante. Joseph Darnand, lui, n'est pas un rebelle. Il fréquente l'école libre Saint-Louis à Bourg. Sa sœur Madeleine deviendra religieuse. De sa propre foi, il n'a pas parlé. Toujours ce silence. Son ami le père Bruckberger ne doute pas de son sentiment religieux mais celui-ci reste du domaine privé. Ce n'est pas un Paul Touvier, qui s'en parait pour attester sa sincérité et obtenir de profitables absolutions.

À cette époque, le certificat d'étude, à onze ou douze ans, clôt la période d'instruction. Le père qui a de l'ambition pour ses enfants voudrait qu'ils fassent des études secondaires. Trois filles obtiendront le brevet d'études supérieures, diplôme élevé pour une jeune fille de l'époque. Joseph entre en sixième au collège catholique de Belley. Cet internat représente une lourde charge pour une famille nombreuse qui ne reçoit pas de bourse. Il faut bien de l'espoir en l'avenir de ce fils pour assumer une telle dépense, d'autant que Joseph ne répond pas aux espérances. Il n'est pas vif d'esprit, il est lent de parole, sans doute parce que son intelligence est paralysée par les moqueries de camarades plus aisés et cruels pour ses pantalons trop courts, ses lourds souliers ferrés par économie, son accent rural prononcé (il en gardera à l'âge adulte quelques inflexions). Alors qu'il est en quatrième, il est retiré de l'enseignement secondaire. S'agissait-il du conseil des dirigeants du collège diocésain estimant inutile un investissement sur un sujet moyen ? de leur projet d'en faire un militant de la jeunesse ouvrière (il fréquenta un temps un mouvement de jeunesse catholique) ? Raison économique ? Dissentiment dans le couple (les parents se sépareront, la mère vivant à Bourg et le père se retirant dans une petite propriété près de Coligny) ? On ne s'étend pas, dans ce milieu, sur ces questions qui ne regardent personne. Ce début d'enseignement secondaire constitue un bagage qui n'est pourtant pas négligeable. Sa mère lui trouve une place en apprentissage pour un bon métier, l'ébénisterie. Joseph Darnand ne sera ni fonctionnaire, ni officier, ni enseignant. Il sera compagnon ouvrier et ensuite artisan ou commerçant. Cette perspective d'existence tranquille et honorable est bouleversée par la guerre. Son patron est mobilisé. l'entreprise est fermée. Il ne terminera jamais son apprentissage d'ébéniste mais en gardera une connaissance du bois et un goût pour les beaux meubles.

La Grande Guerre bouleverse l'Europe et constitue pour l'adolescent de dix-sept ans une aventure fascinante. Il veut s'engager mais il est d'abord refusé : trop jeune, de complexion fragile, sans instruction militaire. Mais, en 1916, quand il faut remplacer tant de morts, ces obstacles n'en sont plus. Incorporé le 8 janvier au 35e régiment d'infanterie, il s'intègre parfaitement dans l'armée, gagnant rapidement ses galons. Il est caporal en avril 1917 et, six semaines plus tard, sergent. Dans la guerre, son courage et ses talents de meneur d'hommes éclatent. Il a un sens infaillible du terrain et il aime le combat. Le sergent Darnand monte au front en octobre 1917, y déployant un courage et un allant exceptionnels au sein d'un groupe de grenadiers volontaires de la division. C'est un commando. Téméraire, doué d'autorité, Darnand s'épanouit dans le risque. N'importe quelle mission dangereuse peut lui être confiée. Il saura y réussir sans peur et avec éclat.

Le 14 juillet 1918, il accomplit même un exploit décisif pour la victoire. Depuis le 21 mai, les Allemands ont lancé trois offensives pour percer le front de Champagne. Le général Gouraud, commandant de la 4e armée, s'attend à être frappé par la quatrième offensive allemande destinée à réaliser la percée décisive. Il a besoin d'informations. Il faut aller les chercher dans les lignes ennemies. Darnand est l'homme idéal. Le 14 juillet, à 19 h 55, trois groupes de grenadiers s'élancent du Mont-sans-Nom, courent dans la pente, buste penché, sautent sur un terrain défoncé, évitent les arbres réduits à des troncs déchiquetés, coupent les barbelés. Deux cents mètres franchis pour atteindre le bas de la pente. Deux cents mètres encore : voilà la première ligne ennemie. Ils abattent des sentinelles, se jettent dans la tranchée adverse. Ils lancent des grenades. La riposte est violente. On se bat au corps à corps. Ils passent, investissent deux abris où des officiers allemands, croyant à une attaque importante, se rendent. Cinq morts du côté allemand, quatre du côté français. Le groupe de Darnand fait main basse sur les documents et emmène vingt-trois prisonniers qui seront soumis à un interrogatoire. Des documents et des hommes ressort une information capitale : l'offensive allemande est imminente en direction de Châlons-sur-Marne et sera précédée d'une préparation d'artillerie de quatre heures. Ainsi informé, le général Gouraud ordonne l'évacuation des premières lignes pour protéger les hommes du bombardement et prépare les tirs d'artillerie destinés à désorganiser la concentration des troupes allemandes.

À minuit dix commence le roulement assourdissant des canons allemands. Les fantassins ennemis s'élancent à quatre heures et demie, trouvent la première ligne désertée mais tombent sur un feu meurtrier en atteignant la ligne de défense bien préparée. Les combats durent toute la journée du 15 juillet. L'offensive allemande a échoué. Désormais les contre-offensives françaises peuvent déployer leurs ailes et aboutir à la victoire.

Le général Gouraud reconnaît ce qu'il doit au corps franc et, dans son rapport au commandant en chef, le général Philippe Pétain, il dit ce qu'il doit au sous-officier Joseph Darnand. Gouraud parle d'un « coup de main historique aux conséquences stratégiques exceptionnelles ». Joseph Darnand est décoré de la médaille militaire par le général Pétain devant le front des troupes qui lui rendent les honneurs. Ce jour-là, il a pleuré. Quand, dans la cour d'honneur des Invalides, la Légion d'honneur lui est remise en 1927, Raymond Poincaré, dans son discours, qualifie Joseph Darnand d'« artisan de la victoire », un titre qu'il partage, selon lui, avec le maréchal Pétain et avec le maréchal Foch.

Une légende est née. Une figure de héros est offerte à l'admiration des Français. On sait qu'au vedettariat il faut des metteurs en scène, un peu de réel et beaucoup d'illusions. Darnand est poussé à aller au-delà de lui-même par ces feux de la rampe. Il devient un symbole, un exemple. Il en est le prisonnier ravi.

Que devient un héros de la Grande Guerre après qu'a sonné l'armistice ? En 1918, Joseph Darnand, couvert de décorations, héros emblématique de la vaillance du peuple, envisage une carrière dans l'armée. Il prolonge son engagement et combat en Cilicie contre les kémalistes turcs. Son fils, Philippe, fait état de premières activités politiques sous l'influence du général Gouraud. Leur nature en reste mystérieuse. En 1921, il est démobilisé à sa demande. Pourquoi ce départ ? Fêté par tous, plus brave que les autres, entraîneur d'hommes, encensé par les chefs militaires pour lesquels il nourrit le plus grand respect, comment ne se croirait-il pas un avenir d'officier dans l'armée qu'il chérit plus que tout ? Son espérance de devenir officier est légitime. Mais on n'est plus au temps de la Révolution française ou de l'Empire où les carrières se faisaient vite. Ses supérieurs le découragent de préparer l'école de Saint-Maixent. L'armée de l'après-guerre n'a que faire de héros. Il y a déjà trop d'officiers sortis de Saint-Cyr pour des effectifs en réduction. Les perspectives d'avancement sont bouchées. Sans doute – mais on ne le lui dit pas – le héros n'a pas les références sociales pour devenir officier. Il ne sort pas d'une école, son instruction est médiocre. Il n'a ni manières convenables, ni famille connue dans ce corps. Darnand ne sera jamais officier, alors autant tenter, sans regret, sa chance ailleurs. Il est dommage que Darnand n'ait pas pu réaliser une vocation de combattant au sein d'une institution qui eût encadré et contrôlé sa fougue, surveillé ses fréquentations et canalisé ses emballements politiques.

L'épisode guerrier a donné au jeune homme une bonne image de lui-même. Elle a figé son esprit dans un schéma simple : l'esprit de commando. Il y a « nous », les braves, les durs, les efficaces. Et puis il y les « autres », des faibles, des pleutres, des êtres soumis. Le sentiment de supériorité amène à presque tout excuser des frères du commando puisqu'ils sont des hommes exceptionnels, à tout couvrir pour l'honneur du groupe. Il y a aussi l'obéissance absolue au chef, le goût de commander. Ce n'est pas toujours facile à satisfaire dans la vie civile où les hiérarchies sont plus subtiles.

Darnand ne doute pas de réussir en quittant l'armée. S'il n'a pas appris de métier et s'il n'est plus temps, à vingt-quatre ans, de reprendre un apprentissage, il sait commander et tout Bourg connaît ses exploits. Ce serait une erreur de le présenter comme une sorte de « capitaine Conan » inapte à la vie civile. Il n'est pas une épave sociale, même si la transition est ingrate encore que courageusement affrontée. Descher, propriétaire d'une fabrique de meubles, le prend comme chef manutentionnaire. Il est traité avec amitié, loge chez son patron dont il épouse une jeune parente, Antoinette Foucachon, femme discrète, excellente maîtresse de maison, bonne mère, supportant les aventures d'un mari qui plaît aux femmes. De 1922 à 1924, à Maillat, dans l'Ain, Darnand devient chef d'un chantier forestier spécialisé dans la construction de baraquements. Il aime cette vie en plein air. Dur dans le travail, il sait partager les bons moments du casse-croûte avec ses ouvriers, mais le métier n'a rien de lucratif et n'offre aucune possibilité de promotion. Il tente d'aller plus haut, à Lyon, dans le commerce cette fois, vendeur-décorateur à la fabrique de meubles Chaleyssin. À la Croix-Rousse, où s'est installé le couple, une petite fille est née qui meurt très jeune. Voit plus tard le jour, en 1926, un fils, Philippe. Le prénom serait-il un hommage au maréchal Pétain ? Philippe Darnand rétablit la vérité. Ce prénom révèle une sensibilité au destin tragique du fils de Léon Daudet, le polémiste de l'Action française, un adolescent retrouvé mort dans un taxi. Suicidé selon la police. Assassiné par les adversaires politiques de son père, dit l'Action française.

De l'Action française à la Cagoule

À Lyon, Darnand entre dans l'association d'anciens combattants Marius-Plateau, fondée par l'Action française. Joseph Darnand royaliste ? Oui, certainement. Il a une vision mythique de la monarchie (« L'État c'est moi ! ») : « La monarchie pour moi c'était l'ordre, le respect du passé, le culte de la patrie… alors j'ai foncé. J'étais pour l'autorité. Moi, dans mes affaires, j'ai réussi parce que j'étais seul à commander[1]. » Il y trouve une exaltation permanente des vertus viriles, un sentiment de supériorité. La doctrine l'intéresse peu ; quelques slogans suffisent. Il croit que l'Action française en est encore à vouloir renverser « la gueuse » qui gaspille les fruits de la victoire et insulte la mémoire des morts pour la France. Pas intellectuel, pas orateur, pas né, Darnand est un beau porte-drapeau, un membre éminent de l'association Marius-Plateau. Orienté vers les Camelots du Roi, il y satisfait son besoin d'action et goûte les bagarres avec les communistes. Professionnellement, sa situation s'améliore. Chaleyssin l'envoie dans sa succursale de Nice où il compte bien saisir sa chance et devenir rapidement directeur de la maison. Mais à Nice, il est peu à peu happé par un milieu activiste, entraîné dans des solidarités personnelles fortes qui font de l'ancien combattant un aventurier politique.

La rencontre décisive a été celle de Félix Agnely, un héros de la guerre, aussi décoré que lui, aussi brave. Agnely est officier d'active et appartient à une vieille famille de Nice. Ses relations, son aisance, son intelligence impressionnent Darnand. Sa chaleur humaine plaît à celui qui échappe au milieu réservé de Lyon. Ensemble ils poussent les jeunes royalistes en vue d'une action de force qui n'est plus une priorité pour l'Action française. Comment procéder ? Il faut obtenir une autonomie des Camelots du Midi dont Darnand est devenu le chef. C'est cela l'esprit commando. Les dirigeants de Paris goûtent peu cette idée. Ils l'invitent à se justifier. Maurras est catégorique : les Camelots du Roi n'ont pas à développer une action autonome. Le renversement de la république et la restauration de la monarchie sont affaires de longue haleine. L'air buté, Darnand ne réagit pas. Puis, pressé de répondre aux objections, il éclate : « J'ai à répondre que vous êtes tous des vieux cons. » Maurras heureusement n'a pas entendu. Léon Daudet s'esclaffe : « Il est merveilleux, et en plus il a mille fois raison ! » Désormais quand il ira à Nice il déjeunera chez le rebelle. Darnand quitte l'Action française. Il n'est plus d'âge pour les Camelots qui continueront à organiser des bals et à crier le journal. Si cela ne leur convient pas, ils feront comme lui, ils iront ailleurs.

Sa vie professionnelle ne le satisfait pas non plus. Il n'a pas obtenu comme il le souhaitait la direction de la succursale de Nice. Son patron loue son intégrité et son sérieux, mais ne peut satisfaire des ambitions que compromet l'engagement politique de l'employé. Quand la discussion s'engage, Darnand ne supporte pas la contradiction et peut se révéler violent. Ce n'est pas bon pour le commerce de décoration. Peu importe, Darnand aspire à être son propre patron. La famille Agnely qui a des intérêts dans des affaires de transport l'aide financièrement à créer une entreprise de déménagement où Darnand accroîtra régulièrement ses parts. Le même gère aussi un temps une société de transports, « Les courriers du littoral ». Le marché est tout trouvé chez ses amis politiques et anciens combattants. En dépit de la crise économique, il réussit très convenablement dans sa propre entreprise qu'il revendra pour un très bon prix.

Dans ces années 1930, l'atmosphère de crise et les convictions politiques du nouveau petit patron l'entraînent loin, avec la Cagoule pour terrain d'action. Rien ne peut modérer Darnand qui vit dans la hantise d'un proche coup de force communiste. Il a tâté des Croix de Feu pour y éprouver la même déconvenue qu'à l'Action française. Le 6 février 1934 lui montre que La Rocque ne veut pas non plus renverser la république. Le Front populaire déplaît au patron d'une jeune entreprise. Il s'indigne des grèves sur le tas. Il hait un chef de gouvernement allié des communistes. L'obsession de Darnand c'est l'ordre, l'autorité, ce qui le conduit à admirer l'image donnée par les régimes italien et allemand. Il entre au PPF de Doriot mais là encore il trouve trop de paroles, trop d'anciens communistes, trop de réunions et pas assez d'action directe. Il découvre dans le CSAR (Comité secret d'action révolutionnaire) d'Eugène Deloncle le milieu qui lui convient. Il s'intègre dans la Cagoule militaire qui prépare une riposte à un coup de force des communistes, comme le lui explique Georges Groussard, un officier du renseignement. Enfin des coups, des provocations, des complots, de l'aventure ! Il est à même par son entreprise de Nice de rendre des services qui donnent encore un frisson et une saveur à la vie. Darnand et ses amis Agnely et Gombert participent à des trafics d'armes. Un bateau, parti d'Italie, apporte de nuit des armes qui sont déchargées sur la plage privée d'un homme d'affaires belge. Des ombres s'emparent des colis, les portent aux camions de déménagement de l'entreprise Darnand stationnés dans le jardin. À l'aube, ils partent les livrer en France mais surtout en Espagne en proie à la guerre civile. Cela peut expliquer la réussite de l'entreprise, encore que Darnand ne soit pas un homme d'argent. Les représailles sanglantes font partie du jeu dans le milieu. Un trafiquant d'armes, Augustin Juif, a été installé en Italie par ces « Chevaliers du Glaive » de Nice pour acheter leurs armes. S'estimant trahis par lui, ils décident de le tuer. Darnand est-il un des assassins de Juif ? Arrêté en juillet 1937, il est défendu par l'avocat Xavier Vallat, un parlementaire ancien combattant qui réussit à obtenir, au bout de six mois, un non-lieu. Darnand libéré retrouve des activités plus calmes. Du moins pour un temps. En septembre 1939, il remplit pour le capitaine Giscard d'Estaing une brève mission de renseignement en Italie.

La Seconde Guerre mondiale ravive cette gloire qui le grise. La drôle de guerre n'offre pas beaucoup d'occasions d'actions d'éclat. Les héros sont d'autant plus nécessaires que la masse des combattants n'y croit plus. Les braves se retrouvent volontaires pour créer le corps franc de la

29e division, le 24e bataillon de chasseurs (213 volontaires dont 63 officiers et sous-officiers), un véritable vivier de durs dont beaucoup se retrouveront à la Milice. D'eux on attend ce qu'on n'ose pas exiger des mobilisés. Y règnent la volonté d'en découdre et une admiration mutuelle. Darnand est sous les ordres directs de son ami Agnely. Il y connaît Pierre Cance, le dominicain Bruckberger. Les ordres ne sont pas de risquer l'aventure, seulement de préparer un coup de main sur Forbach que l'armée française avait abandonné. La ville semble vide mais il faut s'en assurer par une action de commando commandée par Agnely. On se planquera pour observer, on notera tous les détails. En cas de rencontre, il faudra éviter les armes à feu qui donnent l'alerte, user du poignard et disparaître au plus vite.

Les hommes d'Agnely s'installent dans des maisons le long de la rue et surveillent. Apparemment pas d'ennemi. Soudain, un groupe d'Allemands arrive dans la rue et commence à installer une mitrailleuse. Deux d'entre eux se détachent du groupe et pénètrent dans une maison où se trouvent deux chasseurs. L'un d'eux a un mauvais réflexe : il tire. L'alerte est donnée. Agnely commande le feu et le retrait. Des renforts allemands arrivent, cernent les Français. Les munitions s'épuisent. Il faut se replier à l'arrière, par les jardins. Avant d'escalader une haie, Agnely est atteint au cou par une balle mortelle. Darnand prend aussitôt le commandement et réussit à ramener ses hommes. Il crie qu'Agnely est resté mort sur le terrain, qu'il faut aller chercher son corps. Tous les hommes sont volontaires parmi lesquels il choisit trois qui, la nuit suivante, se glissent dans Forbach et réussissent à ramener le corps du lieutenant.

L'opération de Forbach est un semi-échec masqué par l'émotion et l'exaltation de la camaraderie virile. Au public sevré d'exploits dans cette guerre sans action, l'épisode Darnand-Agnely offre son lot d'images émouvantes, la fidélité au chef, le mépris du danger, les promesses de renouvellement de l'héroïsme de la Grande Guerre. Le 21 mars 1940, Darnand fait la couverture de *Match* : « Cet officier a ramené le corps de son camarade tué à côté de lui. » Dans un paysage de neige, le général Georges remet la rosette de la Légion d'honneur à Darnand à la droite duquel se tient un adolescent, le fils d'Agnely qui reçoit la décoration posthume de son père. Darnand l'enveloppe d'un regard de compassion. Le général Georges n'hésite pas à dire que l'officier Darnand « a accompli le plus grand fait d'armes de cette guerre ». La scène passe aux Actualités cinématographiques. Darnand, en permission à Paris, est reconnu comme « l'officier qui a ramené son camarade ». L'opération de propagande est réussie.

Quand, en juin, l'offensive allemande emporte le dispositif français, Darnand se bat enfin. Avec bravoure. Mais il doit reculer en s'accrochant de la Somme à la Loire et au Cher. Le corps franc qui perd le tiers de ses hommes est toujours au contact des avant-gardes allemandes. Joseph Darnand est fait prisonnier, une situation qui ne saurait durer. Volontaire pour toutes les corvées, il sort ainsi régulièrement du camp de Pithiviers et prend les contacts nécessaires à son évasion. Toujours fidèle, l'ami Gombert arrive et aide à son évasion, ramenant Darnand à Nice. Là, le héros qui n'a pas admis la défaite renoue avec des anciens de la Cagoule, des patriotes qui espèrent agir secrètement à Vichy pour préparer la revanche et qui, pour le moment, s'enferrent dans le renseignement politique au service du colonel Groussard et de son Centre d'information et d'études. Y sont liés les Groupes de protection, organisation paramilitaire qui servira lors de l'élimination de Laval le 13 décembre 1940. Le colonel en confie le recrutement et la direction dans le Sud-Est à Joseph Darnand. Groussard le recommande aussi au maréchal Pétain pour être le chef de la Légion française des combattants de Nice. Le choix est pertinent, car Joseph Darnand fait de la Légion française de Nice la première de France. Il demeure, à ce moment-là, fermement antiallemand. Politiquement il est insatisfait, s'estime englué dans des problèmes d'organisation de masses. La plupart des légionnaires ne sont, à ses yeux, que de braves gens incapables de faire plus que défiler, commémorer, donner des recommandations, se livrer à des ragots mais ils n'envisagent pas d'engagement plus dur. Ce n'est pas sur ces pères tranquilles qu'il faut compter pour se battre. Or, il faut agir. Quelques chahuts, comme le boycott d'une conférence d'André Gide, ne suffisent pas à son besoin de marquer son temps ni aux nécessités de l'heure. On a vu comment, sur la transposition du modèle du commando à l'action civile, il avait dégagé au sein de la Légion de Nice un groupe résolu, le SOL. Il n'est pas seul dans cette entreprise hardie.

Refus de vieillir

À cette époque, Darnand impressionne toujours ses hommes par son dynamisme. Au physique, cet homme trapu, solide, ancien rugbyman a pris un peu de ventre. Le visage carré est taillé à la serpe. Le menton fort, le nez droit, les mâchoires serrées créent l'impression d'énergie. Le regard bleu a quelque chose de triste. Le physique ne révèle pas toute la personnalité. Un jugement largement répandu fait de Darnand une brute. Pierre Dunoyer de Segonzac, l'officier raffiné et chrétien, n'envisageant la revanche qu'après une longue période de redressement intellectuel et moral, l'a jugé rapidement « une brute […], un homme ayant plus d'énergie que de discernement, plus de sang que d'esprit politique, la hantise de l'action pour l'action, une superbe machine. Pas un cerveau[2] ». Pour Marcel Déat aussi, Darnand n'est qu'« une brute au crâne vide » mais le normalien plaçait très haut la barre de l'intelligence. Peut-on aller plus loin dans une psychologie d'homme de guerre avec laquelle, à notre époque, nous ne sommes plus familiers ? Le père Bruckberger, qui l'a connu au corps franc, l'a suivi à la Légion de Nice avant d'en claquer la porte et de finir aumônier des Forces françaises libres, admire le courage d'un homme né pour « le baroud et les armes », doué d'un sens animal, instinctif, de la guérilla, de la ruse. Mais il décèle la faille secrète de celui qui, se retrouvant sans formation culturelle, sans autre dérivatif, est obsédé par le vieillissement du corps, la décadence des forces physiques. Le colonel Groussard, son ancien chef, voit en lui « jusqu'à sa folie de courte cervelle, un "preux" qui n'est pas fait pour le siècle ». Il relève aussi sa faiblesse récente : « Darnand, sous son écorce de petit taureau puissant, avec son poitrail bombé et son ostentatoire roulement d'épaules, avait la hantise du déclin physique[3]. » Un témoin des longues soirées de Sigmaringen en 1945, le docteur Gérard-Trinité Schillemans, est impressionné par l'homme d'action, viril, « bâti comme un chêne, ramassé ». Il le classe, selon la théorie de Jung, parmi les extravertis sensoriels[4]. Il note le masque d'impassibilité du chef maître de lui, parfois souriant quand il relève la commissure des lèvres. Le regard clair, d'ordinaire dur, se fait caressant sous la lourde paupière, ce qui lui donne un certain charme. Il devine son impétuosité, les terribles colères qui peuvent s'emparer de lui, ses obstinations, sa foi dans de pauvres idées ressassées dans un milieu fermé à tout autre argument. Il se pousse toujours en avant dans l'action guerrière, sans observer de limites, et se comporte de même dans la vie politique qui exige d'autres qualités, tolère d'autres défauts et pour laquelle il n'est pas armé comme l'était Adolf Hitler. Darnand n'avait pas les qualités de jugement qui doivent accompagner les grandes ascensions et il avait trop d'orgueil pour reculer.

À Sigmaringen le docteur Schillemans a diagnostiqué une autre faille psychologique. Depuis qu'il a été sacré héros, la vedette n'est pas loin : Darnand vit par le regard d'autrui. Il se conforme à son rôle et joue le personnage de l'homme d'action intransigeant. Il a voulu croire qu'il était un surhomme et a été enfermé dans un personnage. Charles Maurras avait aussi décelé cette faiblesse. Apprenant de lui son intention d'entrer à la Cagoule, il lui avait conseillé : « Laissez donc là ces choses vaines. » Mais pour Darnand y en avait-il d'autres pour exister ? Le combat guerrier n'était plus de saison. La vie sentimentale était agréable, renouvelée, mais dérisoire. De la culture, bien qu'il s'efforçât de lire des livres d'histoire et de s'imprégner des conversations des autres, il n'avait pas les clés.

Un personnage s'était emparé de cet homme simple et ambitieux. Il avait été créé par son entourage. Tous ceux qui avaient été attirés par lui, et qui espéraient pour eux-mêmes quelque bénéfice de son image, l'adulaient et le flattaient. Darnand avait fini par croire à la réalité du reflet dans le miroir tendu. La carapace se fêlait parfois et révélait de la timidité. Il lui arrivait d'être indécis, presque naïf et, dans ces moments, il prêtait le flanc aux influences de l'entourage qu'il avait laissé se constituer. Il était devenu, par les circonstances exceptionnelles, un « Chef », mais il n'en avait que les qualités d'impétuosité[5]. Le jugement n'était pas nourri de connaissances du monde ni de discernement. Il était très court. Que le Maréchal le félicite d'une action, il y voyait l'approbation, qui n'existait pas, de tout un programme. Il ne percevait pas la limite des mots. La raison n'était pas son fort. Il se fiait trop aux explications et aux justifications des autres, sans doute par sens du clan. Dépourvu d'esprit critique, il croyait ce qu'on lui disait pour peu qu'on employât un certain vocabulaire : force, résolution, autorité, ordre, discipline. Influençable, il a toujours été à la recherche d'un maître. Félix Agnely, le frère d'armes, le jeune bourgeois de Nice, éloquent, désinvolte, brillant, gâté jusque dans ses solides affections familiales, l'impressionnait. Il l'admirait en tout et le suivait comme un guide politique. Sa mort a laissé Darnand désemparé. De Gaulle aurait pu être le maître attendu, lui qui saura, en d'autres temps, retenir des héros, d'une autre trempe peut-être, comme Bigeard ou Massu. Mais leur rendez-vous n'a pas eu lieu même si, en 1940, la tentation de la France libre a existé pour un Darnand encore très antiallemand. Il voulait qu'on lui montre la route et n'aurait pas répugné à poursuivre des objectifs élevés. Mais, aux moments décisifs, il n'y eut personne pour lui désigner la voie. À l'égard de Pétain il se voyait comme un vassal devant son suzerain. Pour lui, le Maréchal était le « Bon Dieu dans le Saint des Saints », une hérésie pour son ami dominicain qui sous-estime Darnand, plus rusé qu'il ne le présente[6]. Pétain n'était plus lui-même qu'une icône et personne, sous l'Occupation, n'a pu s'appuyer durablement sur lui. Darnand l'adula jusqu'au jour où Pétain lui reprocha de lui avoir obéi et d'avoir couvert des comportements de voyous et d'assassins. À partir de ce jour, Joseph Darnand se révolte et ses illusions s'envolent.

Cagoulards et jeunes professeurs de fascisme

Darnand influençable n'a que le goût de la bande, et dépend d'un entourage qui façonne sa personnalité d'emprunt. Déjà, à Lyon, son prestige de héros était utilisé par d'autres qui en avaient fait moins. Le jeu avait continué et il s'y était prêté. Pour son malheur, il fut entouré d'admirateurs sincères, toujours prêts à lui fournir des arguments idéologiques simplistes qui renforçaient son énergie. Henry Charbonneau, son neveu par alliance, décelait en lui un « personnage de Giono qui aurait eu l'âme d'un chouan[7] ». Il se soumettait, faute de se suffire, à l'influence d'ambitieux. Les vieux camarades ne pouvaient pas se tromper. Les jeunes l'entraînaient dans leur dynamisme. Les flatteurs l'enfonçaient dans de monstrueuses erreurs. Passionnés d'action, ils étaient les uns avec les autres dans une telle concurrence qu'il leur aurait été funeste d'émettre un propos critique et d'exiger un examen sensé des projets. Quand on n'était pas d'accord avec une orientation, il fallait partir.

Du trio soudé du corps franc et de l'Action française, Darnand-Agnely-Gombert, ne reste qu'un duo. Ils partageront en 1942 un petit appartement à Vichy. Gombert n'est pas un héros sans cesse acclamé ; il préfère l'action secrète. Il ne parle pas, il commande. Sa croix de guerre, il ne la porte pas. Il ne se disperse pas dans une vie professionnelle dont il n'a pas besoin pour vivre depuis qu'il a épousé une propriétaire de vignobles. Le petit homme rougeaud au poil gris, physiquement puissant, prend les initiatives hardies, frôlant avec satisfaction l'illégalité. Il s'épanouit dans les actions secrètes. Il a été de toutes les expéditions cagoulardes, les représailles contre les transfuges du CSAR. Des secrets lient ces deux silencieux. Bras justicier de la Cagoule, Marcel Gombert a été ensuite la cheville ouvrière des GP de Groussard, allant s'installer à Marseille plus sûre que Nice, trop proche de l'Italie. Il est aussi vice-président de la Légion des Alpes-Maritimes et l'idée d'un Service d'ordre légionnaire lui doit beaucoup. Le confident, le conseiller de Darnand était l'homme idéal pour diriger le service de sécurité de la Milice. Toujours dans l'ombre, il sera familier, sans autorité hiérarchique directe, des tortionnaires du Petit Casino de Vichy, Henri Millou et le commissaire Poinsot. Il contrôle les francs-gardes affectés à la surveillance du château des Brosses, le centre d'internement de la Milice.

Pierre Cance présente un autre profil. Ingénieur agronome, saint-cyrien, croix de guerre, il a été des coups d'action du corps franc en 1940. Il aime la bataille mais se désespère du manque d'héroïsme des Français de 1940 : « Jamais, dit-il, nous ne gagnerons la guerre avec ces petits bourgeois. Ce serait pourtant la meilleure école pour faire perdre aux Français le culte des assurances et la peur des courants d'air. » Après la défaite, il laisse son entreprise de Béziers pour répondre à l'appel de Darnand. Les autres conseillers sont impressionnés par sa volonté de renverser violemment les obstacles politiques : Francis Bout de l'An dans ses souvenirs, cités par

Dominique Venner, dit qu'il « avait l'allure et la volonté de l'homme auquel on obéit. Solide, bien découplé, avec une tête de beau soldat, il a connu des succès de toutes sortes. Certains lui ont reproché son manque de finesse, son peu de sens politique[8] ». Pierre Cance a la confiance de Darnand, qui se sert de lui comme intermédiaire dans ses offres de ralliement au résistant Groussard et l'emmène avec lui lorsqu'il demande des armes aux SS. Il n'a connu que brièvement le milieu politique et s'engage, en 1943, pour combattre, dans son univers idéal, la Waffen SS.

À côté des cagoulards, il existe des hommes issus de la gauche. Ils sont attirés par la politique et la plupart d'entre eux sont d'incontestables fascistes. À une génération plus jeune appartient Pierre Gallet, d'une tout autre dimension intellectuelle que Darnand. Venu de la Jeune République, ce chrétien de gauche prépare l'École normale supérieure. Ayant échoué à l'oral, il se dirige vers l'armée, entre à l'école militaire de Saint-Maixent. En 1939, la guerre est son élément. Au cours d'une permission à Paris, il découvre les embusqués dont il ne supporte pas le spectacle et il regagne avec joie la Lorraine. Au 24e BCA, il devient l'adjoint de Darnand. Blessé, prisonnier, il s'évade, rejoint Nice au moment où Darnand prend la direction de la Légion et le seconde comme vice-président. Une volonté épuratrice le domine à tel point que ses amis le baptisent Saint-Just. Il a des convictions bien arrimées comme l'antisémitisme qu'il exprime dans le numéro 4 de *L'Alerte*, un hebdomadaire de Léon Bailby dont Bénouville est rédacteur en chef :

« Le jour où cette racaille aura été chassée de France après avoir restitué tout ce qu'elle a volé aux vrais Français, le problème du chômage sera largement résolu. » Le même numéro appelle au châtiment des coupables, en particulier à celui de Léon Blum, gaspillant les armes françaises au profit des républicains espagnols : « Nous avons été sciemment envoyés à l'abattoir et cent mille des nôtres ont trouvé la mort dans un combat perdu d'avance. Le sang des responsables de cette boucherie serait-il plus précieux que le nôtre ? Il faut que justice se fasse. Il faudra que les têtes tombent ! » s'exclame-t-il à la réunion fondatrice de la Légion de Nice en octobre 1940, sous les applaudissements frénétiques de Bénouville et du père Bruckberger (quand le jeune Gallet organisera le boycott d'une conférence d'André Gide, le dominicain ne suivra plus). Darlan et Marion ont repéré les aptitudes de Gallet et l'attirent à Vichy où il travaille pour François Gaucher, le chef de cabinet de Paul Marion à la propagande, puis il devient chef de cabinet de Jacques Benoist-Méchin qui se rappelle sa volonté de fer sous une enveloppe fragile[9]. Son émotivité explique une élocution difficile, une voix murmurante qu'on écoute cependant. Il est de ceux qui introduisent dans l'entourage de Darnand de jeunes intellectuels politisés, le « clan des professeurs », dont la dialectique fascine le patron qui adopte des théories qu'il aurait été incapable d'élaborer tout seul.

Premier des professeurs, le jeune Noël de Tissot, vingt-neuf ans, licencié en sciences naturelles, a enseigné dans un établissement privé. Il est la meilleure plume de Darnand et le théoricien du SOL dont il a rédigé, avec Bassompierre, les vingt et un points qui restent ceux de la Milice. En 1940, il résiste avec âpreté contre l'avance allemande, gagne la croix de guerre. Darnand l'enlève au PPF pour en faire le secrétaire général de la Légion des Alpes-Maritimes où il recueille, ce qui n'est pas fréquent, les louanges du préfet pour ses qualités de probité, de sérieux dans le travail et de courtoisie dans ses rapports avec l'administration. Il devient en février 1943 le chef de cabinet de Joseph Darnand et le secrétaire général de la Milice. Il plaît par une permanente bonne humeur, une gouaille, un optimisme à toute épreuve, un total dévouement. Il perce bien les personnalités et a la repartie vive. Laval ne l'aime pas parce qu'il est un écran entre lui et Darnand et parce qu'il dénonce son « attentisme », c'est-à-dire l'idée d'une possible victoire des Américains. Tissot est persuadé d'appartenir à une élite nationale, « les derniers Français » qui ont toujours raison contre une masse, matérialiste entre les deux guerres, défaitiste en 1940 et, maintenant, attentiste. Les petits calculs du « Machiavel du Café du commerce » (on aura compris qu'il désigne ainsi Laval) lui font horreur. Un avenir américain n'est pas acceptable, car ce pays est « le grand fédérateur des féodalités internationales dont les succursales françaises sont encore si prospères, si néfastes : la juiverie, les trusts et la franc-maçonnerie[10] ». C'est un collaborateur convaincu, un défenseur de l'idée européenne, un de ceux qui poussent Darnand à prêter le serment à Hitler. Il s'engage de tout cœur dans la Waffen SS française et sera tué en Galicie le 21 août 1944.

Francis Bout de l'An, normalien, a enseigné l'histoire et la géographie à la mission laïque française à Téhéran et à Damas. Proche des communistes, il trouve, comme d'autres camarades, son chemin de Damas en allant visiter l'URSS. Il se rapproche alors de la SFIO où il entretient ses « rêves humanitaires qui se nourrissaient d'idylle germanique ». Après la campagne de France, il retourne enseigner en Syrie où il devient vice-président de la Légion française des combattants. À l'été 1941, l'attaque du mandat par les Anglais et les Français libres le mobilise et renforce son hostilité aux Britanniques. Après l'armistice de Saint-Jean-d'Acre, consacrant la défaite de Vichy, il choisit donc d'être rapatrié en France. Débarquant à Marseille, il se rend tout naturellement au siège de la Légion où Bassompierre l'accueille et l'envoie à Darnand. Son aisance verbale et sa culture politique le qualifient comme propagandiste. Pierre Gallet lui confie une tournée de conférences. Francis Bout de l'An est un garçon subtil, aimé de tous, myope, mince et petit. Sans méchanceté on le surnomme « Bout de Zan », du nom d'une friandise en réglisse aimée des enfants. Il n'est pas dénué d'humour, fertile en solutions qui établissent les compromis raisonnables. À Vichy, secrétaire général adjoint de la Milice, il jouera les intermédiaires entre Darnand et Laval qui l'apprécie beaucoup. Sa femme, Simone, une institutrice, a sur lui une influence modératrice.

Henry Charbonneau, arrivé plus tard dans le cercle, s'intègre bien à la bande et acquiert d'autant plus d'influence qu'il épouse fin 1943 la nièce de Joseph Darnand.

Fils de général, c'est un chouan de Vendée. Il est naturellement d'Action française, intéressé déjà par l'Allemagne et l'Autriche qui lui deviennent sympathiques lorsqu'il y fait des séjours linguistiques. Il renie le « nationalisme étriqué » de Maurras et, enfant frustré de la Première Guerre mondiale, il veut éviter son renouvellement. Camelot du Roi, il est de tous les chahuts et, en 1934, prépare sa licence d'histoire et de lettres, autant à la Sorbonne que sur le terrain où il participe à la manifestation du 6 février. Il rencontre Darnand dans la Cagoule et se rend deux fois avec lui dans l'Espagne de la guerre civile. Il mérite bien, par sa truculence, son appétit et sa vitalité, le surnom de Porthos que lui a donné Claude Maubourguet, auteur d'un article, « Alexandre Dumas dans le maquis ». Charbonneau aussi a été au corps franc. Prisonnier, il ne revient en France qu'à la fin de l'été 1941 où Eugène Deloncle le récupère et lui confie le RNP et le MSR de la région parisienne. Charbonneau éprouve un peu de gêne à collaborer (le souvenir des ultras revenus « dans les fourgons de l'étranger ») mais surmonte vite ses doutes. Il se persuade d'être un de ces « Européens, des novateurs, un peu des aristocrates de la pensée[11] ». Il renoue avec Darnand et se retrouve disponible quand le MSR se scinde pour de médiocres histoires personnelles. Assurant une liaison entre le colonel Puaud qui est à la tête de la Phalange africaine et Darnand, il se retrouve secrétaire de la mission militaire française en Tunisie, sans grande illusion. À la chute de Tunis, en mai 1943 il est rapatrié en avion par les Allemands. Que veut-il faire à la Milice ? Darnand lui propose de diriger sa presse. Quel ennui, rétorque-t-il, de réécrire les articles des militants ardents mais à la langue et à l'orthographe approximatives ! Il préférerait la bagarre contre les communistes. Patience, il la trouvera en 1944 en Limousin.

Qu'on ne s'y trompe pas, ces hommes ne sont pas venus à Darnand par pure admiration pour un héros de guerre. Ils l'ont investi pour qu'il facilite un projet politique ambitieux. Mettre en coupe réglée Nice et le département est un but de *mafiosi*, pas le leur. Ils s'attachent seulement à faire de la région un contre-modèle propre à attirer l'attention du pouvoir. Ce qu'ils veulent ? S'emparer d'un organisme important de l'État français et imposer leur chef dans le gouvernement. Plus sans doute si les circonstances s'y prêtent. Ils sont d'abord avec Laval, mais seraient contre lui, prêts à le remplacer, le cas échéant. Le « *brain-trust* » de Darnand s'abrite derrière sa réputation, son image glorieuse qui lui trace but et démarches. Ils lui tiennent la plume dans les textes qui, allant de l'avertissement à l'ultimatum, constituent autant d'étapes nécessaires à la conquête du pouvoir. Quand Laval hésite, Bout de l'An ou Noël de Tissot rédigent une lettre pour réclamer au chef du gouvernement des décisions hardies. Joseph Darnand signe et menace : si Laval ne le suit pas, il démissionnera. Laval cède en considérant que ces hommes l'aideront sans trop l'engager. Sur cette erreur commence l'aventure de la Milice française.

CHAPITRE 3

Milice et société française

NOTABLES OU LACOMBE LUCIEN ?

En 1942, les Français ne se précipitent pas pour s'engager dans la Milice.

Pour gonfler des effectifs clairsemés les dirigeants y ont versé automatiquement les membres du SOL. Certains tenteront de se retirer sur la pointe des pieds encore que ce ne soit pas facile à qui est connu dans sa ville, fréquente depuis vingt ans les mouvements d'anciens combattants. Les prétextes de santé, d'activité professionnelle ne dupent pas. Aux relances, visites à domicile amicales puis pressantes succèdent les questions insidieuses puis les menaces, car qui s'abstient est considéré comme entrant sur la voie de la trahison. Alors, sans participer, on reste inscrit. Pour ne pas apparaître comme un « traître » on fournit discrètement des renseignements. Il est des engagements dont il est difficile de se dégager. Là où de telles façons ne sont pas employées la déperdition par rapport au SOL est importante : 50 % par exemple en Isère[1].

Par ces procédés, la Milice réussit ainsi à afficher 29 000 adhérents dont une moitié peu active. La Franc-Garde comprend entre 4 000 et 6 000 membres.

De quel milieu social viennent les Français engagés dans la Milice ?

Il fut longtemps admis qu'il s'agissait des couches les plus basses de la société et de quelques déclassés cherchant dans la Milice une revanche sociale voire exerçant leurs mauvais instincts. La presse présentait ainsi les accusés des procès d'épuration et le cinéma en imposa l'image. *Lacombe Lucien*, le film réalisé en 1974 par Louis Malle sur un scénario de Patrick Modiano, marqua tellement les esprits que le nom du héros est devenu un nom commun, « un Lacombe Lucien », c'est-à-dire un prolétaire au cerveau épais entré dans la Milice sans trop savoir pourquoi.

À sa sortie, le film suscita une polémique non sur l'origine sociale des miliciens, mais sur la vision de l'engagement comme pur fruit du hasard. Lacombe avait sollicité auparavant son instituteur pour entrer dans la Résistance. Milice ou Résistance, qu'importait ! À une époque où l'engagement dans la Résistance était présenté comme le fruit d'un patriotisme résolu ou la conséquence d'une forte idéologie, cette indifférence aux raisons de s'engager choqua. Mais personne ne s'offensa des caractéristiques sociales du milicien, un peu élargies par la figure du recruteur, un jeune bourgeois crapuleux. Dans une préfecture du Sud-Ouest, travaille à l'hospice des vieillards un garçon de salle disgracié. Le domestique délateur d'*Au revoir les enfants* est un boiteux au regard torve, comme si la laideur physique du prolétaire traduisait son vice moral. Lacombe Lucien, humilié dans sa famille par une mère qui trompe son père prisonnier, est entré par hasard dans la Milice où il trouve une revanche sur un mauvais destin et un pouvoir qu'il emploie en sauvant, avec sa grand-mère, la fille d'un tailleur juif. Hésitant sur la fin, Malle superpose au visage de Lucien un carton : « Lacombe Lucien fut arrêté le 12 octobre. Jugé par un tribunal militaire de la Résistance, il fut condamné à mort et exécuté[2]. » De ce film reste une image de la Milice peuplée de déclassés prolétaires. Apparaît aussi un fils de bourgeois gagné par les mœurs du milieu. Fantasme ou réalité ? Les recherches historiques confirment-elles ou infirment-elles cette fiction fondatrice de l'image commune de la Milice ?

L'analyse socioprofessionnelle du groupe, menée dans plusieurs départements ou circonscriptions judiciaires, ne couvre pas toute la France. Le cadre statistique est donc départemental, d'autant plus que les catégories socioprofessionnelles, à l'exception des « agriculteurs » et des « ouvriers », sont composées différemment d'un département à l'autre. Par exemple, la catégorie « cadres » signifie, ici, les seuls cadres du privé, alors que là s'y ajoutent ceux du public. Les employés supérieurs n'y sont pas toujours comptés.

La surreprésentation des miliciens dans telle catégorie professionnelle est significative si on se garde de la fascination statistique, car les chiffres ne fournissent jamais, s'agissant d'engagement, et s'agissant du passé, une parfaite représentation du réel. Ils ne procurent, en outre, aucune indication sur la position hiérarchique d'une catégorie dans l'organisation milicienne.

Tableau des origines sociales des miliciens[3]

	Agriculteurs	Ouvriers	Employés	Commerçants, artisans	Cadres	Autres
Haute-Garonne	2 %	20 %	20 %	24 %	30 %	4 %
Haute-Loire	4 %	13 %	19 %	19 %	20 %	25 %
Loire	2 %	20 %	23 %	23 %	inconnu	
Lot-et-Garonne	37 %	4 %	7 %	21 %	13 %	18 %
Pyrénées-Orientales	28 %	5 %	10 %	16 %	11 %	30 %
Vaucluse	14 %	inconnu	19 %	23 %	13 %	

La Milice n'a quasiment pas recruté chez les agriculteurs dont le pourcentage est étonnamment faible dans cette France qui est encore rurale, 3 à 4 % (la Haute-Savoie, le Lot-et-Garonne avec 48 et 37 % sont exceptionnels). Les ouvriers qui constituent 28 % de la population active en France (plus dans certaines régions) sont bien présents dans les régions industrielles (20 % dans la Loire).

Trois groupes dominent : les employés (partout plus de 20 % des effectifs), les cadres et enfin les artisans-commerçants. La surreprésentation des cadres du public et du privé est remarquable : 20 %. Nombreux aussi – 20 % – est le groupe des artisans, commerçants et VRP. La même surreprésentation des commerçants est notée chez les SS[4]. La Milice recrute donc non chez les déclassés, mais dans les classes moyennes françaises, et en milieu urbain[5]. On est donc loin de Lacombe Lucien ! Il faut, pour expliquer certaines distorsions, tenir compte de la stratégie propre des chefs départementaux de la Milice, recrutant d'abord dans leur milieu.

Tout aussi intéressantes que l'origine sociale apparaissent les motivations.

Les motivations de l'adhésion à la Milice

Il existe une vision de l'engagement qui doit beaucoup à Jean-Paul Sartre, celle des intellectuels et des journalistes. L'écrivain a lancé le débat en affirmant qu'être collaborateur n'était pas une position de classe. Écrivant dans « Qu'est-ce qu'un collaborateur ? » (*Situations III*) que la représentation marxiste d'une bourgeoisie collaboratrice s'opposant à un prolétariat résistant relevait plus de l'image d'Épinal que des réalités. Il s'interrogeait surtout sur les raisons psychologiques et intellectuelles de cet engagement : attitude admirative devant la violence parée de la vertu morale d'être l'agent du changement dans la société, mauvaise foi écartant l'examen des faits qui gênent. Les collaborateurs, écrit-il, ne jugent jamais les faits à la lumière du droit mais selon une conception déformée du réalisme qui donne raison au vainqueur. Jamais ils ne se voient comme des agents moraux ayant le droit de juger l'événement auquel il se soumettent. Certains nourrissent une haine de la société française qui ne leur a pas donné la place qu'ils imaginaient devoir leur revenir. Ils rêvent que le nazisme leur procurera une discipline qu'ils n'ont pas su se donner personnellement. Dominique Fernandez reprend cette explication dans la belle biographie qu'il consacre à son père, l'écrivain collaborateur Ramon Fernandez, adhérent du PPF. Il décrit un homme immature, un faible fuyant les responsabilités banales, doté de plus d'intelligence que de caractère, indifférent aux conséquences de ses actes : « Il suffira qu'un homme se lève à droite, un homme qui ait de la poigne et impose une forte discipline, pour que mon père rongé par le sentiment de sa propre faiblesse, se laisse séduire[6]. » Marguerite Duras chante la même antienne dans *L'Amant* : « Collaborateurs les Fernandez. Et moi, deux ans après la guerre, membre du PCF. L'équivalence est absolue, définitive. C'est la même chose, la même pitié, le même appel au secours, la même débilité du jugement, la même superstition disons, qui consiste à croire à la solution politique du problème personnel[7]. » Alberto Moravia tient aussi que la politique est un moyen de résoudre ou de compliquer des problèmes personnels. Mais ces deux-là ne s'étaient pas autant engagés contre le fascisme qu'ils auraient voulu le faire croire et la question est peut-être plus subtile.

Ces explications psychologiques s'appliquent mieux à des intellectuels, au demeurant rares à la Milice, qu'à la masse des miliciens. L'historien ajoute d'autres explications dont le réalisme n'a pas la trouble séduction sartrienne. Ainsi n'écarte-t-il pas l'aspiration à la sécurité, mal assurée par les moyens classiques de l'État impuissant à empêcher les atteintes aux biens et aux personnes. Comment expliquer autrement l'engagement de cet inspecteur d'académie bouleversé par l'assassinat de la famille du milicien Jourdan à Voiron : « À ce moment-là, confesse-t-il, j'ai cru que seule la Milice pouvait rétablir l'ordre [...]. J'ai eu une conception trop étroite de mes devoirs de fonctionnaire[8]. » Des miliciens s'engagent banalement par attrait de l'uniforme, de la pompe étatique, du sentiment d'être un défenseur honoré de la France, par obsession de virilité. Il y a le goût de l'action quand la passivité nationale est imposée à tous, celui de posséder une arme quand les autres Français ont été obligés de rendre leur fusil de chasse. Pour quelques-uns, l'attrait de l'aventure, qui peut se trouver aussi dans la France libre et la Résistance, a joué. Pour presque tous les miliciens existe la jouissance d'avoir un pouvoir dans la société, de l'utiliser pour faire baisser les yeux d'autrui, obtenir de la reconnaissance, dispenser éventuellement des faveurs, s'imposer, allant, chez quelques-uns, quand la peur envahit leur camp, jusqu'à jouir des tortures imposées à l'ennemi.

Raisons religieuses et anticommunisme

L'homme a besoin de croire. Les raisons les plus invoquées par les miliciens sont l'anticommunisme et les convictions religieuses. Tous disent avoir voulu protéger la France de l'emprise communiste. Cet anticommunisme les amena à prendre parti pour l'Allemagne, aux prises avec l'URSS après juin 1941, qui leur apparaissait comme un rempart contre une idéologie mortelle. L'argument a pris un nouveau poids pendant la guerre froide.

L'anticommunisme a été fort à la Milice. Il envahit les pages de son journal, *Combats*, les éditoriaux de l'orateur de la Milice, Philippe Henriot. Il justifie l'engagement contre les maquis qui seraient sous la coupe de communistes et dans les Waffen SS lancés contre les Soviétiques sur le front de l'Est. Il est lié pour bon nombre d'entre eux à leur catholicisme, ce qui différencie fortement la Milice du PPF. Le pape n'a-t-il pas défini dans l'encyclique *Divini Redemptoris* de 1937 le communisme comme « intrinsèquement pervers » ? Les images de la guerre d'Espagne, en particulier les exactions des anarchistes déterrant des cadavres de religieuses, sont ravivées sous l'Occupation.

Des dirigeants de la Milice, comme La Nouë du Vair ou Philippe Henriot, sont d'une grande piété et mènent leur combat au nom de la défense de la civilisation chrétienne. Il est incontestable qu'en Haute-Savoie des curés ont incité leurs paroissiens à s'engager dans la Milice pour défendre leur religion. Un jeune milicien, avant d'être fusillé au Grand-Bornand en 1944, crie à ses camarades : « C'est pour Dieu ! C'est pour la France, on se retrouvera tous au paradis. » Un cousin d'un des francs-gardes fusillés se souvient : « Dans le village, soit on suivait le curé, soit on était communiste. Impossible d'être au milieu. » Un autre peint la violence des sentiments religieux et politiques : « Il y avait d'un côté l'Église catholique, dont beaucoup de prêtres étaient excessifs, proches de l'Action française et très agressifs vis-à-vis du communisme et la génération d'avant ces jeunes, des militants assez violemment anticommunistes eux aussi qui les ont exécutés ; les plus vieux ont conduit les plus jeunes à l'inconscience.

« De l'autre côté, il y avait la montée du marxisme, un communisme qui pensait à prendre le pouvoir dans le pays. Nous les gamins on se bagarrait entre "culs blancs" et "culs rouges" comme ça, mais entre adultes c'était très tendu. La marmite a monté, monté. Ces jeunes avaient une foi terrible ; ils essayaient de défendre des valeurs, mais pour la plupart ils n'étaient pas du tout dans la mouvance d'extrême droite, même s'ils se sont retrouvés miliciens parce que acculés par les faits de l'histoire.

« Des salauds, il y en a eu, c'est incontestable, mais il y a eu aussi ceux qui avaient la trouille et dont on a fait des salauds[9]. » Le seul ancien milicien à avoir accepté de témoigner dans le film *Haute-Savoie 1944* de Denis Chegaray (La Sept) justifie son engagement par sa foi. Il se rappelle que chaque soir, pendant la guerre d'Espagne, il participait à la récitation d'un chapelet pour la victoire du général Franco. Quand il s'ouvre au curé de son village de son hésitation : irait-il au maquis ou à la Milice, il entend le prêtre lui répondre : « Je préfère que tu ailles à la Milice. » Être milicien en Haute-Savoie a une forte dimension religieuse. Le chef du SOL, Gaston Jacquemin, a placé le mouvement sous le patronage de saint François de Sales, l'évêque contraint de résider à Annecy la catholique face au bastion protestant de Genève la calviniste. Jacquemin n'a certainement pas lu attentivement le *Traité de l'amour de Dieu* recommandant de « renverser les murs de Genève par des prières ardentes et de livrer l'assaut par la charité fraternelle ». Il préfère voir le saint savoyard en chef de croisade à livrer, au XXe siècle, contre le communisme et ses alliés. Il a existé en Lyonnais, en Savoie, des prêtres disposés à jouer les intermédiaires. L'abbé Stéphane Vautherin célèbre la messe dans la chapelle du lycée privé occupé par la Milice, rue Sainte-Hélène à Lyon. Il dira après la Libération avoir usé de son influence pour obtenir la libération d'otages.

Combats, le journal des miliciens, joue de semaine en semaine sur la peur du communisme. À la une domine une grande caricature de Ralph Soupault, l'illustrateur de *Je suis partout* proche du PPF. Se reconnaît l'abominable moustachu, Staline, qui se rit de Churchill et des naïfs chefs du CFLN. Grimaçant un sourire trompeur (parfois il a le rictus de Laval), cachant dans son dos un grand couteau sanglant (il ne l'a plus entre les dents), il s'apprête à dépecer l'Europe. Le *Bulletin d'information du service anticommuniste*, le bimensuel de la Milice, détaille longuement les arguments anticommunistes : doctrine de nivellement par le bas, étouffant toutes les initiatives individuelles au profit des directives de l'État, enlevant au travail toute valeur spirituelle, niant les « hiérarchies naturelles », remplaçant « la liberté des hommes que la nature fait inégaux par l'égalité théorique d'un prolétariat fonctionnarisé et sans droits ». Le monde communiste est composé, à la base, de simples suivants, de « demi-intellectuels possédés de l'esprit d'envie et d'amertume » capables de ne séduire que les personnes sans esprit critique. Ces dirigeants communistes sont souvent des étrangers, « juifs ou non ». Ils balaieront les naïfs gaullistes. Le bolchevisme est un impérialisme slave et asiatique : « La France, pays riche [*sic*] et dépeuplé, attirera fatalement l'immigration de millions de Juifs et d'Asiates », imagine *Que veut la Milice ?*, une brochure de 1943. Il faut éviter la catastrophe en soutenant le combat de l'Allemagne. Darnand justifie encore son engagement par l'antisoviétisme : « L'Allemagne seule, dit-il à un familier, est capable de faire barrage au communisme russe et de l'anéantir. C'est cette idéologie révolutionnaire qui est le principal adversaire, la bête à détruire. L'Amérique est beaucoup trop loin et ne réalise pas le danger, l'Angleterre est trop faible, quant à nous nous ne comptons plus comme puissance prépondérante. La guerre que soutient l'Allemagne, est un ultime combat d'où dépendra le sort de l'Humanité. »

Darnand martèle : « La Milice a pour première tâche d'abattre le communisme. »

L'obéissance, proche de la croyance, a entraîné de très jeunes gens dans la Milice. L'adhésion de plusieurs membres d'une même famille est un trait caractéristique de la sociologie de ce mouvement. L'influence familiale ou scolaire a joué un rôle dans une société où la soumission à l'autorité est encore très forte. En Haute-Savoie, il n'est pas rare que deux ou trois frères, poussés par leur père, s'engagent ensemble dans la Milice. Un professeur du lycée d'Annecy, Maurice Bertheux, incite plusieurs élèves à adhérer. Le directeur de l'école rurale de La Plume amène sept élèves à la Milice. Jean-Pierre Koscielniak s'est intéressé aux quatre-vingt-dix-neuf mineurs de Lot-et-Garonne poursuivis à la Libération[10]. Jean J. vient au château du Ferron, siège de la Milice, avec son fils de treize ans qui l'accompagnera dans ses expéditions contre le maquis. Le jeune Michel D., de Pont-du-Casse, fils d'un colonel, évoque son foyer, chapelle pétainiste, où le père exigeait de ses enfants la même obéissance que de ses soldats. Henri Botet de Lacaze n'hésite pas à faire signer un engagement aux enfants de ses métayers. Un ancien milicien se souvient que sa mère lui a recommandé d'entrer à la Milice pour y trouver un prolongement du scoutisme et des camarades plus convenables que ceux qu'il aurait fréquentés en traînant dans la rue[11].

L'antisémitisme

Pour autant, l'anticommunisme de la Milice l'a-t-il emporté sur son antisémitisme ?

Serait-ce l'effet trompeur d'une question de chronologie et de sources ? Effectivement, à limiter l'enquête au journal de la Milice, *Combats*, l'antisémitisme est éclipsé par l'obsession de l'anticommunisme. En 1943, les Allemands qui payent cette propagande et en commandent donc le contenu savent qu'ils n'ont plus beaucoup à obtenir de Vichy dans la livraison des Juifs. Ils trouvent leurs victimes en bien plus grand nombre et sans opposition à l'est et, particulièrement en 1944, en Hongrie. Mais l'antisémitisme n'est pas absent du discours, qu'il s'agisse d'un couplet du *Chant des cohortes*, violemment antisémite, ou des documents de propagande où il se présente souvent, à partir d'une analyse « historique », comme une réaction de défense de l'identité d'un peuple français qui « a créé très tôt son unité nationale et s'est signalé par des traits constants qui forment ce que nous appelons nos traditions nationales : esprit chevaleresque et généreux, production de qualité, amour des métiers libres ». Selon cette brochure de propagande de 1943, *Que veut la Milice ?*, la restauration de la nation n'aura aucune chance de se réaliser si la France n'exclut pas des postes de commandement politique et économique les Juifs, « intéressés par le seul profit, et comme l'histoire récente l'a montré, plus solidaires de leurs congénères que de leurs compatriotes français. C'est ainsi qu'en 1936 on a vu surgir en France, derrière Léon Blum, une foule de Zay, de Moch, de Grumbach, de Brunschwig et cès France et qu'en 1939 les deux internationales juives, celle de l'or et celle de la révolution, ont uni leurs efforts pour nous jeter dans la grande croisade antihitlérienne qui devait délivrer tous les Askenazim d'Europe centrale ». *La Minute de la Milice*, une émission de radio quotidienne, diffuse le 13 juillet 1943 un discours antisémite de Léon Gaultier qui, des années plus tard, osera affirmer qu'il n'y avait pas d'antisémitisme spécial dans la Milice, tout au plus un sentiment assez « banal ». L'éditorial d'Henriot du 10 mai 1944 où il attaque l'humoriste Pierre Dac rallié à de Gaulle est virulent : « Dac s'attendrissant sur la France, c'est d'une si énorme cocasserie qu'on voit bien qu'il ne l'a pas fait exprès. Qu'est-ce qu'Isaac, fils de Salomon, peut bien connaître de la France, à part la scène de l'ABC où il s'employait à abêtir un auditoire qui se pâmait à l'écouter ? La France, qu'est-ce que ça peut bien signifier pour lui ? »

L'antisémitisme est fort à la Milice, et il est si intégré qu'il n'est pas besoin d'en faire un objet de propagande permanent. Il coule si naturellement dans les veines des miliciens que les dirigeants n'ont pas à le marteler. L'anticommunisme pousse à l'action. L'antisémitisme est un comportement évident et un vécu décomplexé. Cela éclate dans les actions criminelles de chefs miliciens. Joseph Lécussan s'en vantait sans cesse et choisissait les victimes de la répression chez les Juifs. Il dénonce Victor Basch au lieutenant Moritz parce que Basch est juif. Paul Touvier choisit les fusillés de Rillieux exclusivement parmi les Juifs. Le milicien Henri Gonnet le décrivait, dans un interrogatoire du 7 septembre 1944 : « Individu peu intéressant. Très acharné après les Juifs. » À son procès, Henri Jeanblanc, chef de l'AS de la Loire, se souvient d'une scène crue qui s'est passée en juillet 1944 impasse Catelin où il était détenu. Un milicien aviné s'approche d'un prisonnier âgé et lui dit : « Tu es juif. Est-ce que tu as la marque de fabrique ? Déshabille-toi pour montrer ta queue » et, du canon de son pistolet, il joue avec la verge du prisonnier.

L'argent

L'intérêt n'est pas absent de la Milice.

Devant les juges les miliciens reconnaissent volontiers l'attrait de l'argent. Les historiens doivent fournir des précisions en un domaine toujours un peu tabou et rappeler quelques vérités oubliées sur la société de ce temps, dure aux pauvres. Le milicien Georges B. confesse : « Ayant perdu mon père en 1943 des suites d'un accident du travail et me trouvant l'aîné d'une famille de huit enfants vivant dans la misère, j'ai signé ma fiche d'adhésion et tout cela pour percevoir de l'argent[12]. » En Ariège, un ouvrier d'usine, Georges Dedieu, gagnait 1 300 francs par mois, ce qui était misérable (un ouvrier métallurgiste recevait 2 000 francs, ce qui était tout juste suffisant pour vivre avec une famille). Il lui est proposé d'entrer dans la Franc-Garde avec une rémunération de base de 2 500 francs. Il accepte. Il n'y a pas à s'étonner qu'un autre garçon rémunéré 720 francs par mois pour de petits travaux à l'hôpital qui lui reprend 542,50 francs pour son hébergement considère comme une bonne affaire de devenir franc-garde[13]. Toujours en Ariège, un petit entrepreneur de travaux publics, contraint d'arrêter ses activités faute de matériaux, est engagé comme chef du 2e service à 4 000 francs. Une aubaine ! Le secrétaire départemental, modeste employé de la Légion française des combattants, devient secrétaire départemental adjoint du SOL puis de la Milice (rémunération de 4 000 francs) avant d'être en juin 1944 chef départemental à 5 714 francs.

Il s'agit là de « fixe » dont se contentent des responsables intègres. Mais les miliciens savent améliorer l'ordinaire. Les gains alors n'ont souvent aucun rapport avec une honnête rémunération d'agent de l'État. Le procès de Paul Touvier révèle des pratiques dont il n'a certainement pas eu le monopole. Il vit dans un appartement réquisitionné à des Juifs et en procure un de même origine à sa maîtresse. Il rackette sans états d'âme des commerçants juifs. Interrogé à son procès sur le cas de Joseph Pichon, un commerçant qu'il relâche après versement de trois cent mille francs, Touvier commente : « Il a fait un don de trois cent mille francs à la Milice. Après guerre, il a voulu se faire rembourser, recevoir des indemnités. C'est toujours le même problème[14]... » Après l'assassinat de Rillieux, ses hommes se précipitent pour piller le magasin d'un commerçant qu'ils viennent de fusiller. Un observateur, Bernard de La Gatinais, détaché par la présidence du Conseil au Maintien de l'ordre de Darnand, dira lors de son propre interrogatoire du 23 mars 1945 : « La majorité des membres de ces services (le 2e service et le service de sécurité) étaient des gens sans aveu qui n'avaient vu dans la Milice qu'un moyen commode pour commettre en toute impunité toutes espèces de méfaits comme usurpations de fonctions, vols, crimes[15]. » En Tarn-et-Garonne, à Verdun, les miliciens fouillent la maison de Pierre Belloc dont les fils sont au maquis. Ils prennent 500 francs dans le bureau et menacent le propriétaire : « Si tu ne me remets pas 50 000 francs, je mets le feu à ta maison. » Ils se contentent de 27 500 francs trouvés dans un portefeuille, qu'ils complètent de confits, confitures, volailles, automobile, sans oublier trente bouteilles de Byrrh que le cafetier du village avait cachées chez le paysan. Les marchandises ainsi « récupérées » sont données aux victimes des bombardements et aux réfugiés, non sans intention de propagande, mais plus souvent elles sont revendues au marché noir pour le plus grand profit des pilleurs. L'avantage principal de la Milice pour ses adhérents, c'est l'impunité dans les petites et grandes indélicatesses mais aussi dans le crime.

Petits voyous d'occasion et de frustration ont sévi à la Milice à côté de véritables sadiques comme Joseph Lécussan dont il sera souvent question et d'authentiques gangsters. Lécussan extorque de l'argent aux Juifs de la région de Toulouse. Cet argent est investi dans divers fonds de commerce. Un certain Lagneau explique avoir quitté la LVF parce qu'elle ne présentait pas les mêmes possibilités de butin que la Milice où il s'inscrit. De Max Knipping, délégué du secrétariat au Maintien de l'ordre en zone occupée, les nazis disent qu'ils peuvent compter sur lui « à condition de couvrir ses rackets ». À Marseille, il a œuvré avec Simon Sabiani à trafiquer des biens de riches Juifs et a trouvé un nouveau terrain d'action à Paris[16].

La statistique ne rend pas visible ce groupe, car ses membres ne relèvent pas du grand nombre mais ils constituent une dimension importante de la Milice où politique et milieu, surtout à Paris, s'interpénètrent[17]. Il n'est que de voir l'équipe qui assassine Georges Mandel en juillet 1944. Jean Mansuy a été condamné pour escroquerie et proxénétisme. Georges Neroni, un barman, a été interné pour sa participation à une affaire de traite des Blanches. Pierre Lambert a déjà participé à des meurtres. Le procureur de la République les traitera de « gens tarés qui n'ont agi que pour l'argent ». Jean Degans a utilisé au 2e service de la Milice un ramassis de trafiquants, de condamnés sortis opportunément de prison, d'hommes de main et de gangsters qui ne voient dans la politique collaborationniste qu'un moyen d'effacer un casier judiciaire, un marché plus lucratif et moins risqué que le trafic de cigarettes ou le proxénétisme.

Évidemment, pour bon nombre de jeunes adhérer à ce mouvement permettait d'échapper au STO. La justification n'est pas absolue, car on pouvait éviter le STO en étant réfractaire.

Le pouvoir social des notables

L'encadrement de la Milice reste aux mains des notables.

Guides traditionnels d'une société encore rurale, ils ont souffert d'un sentiment de dépossession quand les plus modestes ont commencé à se passer de leur bienveillance et ont utilisé leur bulletin de vote contre eux. Cette situation déplorable a pour eux des explications simples : attrait malsain de la grande ville, enseignement qui déracine, industrie qui prolétarise, partis de démagogie, règne des internationalismes et de l'étranger. Des circonstances permettent de reconquérir une autorité sociale. Si la Grande Guerre avait redonné confiance grâce à la discipline imposée par les officiers et, au total, bien acceptée par un peuple qui assimilait, en France, la république au sentiment national, la situation s'était à nouveau dégradée entre les deux guerres. L'Église regimbait de plus en plus à être un appui inconditionnel des hiérarchies sociales. On ne reconnaissait plus une

Europe aux monarchies chassées par les menées libérales et maçonniques. Ces bouleversements aboutissaient à l'instauration des régimes autoritaires, en particulier le nazisme, qui n'avaient rien de bon pour une France renonçant à se défendre. Les événements se précipitent : le 6 février 1934 et les morts nationaux de la Concorde, le Front populaire de 1936, ses grèves sur le tas, ses cortèges dans la rue. Aucune confiance ne pouvait être accordée à des dirigeants cédant à toutes les revendications populaires. L'angoisse ne serait conjurée que par un gouvernement fort et le rétablissement des hiérarchies sociales et des disciplines. La base ignorante n'avait pas à usurper le rôle des élites qui, de tout temps, avaient été appelées à la commander. Il s'agissait de restaurer des mœurs patriarcales pour le plus grand profit de tous. En raison des menaces importées comme le communisme, il faudrait sans doute user de la force.

Cet état d'esprit aux racines anciennes explique l'adhésion au SOL et à la Milice d'élites d'une société provinciale encore très vivace dans le Centre, le Sud-Ouest, le Midi blanc où s'installe « le royaume du Maréchal ». Ainsi se retrouvent à la tête de la Milice des propriétaires terriens, d'anciens officiers, des membres des professions libérales, des industriels. Dans la Loire, les deux chefs départementaux sont le commandant Guillaumin puis un architecte, Delmeule. Le chef départemental de la Haute-Garonne est Henri Frossard, un ancien scout routier, croix de guerre 1914-1918, monarchiste. Il est un grand propriétaire foncier dans la région de Saint-Martory, syndic de la corporation agricole. Il a pour adjoint un jeune avocat de Toulouse, Jean Collomb, qui amène des enfants de notables qualifiés par l'historien Jean Estèbe de « sales gosses », « immatures et irresponsables »[18].

Ces notables éprouvent le même sentiment que les propriétaires et les industriels du nord de l'Italie, utilisant les *fasci* pour, en 1919 et 1920, briser les grèves, ridiculiser et brutaliser les « rouges ». Jacques Delperrié de Bayac note la psychologie de ces notables : « Héritiers des forcenés de la terreur blanche de 1815, ce sont des répressifs. Et puis ils ont cet état d'esprit que l'on ne trouve à un aussi haut degré que chez les notables des petites villes : ils sont nés propriétaires incontestables de leur rang, de leur qualité. Ils sont issus de la cuisse de Jupiter, ce qui entraîne que leurs adversaires ne peuvent être que de la racaille [...][19]. »

L'armée fournit beaucoup de chefs miliciens, en partie parce que Joseph Darnand avait gardé des rapports étroits avec les chasseurs alpins et jouissait de prestige auprès des officiers. Si Lécussan est un soudard d'autres ont été attirés par l'envie de continuer à se battre comme le lieutenant Jean-Baptiste Geromini du 24e BAC. Adjoint du second chef d'Uriage, Raybaud, il n'y tolère pas les manifestations d'admiration de certains stagiaires favorables à l'armée allemande. Il saura sévir contre ceux de ses hommes qui, en Limousin, s'en prennent à des civils. Le thème de la Milice noyau d'une armée française renaissante a été très utilisé encore que vite épuisé.

Le colonel Robert Franc, par exemple, espérait contribuer à recréer une armée. De grandes familles de tradition militaire ont un des leurs à la Milice. Le capitaine Victor de Bourmont est l'arrière-arrière-petit-fils du général de Bourmont, le conquérant d'Alger en 1830. La tradition militaire s'est transmise aux descendants du glorieux général. Quand Victor de Bourmont entre dans la Waffen SS il dit à ses soldats : « Ce qui est fait, est fait. Il ne suffit pas d'entrer dans la Waffen SS, encore faut-il s'y faire tuer ! » Il disparaît en Poméranie. Sa femme, Marie-Blanche, réfugiée à Rome, en proie à une dépression, se jettera d'une fenêtre en laissant quatre orphelins.

Jean Bassompierre, après des études de droit, trouve sa vocation en s'engageant dans l'armée où il sera un beau combattant contre les Italiens dans les Alpes avant de lutter dans la LVF et, après un épisode d'implantation de la Milice en zone nord en 1944, de se battre dans la division Charlemagne en Poméranie.

L'empreinte militaire ne s'apprécie pas seulement par la place des officiers de carrière dans la Milice. Il faut tenir compte des très nombreux officiers de réserve qui exercent un métier civil et surtout des anciens combattants de la Grande Guerre ainsi que de ceux de 1940 dans la mesure où la Légion et le SOL sont des viviers pour la Milice. Ils révèrent leur chef, le Maréchal, se reconnaissent pour une élite du courage, sont bardés de décorations et, pour la première génération, ont officiellement incarné pendant vingt ans le visage d'une nouvelle élite nationale. Ils ont assimilé des valeurs militaires : discipline, sacrifice, ordre, primauté de l'action, violence aussi. Jean de Vaugelas a abandonné son château de l'Indre et une vie matérielle des plus aisées pour l'aventure de la Milice où sa trentaine athlétique et blonde lui donne beaucoup de prestige. Il est aviateur, officier de réserve.

Le département de Lot-et-Garonne présente un paysage social qui a peu changé depuis le XIXe siècle et que les notables ruraux aimeraient figer à jamais. La Milice, ce sont d'abord des hobereaux : de Perricot, Barthe de Montfort, d'Artenset de La Farge. Henri de Botet de Lacaze est un capitaine, qui, après six ans de service dans un régiment de dragons, se retire sur ses terres à Labastide-Castel-Amouroux. Il possède une grande exploitation, une scierie. Il pratique la chasse à courre et consacre les longues soirées d'hiver à écrire son grand ouvrage, *La Chasse landaise.* Il ne s'ennuie pas vraiment mais il dispose d'un surplus d'énergie inemployé et souffre surtout de ne plus exercer de fonctions de commandement sur d'autres que ses métayers, sa famille et ses domestiques. Il a bien été élu, comme son père l'avait été, maire de sa petite commune, mais pour aller au-delà dans le cursus politique il faudrait renoncer à s'afficher d'Action française, entrer en compétition avec des petites gens qu'il méprise. D'ailleurs le jeu n'en vaut pas la chandelle. Il ne se voit pas, à la différence de son cousin Jean Ybarnegaray, au Palais-Bourbon, englué dans la tourbe républicaine. Il faut se contenter du monde local des anciens combattants qui, eux, savent ce qu'est un chef et qui l'écoutent. Vient la défaite : « La république, se réjouit-il, est morte et bien morte, grâce à Dieu nous ne vivons plus sous ce régime infect[20]. » La Révolution nationale – Travail, Famille, Patrie, Autorité et Discipline – correspond à tout ce que désirait le nouveau chef cantonal de la Légion française des combattants. Il collabore à l'exécution des mesures gouvernementales dans son fief reconquis. Les méthodes ne sont pas tendres : il menace d'expulsion ses métayers dont les fils refusent d'aller au STO. En juin 1943, il prend violemment à partie le curé de Sainte-Gemme-Martaillac qui a déclaré que le STO était contre la loi naturelle. Chef de la IVe cohorte de la Milice, il entraîne ses jeunes au tir dans la cave du château et n'hésite pas devant des expéditions dignes d'un chef de bande. Il attaque le garage de la gendarmerie pour s'emparer des side-cars et des motocyclettes des pandores. Le sous-préfet obtient sa révocation de maire mais il est défendu par les chefs nationaux de la Milice ; s'il a agi c'était pour soustraire ces véhicules à la Résistance qui projetait de s'en emparer. Sa mairie lui est rendue. Il est même nommé conseiller départemental. Finalement, il rejoint Francis Bout de l'An à Vichy en tant que délégué régional de la Milice pour la zone sud (appointements de 12 200 francs par mois). En 1945, Henry Charbonneau remarque, portant beau, le comte Henri de Lacaze, père de deux fils engagés sur le front de l'Est, qui, en Allemagne, préside le cassoulet dominical des métayers et domestiques qui l'ont suivi. Pour Charbonneau, ces hobereaux sont « les arrière-petits-cousins des reîtres de Blaise de Montluc, ou des bandes royalistes qui molestaient les Jacobins après le 9 thermidor, puis les bonapartistes à l'avènement de la Restauration ». Le comte trouve piquant d'envoyer ses gens se battre en Italie et il déplore la « trahison » du roi Victor-Emmanuel III qui a abandonné Mussolini et les Allemands : « Dire qu'un de ces jours mes gaillards blancs d'entre les blancs, vont aller se battre contre les royalistes italiens[21] ! »

L'idéologie est nécessaire aux élites pour qu'elles en oublient le dégoût de travailler avec ceux qu'elles nomment couramment de la « racaille ». Sans l'anticommunisme ces élites traditionnelles accepteraient-elles de fréquenter la tourbe inférieure de la Milice ? Elles sont appelées à disparaître si elles n'ont pas des alliés actifs et résolus. Où les trouver ? Les paysans subissent mais veulent bien vendre leur production aux maquisards et ne s'engagent pas. Les fonctionnaires n'ont jamais été sûrs. Restent les petites classes moyennes et populaires de la ville ou du canton qui s'effrayent du désordre engendré par le maquis, des attaques de bureaux de poste et de mairies.

Moins de 2 % de la population française, la collaboration ? Ne soyons pas trop dupes de la statistique : autour de ces 2 % il existe un cocon de complicité. Jean Cathelin et Gabrielle Gray, bons connaisseurs du milieu, sont frappés de l'insertion sociale de la collaboration à la fin de 1943 : « Les quatre ou cinq grands chefs de bande parisiens avaient autour d'eux au total plusieurs centaines d'agents et d'indicateurs qui n'étaient pas sans rapports avec les milliers de dignes [*sic*] représentants de la collaboration politique, les intellectuels et les techniciens de la presse pro-allemande et des partis de type nazi. En province, on a pu évaluer à plusieurs milliers les agents directs ou indirects de la Gestapo, infiniment plus nombreux que les fonctionnaires allemands de cet organisme. On peut en relever une centaine dans le Bordelais, plusieurs centaines à Lyon ou à Saint-Étienne, autant à Dijon et Bourges, près d'un millier à Marseille et Nice, à peine moins de la moitié à Toulouse et Montpellier[22]. »

À la recherche des miliciennes

L'expression « miliciens » parle à chacun, celle de « miliciennes » surprend.

Des « miliciennes » ? Y aurait-il eu des femmes pour prendre un tel engagement ? L'affirmer est plus facile que de le démontrer, car elles restent les inconnues de l'histoire. Non sans raisons.

D'abord elles incarnent une mauvaise image de la femme. La France préférera toujours se souvenir de Jeanne d'Arc, des héroïnes de la Résistance et des victimes de la déportation que de femmes qui ont trahi la vocation de douceur du sexe. Si elles ont existé, elles ont été effacées de la mémoire collective et éloignées à jamais d'une histoire, même féministe, qui, comme histoire fondatrice, commence par honorer l'héroïsme, les modèles sociaux positifs ou les victimes. L'autre raison de cette absence est, en 1940, la soudaine disparition des femmes de l'espace public. La Révolution nationale impose le retour à une stricte division des sexes : aux hommes l'espace public (le travail, l'engagement, la création, le sacrifice national), aux femmes, vestales et abeilles du foyer, la vie cachée de l'intimité familiale. À cette vision idyllique s'opposent quelques réalités économiques et surtout la transgression résistante où l'engagement des femmes a été fort encore que sous-estimé dans la mémoire collective. Le silence de l'histoire tiendrait-il seulement au fait que les femmes n'ont pas exercé de fonctions de commandement dans les mouvements de collaboration ? Peut-être mais pas seulement.

Des indices de l'existence des miliciennes existent mais sont trop ténus pour fixer l'attention. Le général de Gaulle dit dans les *Mémoires de guerre* qu'il a gracié toutes les femmes condamnées à mort par les tribunaux. Il y aurait donc eu des femmes assez collaboratrices pour être punies de la peine de mort ? Une brèche dans ce mur du silence existe en faveur des « femmes tondues[23] ». Suscitant la colère des foules de la Libération comme la pitié du poète Eluard, ces vingt mille femmes incarnent, avec exagération, le visage des femmes collaborationnistes. Ce traitement infamant était infligé à des délatrices, à des femmes ayant entretenu des relations affectives ou sexuelles avec des Allemands. Ce ne sont pas les miliciennes dont il faut poursuivre la recherche.

Est-il possible de les retrouver ? L'historien ne remarque pas tous les acteurs historiques. Il privilégie ceux qui dirigent, écrivent, aspirent au rôle de héros ou souffrent en victimes. Les autres ne renaissent à l'existence historique que lorsqu'un Michelet célèbre le peuple comme auteur de la Révolution française, qu'un Chaunu magnifie l'humble poilu, « le véritable vainqueur de Verdun », qu'Alain Corbin pousse jusqu'au défi la volonté d'écrire l'histoire d'un inconnu[24]. Tout doit être relu. Tout doit être scruté en changeant de point de vue.

Le règlement de la Franc-Garde affirme : « La Franc-Garde n'est pas accessible aux femmes. » C'est donc que la Milice leur était ouverte. Certes, elles n'appartenaient pas au groupe des dirigeants, mais elles existaient. Comment leur donner une identité historique ? À l'Institut d'histoire du temps présent existent quelques entretiens avec des femmes collaboratrices. Elles se trouvent plutôt au PPF comme Maud de Belleroche, fière de ses mondanités et nostalgique des boîtes et restaurants parisiens. C'est un cas insupportable. Le recours aux collections de photographies de l'Occupation permet de repérer des miliciennes. Parfaitement identifiables. Les cheveux soigneusement ondulés, maquillées, jeunes, fagotées dans un chemisier kaki aux larges épaules barré d'une sinistre cravate noire, elles écoutaient quelque chef avec l'attention de sages écolières ou, sous l'insigne du gamma, distribuaient des paquets au petit peuple. Ces femmes-là n'étaient quand même pas des assistantes sociales !

Les souvenirs émergèrent alors au-delà de ma propre indifférence d'historienne. Dans *Un certain Monsieur Paul* (Paul Touvier) de Laurent Greilsamer et Daniel Schneidermann, j'avais retrouvé la figure d'Henri Jeanblanc et de sa femme Angèle, des amis de mes beaux-parents. Ce chef de l'AS (Armée secrète) de Saint-Étienne, prisonnier de Paul Touvier, s'était évadé avec l'aide d'une employée de la Milice qui lui avait remis de faux papiers de milicien. Relisant mes premières notes, je m'aperçus que je n'avais rien indiqué sur cette employée, car Jeanblanc avait seul retenu mon intérêt. C'était comme si elle n'avait été qu'un moyen pour le héros, à peine plus qu'un objet utilitaire. Je me reportais à nouveau au livre. Et soudain, à la page 94, l'inconnue apparaissait, une jeune secrétaire administrative : « Vous nous aidez à partir, dit Jeanblanc, et je vous aiderai après la Libération. » Grâce aux cartes de miliciens qu'elle leur remet, les deux résistants réussissent leur évasion. Jeanblanc tint sa promesse et la disculpa au moment de l'épuration. Le 30 mars 1994, lors du procès de Paul Touvier à la cour d'assises de Versailles, deux femmes témoignent. Les journalistes ne parlent que de la première, Angèle Jeanblanc, la résistante. L'autre, la secrétaire, Gilberte Duc, terne dans des vêtements beige, voûtée, hésitante, passe inaperçue. Elle répond d'une voix blanche ; elle a entendu quelques propos de Touvier, elle admet qu'elle était milicienne. Une dactylo… ce n'est même pas la peine d'en parler.

À partir de ces indices, l'enquête historique retrouve un sentier balisé. Dès lors il ne faut plus relire un ouvrage sans relever les quelques lignes où est mentionnée une femme. Les rapports de gendarmerie scrutés mentionnent qu'en août 1944, dans une ferme de Tarn-et-Garonne, les miliciens sont guidés par une milicienne qui reste cachée dans la voiture pendant la perquisition.

L'épuration livre aussi des renseignements. Les exécutions sommaires de miliciennes ont-elles existé ? Personne ne semble s'en être vanté. Henriette Ducret, milicienne, est tuée par balle le 6 octobre 1943 à la station de tramway de la place Kléber à Lyon[25]. Près de Chabanais, une jeune femme, Françoise Armagnac, petite-nièce du président Carnot, est enlevée par le maquis le 4 juillet 1944.

Chrétienne fervente, elle a adhéré à la Milice pendant trois mois avant d'en démissionner sur la pression de ses proches, hostiles à cet engagement. Elle est enlevée par le groupe Bernard L., le jour de son mariage, fusillée le lendemain, enterrée en robe de mariée mais dépouillée de son alliance et d'un bracelet portant l'inscription « Dieu veille sur toi ». On avait retrouvé chez elle son insigne de la Milice[26].

Au-delà de ces cas singuliers, l'épuration judiciaire fournit quelques statistiques[27]. En Île-de-France, 418 femmes comparaissent en chambres civiques où la peine est l'indignité nationale. Ce ne sont donc pas les miliciennes les plus engagées. Elles sont jeunes ; 48 % d'entre elles appartiennent au groupe des employées et du personnel de service. Vient ensuite la catégorie des femmes sans profession extérieure (22 % des miliciennes) ; 12 % relèvent de la catégorie des cadres moyens soit un peu plus que dans la population active. Les ouvrières ne sont que 6 %. Les commerçantes et artisanes sont 5 % (11 % dans la population active). Les cadres supérieures et membres des professions libérales ne sont que 1 % mais très peu de Françaises appartiennent alors à cette catégorie.

Le traitement de 2 000 francs offert par la Milice à ses secrétaires est généreux à l'époque où les employés de bureau reçoivent, en moyenne, 1 200 francs. La nécessité matérielle est l'excuse invoquée dans chaque procès. Lucienne A. plaide qu'elle n'a pu obtenir qu'un emploi de cuisinière à la caserne de Marmande, où elle a un amant allemand : « Si j'ai travaillé pour les Allemands c'est que je ne trouvais pas de travail ailleurs. » Le tribunal l'acquittera[28]. Les juges, qui pouvaient comprendre la nécessité où se trouvait une pauvre fille, n'ont en général pas beaucoup cru à une autre motivation alléguée : l'aspiration à une action sociale de dévouement à leurs compatriotes. Outre qu'il existait d'autres organismes, comme le Secours national, peu ou pas politisés, pour assouvir un besoin d'aider les malheureux, accomplit-on seulement un devoir social quand on distribue aux démunis vêtements et biens usagés sous une banderole qui proclame : « Contre l'égoïsme bourgeois. Pour la justice sociale » ? Étaient-elles aussi dépolitisées qu'il leur est utile de l'affirmer dans un procès d'épuration ?

Pour travailler à la Milice, il faut, en général, une recommandation, la plus efficace étant celle d'un milicien, ami de la famille, relation personnelle, de voisinage, voire parent ou amant. L'adhésion milicienne est souvent familiale. À Agen, en 1943, trois sœurs de vingt-cinq, vingt-quatre et seize ans suivent l'exemple de leur père en entrant dans la Milice. Dans l'Hérault, le chef du 2e service confie à sa mère la tenue du fichier des suspects. Pour les autres, une enquête a certainement eu lieu. Par ailleurs l'impétrante signe un engagement contenu dans son contrat et il n'est pas politiquement neutre. Certes, quand on a besoin de travailler on n'épluche pas un contrat qui est reçu avec reconnaissance et, s'agissant de la Milice, il n'est pas prudent d'en discuter les termes. Le cas de Mme Dellis, placée à la Milice par la Résistance, est certainement une exception.

Les miliciennes ne sont pas que des agents passifs. Christelle Fageot, observatrice attentive du Vaucluse, mentionne une femme qui, en juillet 1943, fit engager son mari dans la Milice. L'une des vingt-deux miliciennes traduites en justice dans ce département poussait les hommes à frapper un prisonnier en disant : « Celui-là a les côtes dures, il faut aller chercher autre chose. » Les témoins affirment qu'elle se livrait à une active propagande, recevait des miliciens chez elle, les accompagnait en expédition. Elle a été condamnée à mort mais non exécutée[29].

La plus engagée, et véritablement enragée, fut Maud Champetier de Ribes, d'un milieu qui aurait dû la prémunir d'une telle adhésion puisqu'elle était la nièce d'un sénateur démocrate chrétien interné administratif à Évaux-les-Bains. Très jeune, elle a succombé à la séduction du milicien Dagostini dont elle est la maîtresse. Prenait-elle plaisir à voir tuer des hommes ? Étrange femme qui impose une féminité de mauvais aloi ainsi que le remarque le peintre Serge-Henri Moreau, témoin des événements des Glières : « Les hanches délicatement moulées dans un pantalon de milicien, recouverte d'une casquette plate d'officier, la poitrine ferme sous une vareuse barrée par les courroies du baudrier, le regard altier, les lèvres sensuelles, sautant sur le strap [*sic*] des motos de ses collègues masculins comme un cow-boy sur la selle d'un pur-sang[30]. » À Vassieu-en-Vercors, elle procède à l'interrogatoire de trois résistants après avoir demandé qu'ils lui soient présentés nus[31]. Jean Galtier-Boissière qualifie cette femme d'« authentique ménade de l'assassinat[32] ».

Les employées de la Milice sont des personnalités politiquement sûres ou des femmes dominées. Leur esprit est imprégné des slogans de la Milice qu'elles répètent mécaniquement devant la justice. Certaines ont reçu un endoctrinement fondé sur une représentation du monde divisé entre bons et mauvais Français, leur permettant de repérer et de dénoncer. Le grand nombre de miliciennes fuyant en Allemagne laisse aussi supposer la conscience de ne pas être en accord de sentiments avec la masse des Français de la Libération et la crainte de représailles.

Au-delà du scepticisme qu'on peut nourrir à l'égard des déclarations lénifiantes des inculpées, la passion politique surgit même si, dans ces sources judiciaires, elle est exceptionnellement revendiquée. Y. T., trente-six ans, qui a un passé militant, inauguré aux jeunes du Maréchal, confirmé au RNP, au service des affaires juives de la Gestapo avant le service de sécurité de la Milice, est une des rares à avouer : « J'ai agi par passion politique. » Quelle était la nature de cette passion politique ? Les miliciennes n'ayant pas bénéficié en leur temps de l'intérêt des historiens qui préféraient soumettre leurs questionnaires aux résistants, il faut faire avec peu. Dans un des rares journaux intimes de milicienne, se trouvent des raisons de son adhésion : Révolution nationale, antibolchevisme et croyance en l'Europe nouvelle. Elle écrit : « Le nationalisme intransigeant conduit à l'idée d'une Europe unie. La Milice participe du combat européen : SOL, LVF, Waffen SS. Sur le front intérieur, contre le bolchevisme destructeur, la Milice mène le combat. Elle est le garant de l'ordre français, seul espoir d'un avenir plus clair. La primauté du travail et le respect de la personne, la suppression de la condition prolétarienne et la fin de l'exploitation de l'homme par l'homme. Ainsi se réalisera un socialisme national qui au travers de l'amour de la patrie touchera à l'échelon européen et fraternellement regardera le monde[33]. » Certaines revendiquent avoir voulu travailler à la paix, en commençant par la réconciliation franco-allemande. C'est certainement vrai, car les plus âgées et les plus politisées ont, entre les deux guerres, fréquenté des mouvements pacifistes. Après tout, Suzanne de Bruycker, la femme d'Otto Abetz, ambassadeur d'Allemagne auprès du commandement allemand à Paris et inspirateur de la Collaboration, avait été la secrétaire de Jean Luchaire et avait rencontré son mari dans les réunions pacifistes du Sohlberg. La voie qui mène du pacifisme à la Collaboration est un itinéraire aussi féminin que masculin. Une milicienne, Fabienne Frayssinet, licenciée d'histoire, a publié un livre de souvenirs, exceptionnel par les capacités d'analyse de la jeune femme. Dans son milieu existait un intérêt pour la vie politique, avec un père maire, conseiller général, membre du PSF. Cette Languedocienne avait écrit dans les années 1930 des pièces de théâtre à thèmes anticommunistes pour la JAC (Jeunesse agricole chrétienne). Elle appartient au tiers ordre franciscain. L'indignation devant les attentats contre des amis explique ses engagements de 1944 : « Je croyais, écrit-elle ainsi, obéir à mon devoir de chrétienne, le pape ayant condamné le communisme comme athée et la Milice me paraissant un des meilleurs instruments pour le combattre[34]. » Aucun doute ne traverse l'esprit d'une femme persuadée d'appartenir avec ses amis à « l'élite morale du pays ».

Chapitre 4

De l'impatience aux liaisons fatales

Le malentendu entre Laval, le chef du gouvernement, et la Milice existe depuis sa fondation. La créant pour effacer le doute sur la loyauté de la France à leur égard que les Allemands ont pu nourrir après l'occupation de l'Algérie et du Maroc et pour faire pièce aux collaborateurs de Paris se posant en fidèles inconditionnels des occupants, Laval croit qu'un texte législatif suffira à remplir son objectif, sans que la Milice prenne une large place dans la vie politique. C'est compter sans le dynamisme propre de l'organisation milicienne à laquelle il a donné le jour et sans les ambitions de ses chefs décidés à participer au pouvoir. Pour l'instant la mise en place de l'organisation, la distribution des places mobilise les énergies.

Organisation de la Milice

La loi du 30 janvier 1943 (*JO* du 31) invite à participer à l'action politique une Milice qui « groupe les

Français résolus à prendre une part active au redressement politique, social, économique, intellectuel et moral de la France », Darnand précisant le même jour : « La Milice française est créée pour animer la vie politique du pays par sa vigilance, sa propagande et son action… » Elle s'élèvera contre les défaillances et contre ceux qui « veulent le malheur du pays », c'est-à-dire les communistes prenant le masque du patriotisme pour mieux dissimuler leur intention d'établir la « dictature rouge » et les gaullistes qui par leur naïveté exposeraient, s'ils s'installaient en France, le pays à la guerre civile avec les communistes. Ce parti est ouvert aux volontaires français. Ils ne peuvent pas être juifs alors que la Légion française des combattants admettait les anciens combattants juifs. Le candidat ne saurait pas non plus appartenir à une société secrète.

L'article 2 des statuts fait de la Milice une police supplétive qui dépend de l'État et n'a rien à voir avec les aventures politiques des formations qui l'ont précédée : « La Milice française est composée de volontaires moralement prêts et physiquement aptes non seulement à soutenir l'État nouveau par leur action, mais aussi à concourir au maintien de l'ordre[1]. » En effet, affirme Darnand, privée d'armée, la France ne doit pas compter pour sa sécurité sur le bras de l'étranger (les Allemands).

Comme effrayé par sa propre création, le chef du gouvernement a organisé sa mainmise sur la Milice. Pierre Laval est le chef de la Milice à laquelle il fournit son financement. Il lui alloue 80 millions de francs, ce que Darnand estime insuffisant. En 1944, devant l'ampleur des tâches, elle obtient 400 millions. Laval nomme, sur proposition du secrétaire général, à tous les emplois de la Milice et peut la dissoudre à tout moment.

À dignité nouvelle, locaux nouveaux. Il n'est plus question de loger dans une annexe de la Légion. Les miliciens s'installent à l'Hôtel Moderne, rue Max-Durand-Fardel et utilisent le Thermal. Un peu plus tard ils s'emparent de l'hôtel Métropole, s'installent dans les locaux délabrés du Petit Casino dont les caves sont aménagées en cellules pour les suspects arrêtés. Enfin, la Milice prend possession, près de la ville, à Bellerive, du château des Brosses qui lui sert de lieu d'internement.

Le « Règlement sur l'organisation de la Milice française », élaboré en février 1943, organise la vie administrative centrale et régionale. L'autorité du chef du gouvernement est exercée pour l'administration et la direction par le secrétaire général, Darnand. Comme à la Légion surgissent de nombreux postes de directeurs, inspecteurs généraux, délégués généraux, un moyen de récompenser des fidèles. Le secrétaire général veille au bon fonctionnement de cinq services d'importance politique inégale.

Le service des effectifs (recrutement, transmissions) est géré par Jean Fontaine puis, quand Fontaine prend en main le 5e service (les finances), par le commandant Carus.

Le service le plus important, le 2e service – le renseignement – est dirigé par Jean Degans, un ingénieur agronome, spécialiste d'œnologie. Ce petit homme au physique effacé, gros travailleur, d'allure pas franche, est vu par nombre de miliciens comme un « cagoulard déterminé et un catholique frénétique ». Très actif dans les menées politiques secrètes de la Cagoule, il a bénéficié d'un non-lieu dans l'affaire de l'attentat à la bombe de Montpellier en 1937. En septembre 1940, la Société des potasses d'Alsace qui l'employait doit cesser son activité, Degans se retrouve au CIE, l'organisation de police secrète peuplée d'anciens cagoulards. Après la suppression de l'organisme, il ronge son frein à la Mission de restauration paysanne. Du SOL, il passe à la Milice française.

Le rôle du 2e service ? Recueillir le maximum de renseignements sur les Français « antinationaux », c'est-à-dire les ennemis du régime, communistes, gaullistes, résistants évidemment mais aussi les adversaires de Laval. Personne ne lui échappe ni des collaborateurs de Paris, ni des fonctionnaires tièdes. Pour Degans tout Français a vocation à figurer dans ses fichiers. Qu'un villageois prononce un mot de trop, qu'un passant refuse d'acheter *Combats*, le journal de la Milice, il est fiché. Les Juifs sont systématiquement repérés. Degans n'est pas regardant sur la qualité de ses agents et, fanatique, il soupçonne tout le monde, y compris des miliciens.

Le fonctionnement du 2e service est resté opaque, masqué par la confusion des « aveux » des agents et policiers soucieux d'atténuer leur responsabilité lorsqu'ils étaient interrogés pendant l'épuration. On commence à y voir plus clair[2]. Marcel Gombert crée le Groupe spécial de sécurité (GSS), dirigé par Joannès Tomasi, fier d'avoir été du siège de l'Alcazar, afin d'assurer la protection personnelle de Darnand. Le même Tomasi a organisé des francs-gardes en un « Service de sécurité » à ne pas confondre avec le « Groupe de sécurité ». Il travaillera à Paris avec des brigades de police spécialisée, pour traquer la Résistance gaulliste et nationale. Le 10 mai 1944, Degans assume en outre, comme chargé de mission au secrétariat général au Maintien de l'ordre, la direction des RG de la police nationale. Il y crée une troisième sous-direction où le commissaire Poinsot a mission d'étendre les pratiques très répressives des RG parisiens à tout le territoire : dix-sept délégations régionales, souvent appelées « brigades Poinsot », où se retrouvent des miliciens, commencent à sévir, en particulier à Vichy.

Le 3e service – la formation – correspond à l'École nationale des cadres d'Uriage confiée à La Nouë du Vair puis à Jean de Vaugelas. Il est chargé de la formation politique, de l'entraînement physique et de l'instruction technique des cadres.

Le 4e service – la propagande – est le domaine des professeurs, Francis Bout de l'An puis Maurice Bertheux, professeur au lycée d'Annecy et chef de la propagande de la Milice de Haute-Savoie. Il dispose d'un hebdomadaire bien fait, *Combats*, et trouvera sa réussite dans la propagande radiophonique par la voix de Philippe Henriot. Georges-Louis Marionnet est le délégué du secrétaire général auprès des administrations centrales.

LÉCUSSAN, CHEF RÉGIONAL ET ASSASSIN

L'organisation n'est pas sans défauts. Elle s'appuie sur les unions départementales au cadre géographique large, parce que Laval a voulu éviter « l'obsession de la politique de clocher » dans l'espace communal où il serait sans doute difficile de réunir en toute sécurité assez d'adhérents. À la tête de la Milice départementale se trouve un chef départemental dont l'adjoint est le chef de la branche armée, la Franc-Garde. Laval a cru bon de créer un échelon régional à la fois pour surveiller les chefs départementaux et pour faciliter les opérations qui réunissent les effectifs de plusieurs départements. Cette double organisation est source de confusion. Les responsabilités sont mal définies. Les 2e services départementaux dépendent directement de la direction de la Milice. De là résultent des rivalités, des dénonciations des uns sur les autres, sans doute voulues par la direction centrale pour contrôler des chefs régionaux.

Darnand n'a pas eu la main particulièrement heureuse avec les grands chefs régionaux. Le pire est le chef régional de la plus grande région, la Lyonnaise, où il a placé Joseph Lécussan. Ils se sont connus dans la Cagoule. Ce colosse, avec sa courte pipe fichée dans la bouche, affecte, aux heures de stupeur après boire, de singer l'amiral Darlan. L'illusion est brève, car Lécussan est une brute alcoolique, obsessionnellement antisémite. Né quarante-huit ans plus tôt à Gourdan-Polignan, près de Saint-Gaudens (Haute-Garonne), engagé à dix-neuf ans en 1914, il s'est battu dix-huit mois sur le front puis est passé à l'École navale où il devient un remarquable spécialiste des torpilles. L'homme sait montrer du courage. Qu'un sous-marin mouilleur de mines entre dans le port de Toulon avec une mine restée accrochée sous sa coque, Lécussan est volontaire pour la décrocher et la désamorcer. Les décorations récompensent sa bravoure. Que n'observe-t-il pas la même sérénité dans la vie politique ! Elle déchaîne un tempérament volcanique. Déjà en 1936, le capitaine de corvette bouillait devant les défilés au poing levé, les grèves et les menées communistes. Il entre dans la Cagoule militaire pour débusquer les cellules communistes infiltrées dans l'armée.

En 1940, commandant d'une escadrille de patrouilleurs, il se retrouve, sur ordre, en Angleterre le 18 juin. Mers el-Kébir et la capture des bateaux français le rendent furieux. Rapatrié en novembre, il est récupéré – Cagoule militaire oblige – par Georges Groussard qui le nomme délégué régional du CIE à Toulouse. Darlan dissout cette officine et le met en congé d'armistice. Il lui faut trouver un emploi. Ses relations à Vichy l'adressent à Xavier Vallat, le commissaire aux questions juives. Un poste de délégué régional du commissariat aux questions juives dans sa région natale de Toulouse lui conviendrait-il ? Il va y déployer ses plus vilains talents. L'homme est obtus, brutal, incontrôlable surtout quand il est en crise alcoolique, fanatique, sadique. Arrogant, violent, il aime se mettre en scène, sans doute parce qu'il s'admire en chef intraitable. Il affiche un antisémitisme cruel et rigolard. Delperrié de Bayac rapporte qu'il aimait exhiber une étoile de David en peau humaine offerte par des étudiants en médecine de Toulouse, avec ce commentaire dont il observait l'effet sur ses interlocuteurs : « C'est de la fesse[3] ! » Delperrié de Bayac n'est-il pas dupe d'une fable entretenue par Lécussan (le résistant Claude Bourdet la reprend aussi dans *La République incertaine*) ? Trouver de l'argent n'est pas un problème pour Lécussan. Il recourt au vol, au racket, au crime si besoin est. Il investit ses profits dans l'immobilier. Vallat n'apprécie pas ces tripatouillages, le subordonné ne supporte pas qu'on les lui reproche. Aussi quand la Milice est créée se signale-t-il à ses amis de la Cagoule pour y trouver sa place. Ses adieux aux administrateurs de biens aryanisés sont une invitation à suivre sa voie : « … je ne vous dis ici qu'un simple au revoir, car je compte tous vous retrouver dans les rangs de la Milice française […]. Grâce à la victoire allemande et grâce à la Milice française, notre pays évitera les horreurs et les carnages de la barbarie asiatique. Malgré et contre les salopards, nous ferons la Révolution nationale. » Il est envoyé en stage à Uriage où ses titres, son âge et ses convictions le désignent comme un sujet d'élite. Le petit Bout de l'An est impressionné par ses épaules de déménageur.

Lécussan expose ses convictions et sa récente expérience administrative : « Il y a des Français qui se sont exclus de la communauté nationale. Ce sont d'abord les Juifs que la race sépare de nous. Ce sont ensuite tous ceux qui sont pris les armes à la main ou qui ont participé à des attentats. Pour ceux-là, aucune pitié : ils doivent être tués. Il n'existe d'ailleurs qu'une seule solution au problème juif : les supprimer ; si vous en connaissez une autre, dites-le-moi. J'en serai étonné. Pour ma part j'en ai déjà tué deux. C'est très simple de tuer un homme. Pour moi cela se résume en trois mots : ventre, tête, nuque. Un coup dans le ventre pour clouer le bonhomme au mur, dans la tête pour le tuer, dans la nuque pour s'assurer que le travail est bien fait[4] ! » La simplicité et la violence de sa démonstration enchantent ses formateurs. Un stage dans une école professionnelle permet de déceler des inaptitudes. Il faut bien qu'aient été plutôt retenues des aptitudes… A joué aussi la sympathie de compagnons de beuveries où les rodomontades ne portent pas à conséquence. La décision a été prise directement par Darnand et son cabinet qui veulent mettre de l'ordre dans la région la plus riche de la France du Sud, proche de Vichy, atteinte par le scandale Susini (un dirigeant dont la femme avait des relations avec un résistant), tentée par des compromis avec les adversaires. Mais nommer un tel homme, c'est lui offrir un permis de tuer.

L'autorité de Darnand ne s'impose pas facilement à des têtes brûlées qui ne supportent aucune autorité. À Lyon, Lécussan, chef régional, voudrait tout diriger et récuse le contrôle de Vichy exercé par Marcel Gombert qui ne s'en laisse pourtant pas conter. Administrateur méfiant et exécrable, Lécussan ne fait aucune confiance à ses collaborateurs. L'un d'eux, Paul Touvier, chef régional du 2e service, est dans le collimateur. Lécussan le marginalise en créant un, puis deux services de renseignement personnels et concurrents. Enfin, Lécussan le dénonce à Darnand pour vol. Le chef régional s'en prend à toutes les autorités administratives. La « méthode Lécussan » – provocation et brutalité – apparaît dans une fiche d'écoute téléphonique le jour où il est averti par un milicien, Trenes, que le commandant de gendarmerie de Grenoble a perquisitionné au domicile de miliciens et y a saisi des armes :

« Lécussan : – Dites au commandant de gendarmerie que je l'emmerde et que je le ferai sauter. Quant au brigadier, on lui fera la peau. Depuis le temps, il faut bien qu'il y en ait un qui y passe.

« Trenes : – L'affaire est entre les mains du procureur de la République et du juge d'instruction.

« Lécussan : – Eh bien ! Foutez une bombe sur le juge d'instruction, mais qu'il nous foute la paix, je ne veux plus entendre parler de cette histoire. Allez le trouver et dites-lui qu'il faut que les armes soient rendues dans les vingt-quatre heures, sans quoi j'agirai. Ce n'est pas le moment de prendre des armes contre nos hommes, alors qu'ils se font tuer de tous les côtés[5]. »

L'originalité de la Milice est sa branche paramilitaire : la Franc-Garde, composée de volontaires de dix-huit à quarante-cinq ans dont le rôle est le maintien de l'ordre. Ils offrent des garanties d'endurance, de courage, de loyalisme et de bonne préparation physique. Ils reçoivent une formation politique. Elle agit par l'accumulation de renseignements, la poursuite des meneurs des forces hostiles au gouvernement. Le premier travail revient aux miliciens en civil qui ont la charge de surveiller une rue, un quartier ; des facilités leur sont accordées pour obtenir l'installation du téléphone. À côté de ces civils existe la branche proprement militaire divisée elle-même entre bénévoles appelés au coup par coup et permanents rémunérés et encasernés. Un camp d'entraînement, le camp des Calabres, ouvre ses portes en juin 1943, près de Vichy.

Seuls les francs-gardes permanents portent l'uniforme, les autres miliciens n'arborant qu'un insigne tricolore au gamma, troisième lettre de l'alphabet grec, représentation zodiacale du bélier, symbole de force et de renouveau, car, explique doctement Darnand, le monde entre au printemps sous le signe du bélier. Quelques miliciens chrétiens osent affirmer que cette lettre gamma fut pour les premiers chrétiens l'emblème de la Trinité. L'uniforme, considéré comme formateur d'un esprit de corps et un « élément de propagande », s'inspire de celui des chasseurs alpins, avec un grand béret bleu incliné sur le côté de la tête, un pantalon marine de type ski, retombant sur des houseaux cirés de noir. Les bénévoles sont en général en kaki. Le gamma sur fond noir apparaît sur le béret et sur la poche de poitrine. La cravate est noire. Le brassard avec l'insigne du gamma n'est porté que sur la chemise. Un écusson de région se trouve sur la vareuse. Les pattes d'épaule, à côtes fines, sont noires ou marine foncé[6]. L'organisation s'articule en main (5 hommes), dizaine, sizaine, centaine et, au sommet, la cohorte (300 hommes). À Marseille a existé une trentaine, composée de Nord-Africains. Les jeunes garçons et filles sont regroupés dans l'Avant-Garde destinée aussi à récupérer les jeunes de la France d'outre-mer (JFOM). Son centre de formation a fonctionné à Vaugneray, près de Lyon.

La Milice adopte l'hymne du SOL, rebaptisé *Chant des cohortes* (paroles d'Antoine Quebriac, musique de Pierre de Prous et de Georges Bailly). Le refrain et le premier couplet sont dans le même esprit que *Maréchal nous voilà* et pourraient être chantés par les enfants, mais il n'en est pas de même des 5e et 6e couplets d'une grande violence politique sans oublier l'antisémitisme :

Refrain : « À genoux, nous fîmes le serment / Miliciens, de mourir en chantant / S'il le faut pour la nouvelle France / Amoureux de gloire et de grandeur / Tous unis par la même ferveur / Nous jurons de refaire la France / À genoux nous fîmes ce serment. »

1er couplet : « Le Sauveur de la France immortelle / A fait luire un radieux idéal / Le vainqueur de Verdun nous appelle / Répondons : "Présents" au Maréchal ! »

2e couplet : « Accourez dans nos dures cohortes / Ô vous tous que grisent les combats / La Milice fera la France forte / Par ceux-là qui ne tremblent pas ! »

3e couplet : « Pour qu'enfin la nation se redresse / Miliciens nous irons jusqu'au bout ! / Modelons une ardente jeunesse / Et nos morts seront contents de nous ! »

4e couplet : « Nous servirons de toute notre âme / La Milice, son Chef et la Nation : / Miliciens, la Nation vous réclame / Pour que vive la Révolution ! »

5e couplet : « Pour les hommes de notre défaite / Il n'est pas d'assez dur châtiment : / Nous voulons qu'on nous livre des têtes / Nous voulons le poteau infamant. »

6e couplet : « Miliciens, faisons la France pure : / Bolcheviks, francs-maçons ennemis, / Israël, ignoble pourriture, / Écœurée la France vous vomit. »

La doctrine se résume dans les « 21 points du SOL » devenant les « 21 points de la Milice » qui énoncent un projet de révolution nationale, sociale, chrétienne, antibolchevique et antigaulliste avec trois serments qui ne sont sans doute pas pure phraséologie :

« Contre le bolchevisme pour le nationalisme.

Contre la lèpre juive pour la pureté française

Contre l'oubli des crimes, pour le châtiment des responsables. »

Le Règlement de la Milice présente un idéal trompeur d'homme nouveau. Les exigences sont fortes : miliciens et miliciennes sont des Français et des Françaises « d'un loyalisme intellectuel et moral et d'une formation politique révolutionnaire nationale ». Les membres doivent satisfaire quatre conditions : être français de naissance (le chef départemental peut donner une dérogation), ne pas être juif (aucune dérogation possible), ne pas être membre d'une société secrète, être volontaire. Ils signent :

« Je m'engage sur l'honneur à servir la France au sacrifice même de ma vie.

« Je jure de consacrer toutes mes forces à faire triompher l'idéal révolutionnaire de la Milice française dont j'accepte librement la discipline. »

Un bémol est mis à l'exigence d'honorabilité par une discrète disposition : en cas de condamnation antérieure le chef départemental reste juge de l'admission.

Elle n'est prononcée qu'après un stage au cours duquel le candidat reçoit des rudiments de formation politique révolutionnaire nationale et qui permet au chef de juger de sa « valeur morale » et politique. Toutes les précautions sont prises pour assurer le sérieux des candidatures : on n'entre pas à la Milice sur « un simple coup de tête ». Ne seront acceptés que des hommes conscients de leurs responsabilités de révolutionnaires nationaux et non des « velléitaires, des tièdes ou des opportunistes ».

Le milicien, évidemment discipliné, sera irréprochable dans sa vie de citoyen (*sic*), dans sa tenue. Il devra exercer constamment un « contrôle sur lui-même », « éviter des incidents commis par excès de zèle qui feraient apparaître les miliciens aux yeux du public comme de vulgaires hommes de main sottement épris de violence ». Il aura à cœur d'exercer une influence profonde dans son milieu par « la dignité de sa vie privée, la dignité de ses mœurs, la qualité de son travail » qui lui attireront « la sympathie et le respect ». Dans les milieux professionnels, il sera soucieux de faire appliquer la législation sociale. Les industriels qui adhéreraient auront à cœur d'être un exemple pour le patronat français. Toute intention de vengeance personnelle sera écartée avant d'entrer dans la Milice.

À lire ces vœux pieux et ces exigences, tout père de famille verrait dans la Milice une aubaine pour un fils sans vocation professionnelle ni réussite scolaire (aucun diplôme n'est exigé, aucun concours n'est organisé).

À LA CROISÉE DES CHEMINS

La vie de la Milice dans un département calme comme la Loire est terne. L'ennui gagne des hommes qui attendaient plus d'action. Les effectifs atteignent péniblement cinq cents membres, tirés pour les trois quarts des listes du SOL. Les chefs cherchent à satisfaire leurs troupes dans des rapines médiocres de haricots secs ou, dans les meilleurs jours, de cognac, et dans des actions de propagande considérées avec scepticisme par la population. À Roanne les miliciens estimèrent que le goudron se prêtait bien à la décoration des murs par le gamma. Tel ne fut pas l'avis des propriétaires devant les graffitis ni des commerçants agacés par le placardage d'affiches sur leurs vitrines[7].

Dans le Vaucluse, la vie milicienne est à peine plus excitante. À Carpentras sont collées des affiches : « Si vous ne voulez pas partir en Allemagne, rentrez dans la Milice ». Cynique. À Orange, des tracts sont déposés dans les boîtes à lettres : « Contre le Bolchevisme, contre le gaullisme, contre la lèpre juive. Pour refaire l'unité Française, demandez votre admission à la Milice Française ». En mai, les miliciens distribuent des denrées contingentées, mais comme c'est le mois où les primeurs abondent sur les marchés, l'effet est raté. À Avignon les murs se couvrent d'affiches : « À bas les Juifs », « À bas l'Angleterre ». Une campagne de bouche à oreille reprend les éternelles techniques : « Tu auras une autorisation de fonctionnement pour ton moulin si tu entres à la Milice. » On observe ses voisins et on dénonce au préfet. On surveille les mouvements de voitures. Des miliciens arrêtent un homme surpris à écouter la BBC. Le procureur de la République lui-même est signalé au préfet pour abattage clandestin et usage abusif de sa voiture ! Des miliciens s'installent dans le bureau de poste de La Tour-d'Aigues pour lire le courrier et écouter le poste téléphonique. Ils en arrivent à dénoncer les engagements de Français dans la police pour échapper au STO ! Ils cherchent à contrôler les papiers et, à Bollène, organisent des rondes nocturnes[8]. À Toulouse les miliciens jouent d'abord les Robin des bois. Non contents de dénoncer les scandales de la ville rose, dans une feuille intitulée *Le Fer rouge*, ils décident d'agir contre les riches et de fustiger les profiteurs du marché noir. Le 14 avril 1943, ils envahissent le restaurant La Reine Pédauque où l'on mange bien pour deux cents francs. Ils bousculent les clients, renversent les tables, occupent les lieux. Ils s'emparent des provisions, de la vaisselle et distribuent le butin aux familles des prisonniers de guerre et des ouvriers partis en Allemagne. Aucune poursuite n'est évidemment engagée contre ces « justiciers » qui, demain, se transformeront en assassins.

Les miliciens s'impatientent de jouer les ronds-de-cuir et les petits espions. Une interception téléphonique opérée en juillet 1943 au siège de la Milice de Nice témoigne de la frustration des hommes :

« Moi, j'en ai assez. Je fais le pantin depuis quatre mois. Je ne marche plus ! J'ai eu assez de patience comme cela, c'est fini […]. Je suis complètement démoralisé, nous faisons ici de la paperasse vingt-quatre heures par jour, du travail d'intendance, quoi ! Et rien naturellement. Je n'étais pas entré à la Milice pour cela, et je ne veux pas être un bureaucrate ! En somme, à quoi se résout notre activité ? En la vente d'un canard ridicule qui n'a aucun succès auprès du public, un point c'est tout […]. On nous gonfle avec de beaux discours et on nous lie les mains pour que nous ne puissions rien faire. Et puis finalement on nous pendra sans que nous ayons rien fait. Oui, il n'y a qu'à laisser tomber pour ne pas être les dindons de la farce[9]. »

L'impopularité est attestée par tous les rapports de préfets. Le doute s'est installé, les soupçons s'élèvent entre les Milices régionales et la direction de Vichy. À quoi sert une mobilisation quand l'action ne vient pas ? Qui trahit qui ?

Premier assassinat à Marseille

Le 28 avril 1943, à 8 heures, un homme jeune sort de son domicile. Il essuie une première rafale de mitraillette d'un tireur posté près de l'embrasure de la porte. Il n'a pas la moindre chance d'échapper à la mort quand une seconde rafale est tirée du trottoir d'en face. Paul de Gassowski, adjoint au chef départemental des Bouches-du-Rhône, vient d'être abattu.

Aussitôt, les miliciens crient à l'assassinat par les terroristes de leur chef qui n'était même pas armé. Mais la police ne trouve rien. Il est aussi curieux qu'après la

Libération aucun résistant ne se soit glorifié de cet acte. Qui a tué Paul de Gassowski ?

Les obsèques sont solennelles, mais les Marseillais – tous suspects – sont tenus à l'écart. L'arrivée des chefs de la Milice, Darnand, Gombert, Tissot, est protégée à l'extrême. Personne d'autre qu'eux n'est autorisé à descendre du train verrouillé. Les quais de la gare Saint-Charles sont noirs de policiers. Les dirigeants sont vivement embarqués dans des voitures qui les emportent à folle allure jusqu'à l'Hôtel de Noailles. La Canebière est déserte.

Après le service funèbre à Saint-Louis-des-Réformés, Darnand prononce une courte allocution au monument des Mobiles : « Nous n'avons pas l'habitude de proférer de vaines menaces. Mais nous avons une bonne mémoire et nous n'oublierons personne. » Il faut prendre, ensuite, en cortège, le chemin du cimetière. Étrange cortège, sous un ciel plombé, dans une ville étrangement silencieuse. La route est longue. Tous les volets, persiennes et stores sont fermés. Personne dans les rues sauf des gardes casqués, le doigt sur la détente, le long des trottoirs. D'autres sont postés sur des balcons et des toits. Les chefs miliciens Léon Gaultier et Noël de Tissot ont la même pensée : « À un départ de bandits pour Cayenne, on n'aurait guère fait mieux ! Le sens était clair. Voilà, suggérait-on au bon public, les gens de la Milice, regardez comme ils sont appréciés[10]. » Le parcours est interminable : « Les rues succédaient aux rues. Des places, de nouveau les boulevards. Nous allions toujours. Quelle heure était-il donc ? À plus de midi, enfin, nous parvenions à un cimetière perdu au fond de la banlieue. Lui aussi était en état de siège. Chaque tombe dissimulait un GMR ou un policier en civil[11]. » Cela ressemble à ces films de gangsters où une fusillade se déclenche au cimetière pour l'enterrement d'un « parrain ». Le préfet en a trop fait, empêchant la foule de manifester son émotion. C'est du moins ce que feint de croire Darnand dont la colère éclate à la préfecture : « Alors, qu'est-ce que cette mascarade ? Quel est l'abruti ou le salopard qui a ordonné ce déploiement de forces ? »

Le malaise est grand. Le bruit se répand dans les milieux informés que Paul de Gassowski n'est pas tombé sous les coups de « terroristes étrangers », introuvables, mais qu'il a été abattu par des miliciens qui n'étaient pas d'accord avec la mission qui lui avait été confiée. Il aurait en effet été invité à prendre contact avec des officiers de l'Armée secrète, comme l'avait souhaité Laval. L'affaire est étouffée sous les larmes de crocodile et sous un hommage appuyé à sa jeune femme enceinte, entourée d'une famille éplorée. Quelques mois plus tard, le nouveau-né est baptisé Jean-Paul de Gassowski et devient « l'enfant de la Milice ». La veuve est la marraine d'une promotion de l'école d'Uriage qui porte le nom de Paul de Gassowski. Les incertitudes sur l'orientation de la Milice française engendrent d'autres crises violentes dont le but est d'éliminer les réactionnaires qui n'ont rien compris à la révolution fasciste.

La crise d'Uriage

Les professeurs fascistes de l'entourage de Darnand absorbés par la mise en place des équipes locales ont abandonné l'école d'Uriage aux réactionnaires, patriotes, royalistes et chrétiens venus à la Milice en espérant qu'elle serait le noyau d'une armée renaissante, d'une restauration monarchique et d'une régénération chrétienne de la France.

Le château du chevalier Bayard, qui avait vu s'épanouir la pédagogie chevaleresque de la première école d'Uriage sous la direction de Pierre Dunoyer de Segonzac et des démocrates chrétiens, était désormais livré à la Milice française. L'esprit des lieux inspire toujours d'ambitieuses utopies à ceux qui l'habitent. Le chef de l'école des cadres de la Milice est une personnalité originale. Pierre-Louis de La Nouë du Vair (sur son acte de naissance américain figure, par erreur, « La Ney du Vair »), né le 8 février 1907, n'est pas exactement l'Acadien qu'il prétend, car il a conservé la nationalité française et regagné la France, en 1935, pour faire son service militaire au 24e RI[12]. Il suit les cours d'EOR puis est nommé en octobre 1936 sous-lieutenant au 152e RI de Colmar. On le retrouve, à la défaite, affecté à la liaison française de la commission d'armistice italienne. Il quitte l'armée en 1941, s'installe à Annecy où il devient un membre actif de la Légion des combattants et du SOL ; il y participe à l'attentat contre François de Menthon. Il a créé une petite école de cadres pour donner une formation politique et pratique aux combattants de Savoie, bon moyen d'être remarqué par Darnand qui aime venir voir ses amis légionnaires d'Annecy. Voilà du Vair chargé de la formation de toute la Milice. Après plusieurs étapes dans des villes du Sud-Ouest, l'école se fixe le 1er mars 1943 à Uriage. Ce chrétien mystique s'est installé au château avec une jolie femme et de nombreux enfants. Certains miliciens disent qu'il a été prêtre. Docteur en philosophie, il se flatte d'être un bon théologien thomiste. Chaque matin, à 7 heures, toute la famille et une partie de l'état-major de l'école participent à la messe dans la chapelle.

Sur le château flotte le drapeau tricolore dont le rouge s'orne d'un écu de France d'azur aux trois fleurs de lys. Là se prépare une chevalerie pour servir Dieu, la Patrie et le Roi. À la sortie de la messe toute l'école se rassemble pour la cérémonie des couleurs. Sonnerie de clairons. Au commandement du chef, les clairons ouvrent le ban, sonnent pour la levée du pavillon tricolore, ferment le ban. La Nouë du Vair fait demi-tour et regagne le château, les aspirants se dirigent vers leurs chalets où l'instruction se fait en petits groupes. L'enseignement théorique consiste en une évocation des idées de Joseph de Maistre, Maurras et Renan. L'enseignement militaire se cherche. Il s'organise sous la direction d'officiers, le capitaine de Bernonville, Raynaud, le lieutenant Artus. Le commandant Georges Carus est tenu un peu à l'écart parce qu'il est officier de marine ou parce qu'il est soupçonné d'être un observateur de Darnand. Il faut improviser un enseignement de contre-guérilla. Faute de manuel français adapté, sont traduits et utilisés des ouvrages allemands inspirés de la lutte contre le spartakisme révolutionnaire de 1919. Ainsi se forgent une doctrine des forces de police et un enseignement sur la guerre de rue. Des exercices pratiques sur un terrain reconstitué pimentent la litanie des longues marches d'entraînement en montagne. Les stagiaires s'entraînent à l'attaque d'une maison isolée ou à la destruction d'un îlot de résistance en zone urbaine[13]. Dans le Bulletin interne de la Milice française du Rhône du 15 mai 1943, un stagiaire, le chef Paneboeuf, exprime sa joie de vivre dans ce « creuset de la foi révolutionnaire » où les cours ont moins d'importance que l'atmosphère, d'éprouver « la révolution dans sa chair et ses réflexes ». Il s'agit de dépouiller le vieil homme et « comme le chrétien devant Dieu de tâcher d'acquérir cette simplicité d'esprit, cette chaleur du cœur, cette fraîcheur d'âme qui sont les vertus essentielles du "chevalier moderne" que prétend être le Milicien ».

Vient la fin du stage. Le chef Darnand s'est déplacé, en compagnie du ministre de l'Éducation nationale, pour la cérémonie du 26 mars 1943. À La Nouë du Vair lui présentant les hommes rassemblés devant le drapeau, Darnand demande :

« Êtes-vous prêts, en toutes circonstances, à obéir ? Êtes-vous courageux mais calmes, durs mais sans haine, fiers mais sans orgueil ? Si oui, la France vous accueille parmi ses miliciens. Votre seul honneur doit être celui de servir. Votre attitude, ce sera de lutter contre l'égoïsme bourgeois pour la solidarité, contre l'égalitarisme pour la hiérarchie, contre le bolchevisme pour la communauté française. »

Un genou à terre les cadres miliciens prêtent serment puis défilent au *Chant des cohortes*. Le ministre Bonnard leur propose une devise réaliste et peu réconfortante : « À très peu contre presque tous. Pour tous. »

La Nouë du Vair n'est pas dans la ligne fasciste du secrétariat général à la Milice. Noël de Tissot et Francis Bout de l'An lui prêtent un projet politique personnel. Ils le font suivre dans de nombreux déplacements dont l'utilité pédagogique n'est pas avérée. Il est accusé d'avoir rencontré des émissaires du comte de Paris et de préparer une restauration monarchique (les conditions n'en semblent pourtant guère réunies après l'échec éprouvé par le comte de Paris en décembre 1942 à Alger). La Nouë du Vair réprouve une direction de la Milice adepte du nazisme païen. Il réagit en développant une mentalité de victime de complots de « nazillons ». S'estimant trahi de l'intérieur, il rétablit l'obéissance en seigneur féodal qui utilise son droit de justice. C'est ainsi qu'en réaction à une critique du commandant Carus sur l'enseignement de fumeuses théories monarchistes, il le fait arrêter par un groupe d'aspirants et comparaître dans son vaste bureau. Tomasi, son officier de sécurité, se tient armé derrière une tenture, prêt, au signal convenu, à faire feu sur le coupable. Du Vair soumet son collaborateur à un interrogatoire délirant sur le complot qu'il a fomenté pour le remplacer : « Un dangereux paranoïaque », conclut Carus qui réussit à s'échapper et à rejoindre Vichy où il informe Darnand[14].

Peu après, une réunion des chefs départementaux de la Milice se déroule à Avignon. La Nouë du Vair y tient des propos résolus : Laval sabote la Révolution nationale. Il ne croit à rien, sauf à lui-même. Il faut épurer l'état-major de la Milice. En face la patience s'épuise. Francis Bout de l'An affirme que les stages de miliciens se terminent au chant de l'*Ave Maris Stella*. Darnand décide de mettre fin à cette déviance monarchico-cléricale. Il relève du Vair de la direction de l'école en lui laissant seulement un temps de réflexion jusqu'à la fin du stage en cours. La Nouë du Vair en appelle à Pétain. Jardel et Féat, ses conseillers, ne croient pas devoir ennuyer le Maréchal avec cette histoire. Fin juillet, Paul Mascarelli-Giaume, envoyé à Uriage prendre la succession, se heurte au refus de La Nouë du Vair qui s'enferme avec les siens dans la forteresse. Joseph Darnand surgit à la tête de deux cents francs-gardes et demande à entrer. La Nouë du Vair refuse de rendre la forteresse mais Tomasi et d'autres gardes ouvrent la porte à Darnand. La Nouë du Vair est capturé. À son tour, il comparaît devant Darnand qui donne vingt-quatre heures au « traître » pour ramasser ses affaires et se retirer dans une petite localité isolée. Il le menace. S'il apprenait qu'il a cherché à rencontrer un seul milicien il sévirait : « Je vous ferai arrêter, crie-t-il, je vous ferai tuer, vous m'entendez du Vair, tuer. » Le directeur d'Uriage le nargue. Darnand entre en fureur : « Vous riez ? Vous ne me croyez pas. Vous croyez que je suis un faible, que je ne suis pas un chef, et bien je vous le jure, je vous ferai tuer[15]. »

Un peu plus tard, le milicien Henry Charbonneau pénètre dans l'appartement du directeur limogé pour y débusquer des complices. L'hystérie est à son comble.

La bonne, craignant peut-être que ces soudards violent les petites filles qui pleurent, se jette devant la porte de leur chambre. Les miliciens sortent de l'appartement, mais ils se répandent dans le château, ouvrent les portes à coups de pied, injurient les instructeurs, bousculent les stagiaires qui ne s'écartent pas assez vite, occupent les locaux. Remarquant un crucifix sur le mur de la chambrée de l'équipe de sécurité, ils exigent qu'il soit décroché. Ils menacent d'abattre Vialle, l'adjoint de du Vair. Darnand rugit : « Vous saurez ce qu'est la haine de la Milice. Je vous poursuivrai dans vos villes et votre honneur. » Après ces scènes de violence, et la suspension du stage en cours, le calme revient au château. Un grand nombre d'instructeurs endoctrinés par du Vair sont licenciés. Est nommé directeur d'Uriage, avec comme adjoint Giaume, Jean de Vaugelas, chef régional de la Milice à Marseille, un officier d'aviation qui rétablit l'ordre à Uriage sans plus se préoccuper de théories philosophiques. L'enseignement politique est simplifié et l'accent est mis sur la formation militaire donnée par deux bons officiers de chasseurs alpins, le capitaine Émile Raybaud et le lieutenant Jean-Baptiste Geromini.

La crise d'Uriage est due aux incertitudes sur la vocation de la Milice française, entretenues à dessein par Pierre Laval, et qui engendraient à Uriage un vide idéologique. La Nouë du Vair a tenté de le combler par un projet, absolument décalé avec la conjoncture politique de Vichy. La liquidation de La Nouë du Vair est d'une extrême brutalité, sans atteindre le paroxysme de la « nuit des longs couteaux ». Elle signifie le rejet d'une ligne conservatrice, pas encore le triomphe fasciste des conseillers de Darnand dans l'esprit duquel demeurent des relents de nationalisme traditionnel français.

Darnand de la tentation de la France libre à l'entrée dans la SS

Le destin d'un homme est-il irrémédiablement fixé ? Le héros des deux guerres hésite au bord du gouffre. La tentation de rejoindre la France libre est explicable. Darnand, qui a besoin d'être encadré, se sent négligé. Laval ne lui accorde plus ces fréquentes conversations qui le flattaient. Il le tient à l'écart pour ne pas avoir à répondre à ses demandes d'armement pour ses miliciens. Il n'a en effet aucune envie d'accéder à son désir d'armer la Milice, car il se souvient qu'il a été arrêté par les GP le 13 décembre 1940, des hommes de la Cagoule comme Darnand. À son avis, l'attentat du 27 août 1941 à la caserne Borgnis-Desbordes de Versailles (il porte encore en lui une balle) était organisé par le cagoulard Deloncle. On ne fait pas confiance à un cagoulard armé ! Sa confiance, Laval l'accorde à René Bousquet, chef de la police et, tant que les Allemands l'acceptent, il se gardera de créer des polices parallèles, toujours mal vues de l'ancienne administration. Tenu à l'écart du chef du gouvernement, un des rares êtres vivants de cet Hôtel du Parc qui ressemble de plus en plus à un hospice de vieillards, Darnand s'ennuie. Secrétaire général de la Milice, c'est une occupation de… secrétaire général. Or, Darnand n'est pas capable de compulser un dossier, préférant les rapports oraux, il déteste s'occuper de paperasses, surveiller des budgets. En fin de journée, il erre dans les couloirs à la recherche de compagnons pour passer une soirée chaleureuse et gaie dans quelque auberge des bords d'Allier. Les sorties de Vichy sont rares : quelques bonnes journées avec sa bande d'Annecy, une visite à une maîtresse à Lyon. Il est – hélas – souvent invité à des obsèques de miliciens assassinés, ce qui le déprime. Aussi s'y fait-il de plus en plus représenter.

Et puis il y a l'évolution de la guerre. Si, absorbé par la création de la Milice, Joseph Darnand n'a pas été trop impressionné par la capitulation de l'armée Paulus à Stalingrad, maintenant, il suit la progression des Anglo-Américains et de l'armée d'Afrique en Tunisie qui a plus d'effet sur son esprit. Début mai 1943, l'Allemagne y est défaite et laisse sur le terrain 200 000 prisonniers et beaucoup de matériel. Le général Giraud entre triomphalement à Tunis. Sur de nouveaux champs de bataille les hommes de Giraud et de De Gaulle vont remporter de nouvelles victoires et recueillir des lauriers. Darnand se surprend à rêver de cette gloire militaire, la seule qui vaille.

D'anciens cagoulards ont choisi la Résistance extérieure et il existe une forte demande des Britanniques à laquelle a répondu par exemple le réseau Alliance de Loustaunau-Lacau et de Marie-Madeleine Fourcade. Darnand y a pensé à l'été 1942. Le général Schmitt, commandant de la région R2 de Combat (à Alger il appartiendra au tribunal militaire qui condamnera à mort l'ancien ministre de l'Intérieur de Vichy, Pierre Pucheu), a remis au journaliste Raymond Tournoux une curieuse attestation non confirmée dans les archives du réseau Alliance. Son adjoint, le colonel Dubouin, a rencontré Darnand qui a proposé de donner des dépôts d'armes italiennes cachés en haute Provence. Fort de ce viatique, ne pourrait-il pas rejoindre la France libre ? Le réseau Alliance pourrait organiser son départ. Le fait est que Darnand ne manque pas de vieilles relations cagoulardes qui ont pris un virage différent du sien. Georges Groussard, qui crée des réseaux de renseignement pour Londres, est de celles-là. Y aurait-il place pour lui dans ce camp ? La confiance n'est pas épuisée entre les deux hommes même si leurs routes divergent. Que risque Darnand à s'informer ? Des contacts ont été pris par les généraux Galy et Perré puis par un agent que Groussard, dans ses Mémoires, baptise Louis Guillaume. Groussard aurait fait parvenir à Darnand deux papiers : une acceptation de rencontre en Suisse, un engagement de servir sous ses ordres et de lui obéir en tout. Mais Darnand ne peut pas signer ce genre de documents, d'abord pour des raisons de sécurité, ensuite parce qu'il est devenu une importante personnalité de l'État français[16]. Il existe aussi un câble de Jean Moulin du 4 juin 1943 informant d'une offre de ralliement : « Darnand ex-cagoulard Chef de la Milice est disposé rallier unité combattante FFC étant dégoûté de Vichy. Vous laisse soin examiner [si] ce ralliement exceptionnel peut servir négociations actuelles[17]. » Moulin ne donne pas son sentiment personnel mais place l'intérêt de la proposition dans l'affrontement entre Giraud et de Gaulle qui est d'ailleurs pratiquement tranché. Duclos et Manuel ne seraient pas hostiles. Ils imaginent combien ils pourraient exploiter un tel ralliement pour déconsidérer Vichy abandonné par ses plus rudes créatures. Mais l'affaire Charles Vallin, du PSF, amené à Londres par Pierre Brossolette, a déjà divisé les hommes du BCRA[18]. La gauche craint qu'en acceptant de tels ralliés le mouvement de Londres se rééquilibre trop vers la droite. Les ouvriers de la vingt-cinquième heure sont toujours une concurrence redoutable pour le partage des places et pour la fermeté de la ligne politique. De Gaulle refuse : Darnand s'est trop compromis et vient trop tard. Car le Général sait maintenant qu'à Alger il deviendra le coprésident du CFLN et assurera son pouvoir par l'élimination des anciens vichystes[19].

La voie de la France libre se fermant, Darnand est d'autant plus soumis aux pressions de ses jeunes compagnons inquiets des attentats commis contre les miliciens et qui sont, eux, incontestablement le fait de résistants. Le 29 mai 1943, le chef de la propagande des Bouches-du-Rhône, Jean Bouysson, est abattu. À Grenoble, le 24 juin, alors que la nuit vient de tomber, deux hommes pénètrent dans l'Hôtel des Allobroges et demandent à remettre un pli à M. Burgat. Le jeune Henri Burgat prend la lettre et, au moment où il l'ouvre, il reçoit dans le ventre plusieurs balles tirées par l'un des messagers. Il meurt à l'hôpital. Bientôt tombent aussi Georges André, secrétaire général de la Milice de Grenoble, Pierre Leyssieux, un autre chef de Grenoble, puis deux francs-gardes en stage à Uriage, partis visiter Grenoble le 30 août. René Claud, chef adjoint à la section de Vinay, près de Grenoble, est bientôt attaqué par deux hommes qui surgissent dans la cuisine où il dîne avec ses enfants. Il survit aux six balles de revolver déchargées sur lui. Puis, à Toulouse, le général Philippon est abattu par un jeune homme à bicyclette alors qu'il sortait de son domicile pour acheter des journaux au kiosque voisin.

Cette série d'assassinats est un défi pour le chef de la Milice qui, chaque fois, promet une vengeance. Mais les miliciens doutent et grondent : ils sont des victimes sacrifiées. Si au moins ils avaient des armes convenables pour se défendre ! Où en trouver ? Localement certains chefs n'ont pas de scrupules et se débrouillent en s'adressant aux chefs du SD. Joseph Lécussan à Lyon et Max Knipping à Marseille en obtiennent grâce aux Allemands. La situation est dangereuse pour Darnand qui apparaît incapable de protéger ses hommes. Elle ouvre la voie à des milices locales qui signeraient son affaiblissement. Ses conseillers lui suggèrent de s'adresser lui aussi directement aux Allemands.

Or, les SS sont intéressés par la Milice. Ils n'ont qu'une confiance des plus limitées dans la police française, comme en témoigne le rapport du 19 août 1943 de Knochen, le responsable de la sécurité allemande en France. Il ne juge sa collaboration efficace que dans les opérations contre les communistes. Il constate des dérobades dès qu'il s'agit de s'en prendre à la Résistance non communiste. Aux yeux des SS, la Milice évoque leur propre origine : un groupe militant devenu une véritable armée de combat. Après avoir monté des divisons flamande, scandinave et hollandaise, la Waffen SS s'ouvre en 1943 à d'autres volontaires étrangers. Les besoins de recrutement des SS de Himmler sont grands. Le recruteur, le général Gottlob Berger, fait des offres aux collaborateurs de la Milice réputés bons combattants de 1940.

Reste la question de l'extension de la Milice à la zone nord. Avec l'appui des Allemands, Darnand serait en mesure d'éclipser ses rivaux collaborateurs de Paris. On l'a bien vu lors de la réunion à la salle Wagram, le 8 juin 1943, où francistes et doriotistes ont chahuté les orateurs de la Milice française, car ils redoutent cette concurrence.

Les SS font des avances aux collaborateurs en les invitant à un voyage d'études en Allemagne. L'odeur de la poudre est toujours attirante pour un Darnand ravi par ailleurs à l'idée d'échapper à l'atmosphère de Vichy. L'organisateur du périple est ce même général Berger ancien chef de commando durant la Grande Guerre. Il a organisé comme Darnand des transports clandestins d'armes au temps où il appartenait à la Reichswehr noire. Et Berger flatte Darnand en critiquant le ramassis d'incapables militaires de la LVF. Il plaide pour sa Waffen SS : les Français, ces grands soldats, ne peuvent pas rester à l'écart des exploits de la Waffen SS. Ils seront accueillis en camarades. Il propose à Darnand de réfléchir à trois questions :

– Quelle serait votre position à l'égard d'une unité française de la Waffen SS ?
– Accepteriez-vous d'y participer ?
– Accepteriez-vous d'engager vos miliciens à y entrer ?

Après l'état-major à Bad Tölz, les Français visitent l'école des cadres de Neue-Stettin, assistent à une belle manœuvre à Leipzig. À leur retour le général Berger demande à Darnand sa réponse ; le secrétaire général de la Milice reste prudent. Il doit en référer à ses collaborateurs et surtout au chef de la Milice, le chef du gouvernement, Pierre Laval.

À Vichy, les réflexions s'engagent au sein du secrétariat général de la Milice. Noël de Tissot et Pierre Cance sont pour une acceptation qui permettrait à la Milice française d'être fidèle à sa mission militaire et d'éviter de finir en simple police. Darnand consulte même Bousquet, le chef de la police, qui lui aurait dit : « “Vous allez revêtir l'uniforme allemand, vous qui avez été un soldat français exceptionnel. Vous allez prêter serment à Hitler. Vous rendez-vous compte dans quelle voie vous vous engagez ?” Comme il se taisait, j'ai ajouté : “Dans la ligne de ce que vous faites, souhaitez-vous que la France ait un régime nazi en cas de victoire allemande ?” Darnand était lourd et lent. Il a répondu à côté, car ma question était brutale : “Oui, mon geste a un intérêt. Si des Français ne s'engagent pas aux côtés des Allemands que se passera-t-il ?” Alors, je lui ai dit : “Et si ça finit par une paix de compromis ? Et si l'Allemagne perd la guerre ?” Darnand n'a pas répondu. Il était sûr que l'Allemagne gagnerait[20]. »

Même si ce n'est pas l'unique raison, Darnand est résolu à s'appuyer sur les SS. Il met sa démission dans la balance puisque dans la situation actuelle il ne peut plus rien faire. Devant la menace de défection, Laval se sert de l'atout Pétain qui a encore du prestige sur ses vieux compagnons de guerre : « Darnand, dit le Maréchal, vous êtes mon meilleur, mon plus fidèle soldat. » Garde-à-vous. Émotion. Dévouement. Darnand cède et reprend sa démission, mais il entrera dans la Waffen SS. Les SS lui proposent de le nommer *Sturmbannführer*. Il accepte et, en août 1943, entre un colonel SS et Pierre Gallet, dans un banal bureau, il prête discrètement le serment à Hitler :

« Je te jure, Adolf Hitler, Führer germanique et réformateur de l'Europe, d'être fidèle et brave. Je jure de t'obéir à toi et aux chefs que tu m'auras désignés, jusqu'à la mort. Que Dieu me vienne en aide. »

De cette aide, il aura grand besoin, car Dieu ne se mêle pas d'arrêter les têtes brûlées sur la route qui conduit à l'horreur. Le 22 juillet 1943, un décret signé de Pierre Laval a autorisé les Français à s'engager dans la Waffen SS. Son entourage a manifestement poussé Darnand. Il est entendu que les cadres supérieurs de la Milice souscriront un engagement à durée limitée et se remplaceront par échelons. Pierre Cance, Noël de Tissot, Lafaille, le lieutenant Fenet, chef départemental de l'Ain, le lieutenant Artus partent les premiers pour l'école des officiers de la Waffen SS à Bad Tölz. Un peu plus de deux cents miliciens les suivront. Les derniers légionnaires apprennent avec effarement que Darnand est entré dans la Waffen SS. Un accrochage a lieu sur un trottoir de Vichy entre Gervais, un dirigeant de la Légion française des combattants, et Darnand qui, dénué d'esprit, ironise lourdement :

« Darnand : – Eh bien, est-ce qu'on fait toujours des affiches à la Légion ?

« Gervais : – Est-ce qu'on fait déjà des conneries à la Milice ?

« Darnand lui demande ce qu'il entend par là et Gervais lui dit qu'il s'agit de l'entrée de miliciens dans la Waffen SS.

« Darnand : – Avec mon assentiment et tu m'y verras moi-même bientôt.

« Gervais : – Je ne te vois pas plus sous cet uniforme que je ne m'y vois moi-même. Quant à moi, si je me voyais dans ma glace sous cet uniforme, je me flanquerais une balle dans la peau pour avoir la satisfaction d'en tuer un de plus[21]. »

Pour les Allemands, la prise est splendide : un héros des deux guerres et un homme qu'ils imaginent facile à manipuler, installé au centre de l'État français mais se plaçant dans leur dépendance, un pion utilisable pour tenir un Laval fuyant et trop intelligent pour ne pas penser, si la situation militaire changeait, à tenter de dissocier son destin politique personnel de celui du Reich. Or, Darnand, soit que la fréquentation du pouvoir éveille son appétit, soit que son entourage le pousse à devenir le véritable maître du maintien de l'ordre et le chef politique dont ils ont besoin pour imposer leur idéologie fasciste, développe une ambition politique que Laval n'avait pas imaginée.

Chapitre 5

Darnand intronisé par les Allemands

La fin de l'année 1943 révèle les appétits politiques de Joseph Darnand. Il veut désormais entrer au gouvernement, faire de la Milice la grande institution de maintien de l'ordre de l'État, s'implanter en zone nord où il fédérerait les petites milices des différents mouvements de la Collaboration.

L'occupation totale de la France depuis novembre 1942 n'isole plus Vichy de Paris dont les vies politiques s'interpénètrent. Les chefs des partis de la Collaboration voudraient avoir leur place dans un gouvernement qui, de son côté, souhaite les contrôler. À Vichy Darnand observe un délitement sensible de l'État. Lui et son entourage de jeunes fascistes veulent pénétrer au cœur de l'État et, forts de l'appui des SS, imposer un régime capable de réprimer l'anarchie provoquée par l'évolution stratégique favorable aux Alliés. La méthode est simple : critiquer la « mollesse » de Laval, ses ménagements à l'égard des forces politiques modérées, son manque de fiabilité politique, sa faiblesse à l'égard de fonctionnaires qui jouent double jeu, des magistrats qui ont peur de condamner, son refus des mesures révolutionnaires. Il doit comprendre que le temps des maquignonnages est terminé et qu'il lui faut choisir. Il importe de dresser face à la déliquescence vichyssoise la résolution des miliciens et leur aptitude à aligner avec profit la France sur les États européens liés au Reich. Il faut créer en France un ordre nouveau, un État fasciste.

De grandes ambitions pour la Milice : le plan du 17 septembre 1943

Le 17 septembre 1943, un « Plan de redressement national français » est adressé aux autorités allemandes et au gouvernement.

Il est signé de Marcel Déat (chef du RNP), des miliciens Joseph Darnand et Noël de Tissot, et de journalistes collaborateurs, Georges Guilbaud et Jean Luchaire. Le manifeste est un défi pour Pierre Laval. Par son existence d'abord puisque le chef du gouvernement n'a en rien mandaté ces hommes qui descendent en flammes sa politique et qui introduisent les Allemands dans le jeu politique français. Par son contenu révolutionnaire, ensuite. Selon les auteurs du manifeste la Milice n'a pas pu réussir la mission d'unification de toute la Collaboration souhaitée par Laval parce que, faute d'avoir leur place au gouvernement, les chefs des mouvements de la Collaboration ont refusé de fusionner leurs propres milices dans la Milice française.

« Changeons la méthode et allons hardiment vers un nouveau régime. Pour réussir, il est nécessaire de satisfaire six exigences :

« – Entrée au gouvernement des chefs de partis dévoués à la Collaboration.

« – La Milice deviendra la pépinière de l'administration, à commencer par la police. Son secrétaire général commandera aussi la gendarmerie et la préfecture de police de Paris. Les éléments douteux de l'actuelle police devront être remplacés par des miliciens.

« – À chaque milicien doit être proposé un poste dans l'appareil d'État ; le recrutement de la fonction publique ne devra plus reposer sur des diplômes et des concours et personne n'y postulera à l'avenir sans avoir accompli un stage dans la Milice. La compétence ? Il suffira de créer des “écoles techniques” de différents niveaux où les nouveaux préfets, secrétaires de mairie, responsables d'organisations de jeunesse et enseignants [*sic*] apprendront, en six mois, les “ficelles” du métier.

« – Le parti unique sera instauré. Le chef en sera Laval mais son secrétaire général siégera au Conseil des ministres.

« – Laval reste chef du gouvernement. Si Pétain renâcle, une Assemblée nationale, réunie à Versailles dans une atmosphère soigneusement composée, sous protection de la Milice, révisera le mandat qui lui a été donné le 10 juillet 1940.

« – Le nouveau gouvernement doit conclure un pacte avec les Allemands, proclamant la souveraineté française, renonçant aux annexions [le cas de l'Alsace-Lorraine étant encore réservé], supprimant l'Ostland, se donnant pour but [rien que cela !] une reconquête de l'Afrique, réalisant des accords sur la main-d'œuvre et l'intégration des économies[1]. »

On le voit le texte est ambitieux. Les obstacles politiques sont entrevus mais balayés.

Ce plan du 17 septembre n'avait pas la moindre chance d'être adopté par Pierre Laval qui y voit une utopie. Darnand pris en main par le professeur Déat le fait rire. Mais le chef du gouvernement en déduit qu'il lui est plus que jamais nécessaire d'établir contre ces collaborateurs un front commun avec le maréchal Pétain et de ne jamais baisser sa garde contre ces hommes qui s'appuient sur les SS.

Une initiative du maréchal Pétain allait mettre Laval en difficulté et ouvrir la voie aux signataires du manifeste.

La crise franco-allemande de novembre 1943

La tentative du maréchal Pétain de remettre son mandat à l'Assemblée nationale le 13 novembre 1943 est d'une extrême importance politique. Elle révèle l'intention du chef de l'État et du chef du gouvernement de survivre à l'occupation et, plus encore, à l'arrogance des Allemands et à leur volonté d'orienter la politique du gouvernement français[2].

En cet automne 1943, le Maréchal sort de l'hibernation politique où l'avait plongé le débarquement américain en

Afrique du Nord de novembre 1942. Il se préoccupe de sa propre survie politique et de restaurer sa légitimité tout en se croyant encore puissant. Il commence par critiquer la faiblesse de Laval dans la tâche de maintien de l'ordre chaque jour mise à mal par la hardiesse des résistants. Laval ne peut cumuler les ministères des Affaires étrangères, de l'Information et de l'Intérieur. Il doit nommer un ministre de l'Intérieur à poigne. L'exigence de Pétain n'a aucune chance d'être acceptée par Laval bien conscient qu'en décembre 1940 le ministre de l'Intérieur a joué un rôle dans son renvoi. Quand le Maréchal lui vante les mérites de ses candidats pour le poste, l'amiral Esteva, le général Bridoux, l'amiral Platon, il balaye le nom de ces enfants de chœur qui ne tiendront pas huit jours devant les communistes et les gaullistes. Il s'est lui-même parfaitement organisé pour diriger le ministère de l'Intérieur en s'appuyant sur ses fidèles secrétaires généraux, Georges Hilaire et René Bousquet. Ils ont son entière confiance et il ne doute ni de leur habileté ni de leur efficacité.

Le chef du gouvernement fait meilleur accueil à l'autre projet du maréchal Pétain : se maintenir au gouvernement après le débarquement des Alliés. La situation de l'Italie où ils viennent d'accorder de bonnes conditions d'armistice au gouvernement Badoglio débarrassé de Mussolini fait réfléchir. Pourquoi n'en serait-il pas de même en France pour peu que certaines conditions soient réunies ? Les Américains ne souhaitent certainement pas qu'après le débarquement de Gaulle prenne le pouvoir dans une France menacée d'une révolution communiste.

Une équipe qui assurerait l'ordre, se montrerait anti-communiste, aurait ses chances. Les Américains n'ont-ils pas accepté en novembre 1942 de garder l'amiral Darlan en Afrique du Nord ? Évidemment, il faudrait offrir quelques garanties démocratiques et des appuis politiquement décents. De ce côté-là, Pierre Laval envisage de prendre les contacts nécessaires. Il n'a pas coupé les ponts avec les éléments politiques modérés du parti radical – les Sarraut en l'occurrence –, en qui les Américains voient une incarnation de la démocratie.

Le maréchal Pétain bénéficie toujours de la légitimité constitutionnelle. Il reste dépositaire du mandat que l'Assemblée nationale lui a donné le 10 juillet 1940. Il a établi un nouveau texte qui garantit sa position. La révision de la Constitution réactionnaire, écrite en 1941, est terminée pour laisser place à une option républicaine, rétablissant le suffrage universel, séparant nettement les pouvoirs, renforçant l'exécutif selon les vœux depuis longtemps exprimés des théoriciens de la réforme de l'État. Elle prévoit même une Cour constitutionnelle qui évoque la Cour suprême des États-Unis. Les hommes d'Alger n'ont rien à proposer de si avancé. Le maréchal Pétain veut en informer les Français dans un message. Il leur promettrait, le temps venu et sa mission accomplie, de remettre son mandat à l'Assemblée nationale. Il envisage de parler le soir du 13 novembre 1943.

L'initiative est hardie. Sans la désapprouver, Laval attire l'attention du chef de l'État sur la nécessité d'une préparation psychologique et politique de l'événement auprès des Allemands. Il s'agit quand même du retour à une situation constitutionnelle républicaine, et la susceptibilité des Allemands traumatisés par la trahison de leur allié italien doit être ménagée. Lui-même saura leur présenter l'affaire comme destinée à faire pièce à l'instauration d'une Assemblée consultative par le CFLN. Le maréchal Pétain n'a cure de ces avertissements, disant qu'il prendra lui-même les contacts nécessaires avec les SS. Voyant tant de légèreté, Laval devient sceptique sur la réussite du plan pétainiste ; sans s'interdire d'avertir les Allemands, il décide de se tenir physiquement à l'écart afin de ne pas être compromis. Aussi, le 13 novembre 1943 quitte-t-il l'Hôtel du Parc très tôt pour se retirer dans son château de Châteldon.

Les Allemands réagissent. Évidemment effrayés par la perspective de voir se renouveler l'affaire italienne, les SS interdisent à Pétain l'accès à la radio et, à l'heure annoncée, les auditeurs n'entendent aucun message. Le Maréchal, offensé, déclare qu'il n'accomplira aucun acte de chef de l'État tant que ses prérogatives ne seront pas reconnues. La grève, en quelque sorte !

La réaction allemande devient brutale. Hitler, dans une lettre, accable le maréchal Pétain de reproches : ingratitude en dépit de l'offre généreuse de collaboration à Montoire, offense personnelle par son refus d'accueillir en personne les cendres du duc de Reichstadt, trahison de ses généraux et de l'amiral Darlan. Quant à son projet de discours du 13 novembre 1943, il prouve son intention de jeter des ponts en direction du comité d'Alger et des Anglo-Américains : une trahison ! En conséquence, il devra, s'il veut rétablir les relations franco-allemandes, nommer de nouveaux responsables aux postes décisifs du gouvernement et de l'administration française. Toute nouvelle loi sera soumise à l'autorisation des occupants et il reprendra évidemment ses fonctions après que son entourage, responsable de son audace, aura été épuré des éléments dangereux pour l'entente franco-allemande.

Après les exigences vient la menace de représailles : est établie une liste de personnalités de l'armée, de l'administration, des lettres et des arts, des garants – ou des otages – de l'indéfectible solidarité entre les deux États. Otto Abetz précise que les hommes de confiance des Allemands qui entreront dans le gouvernement sont les miliciens Henriot et Darnand ainsi que Marcel Déat chef du RNP. Enfin, le général SS Oberg demande à Laval de remplacer le secrétaire général à la police, René Bousquet, « gentil » mais sans autorité. Pour lui succéder à la tête de la police, il veut Joseph Darnand, homme à poigne qui a donné la preuve de sa loyauté en prêtant serment à Hitler quand il est entré dans la Waffen SS. Pourquoi Laval refuserait-il les moyens de juguler le terrorisme en utilisant enfin pleinement cette Milice qu'il a créée et dont il a trop freiné les initiatives alors qu'elle est aux avant-postes du combat contre le communisme ?

Préfère-t-il que les Allemands se chargent eux-mêmes du maintien de l'ordre ?

Sortir de la crise déclenchée par Pétain est alors le souci majeur de Laval qui doit se justifier aux yeux des Allemands de tout soupçon de complicité mais qui, dans le même temps, ne veut pas se livrer pieds et poings liés aux SS, pour préserver ses chances de jouer les intermédiaires dans le conflit mondial. Sentant ses réserves mais conscients qu'ils ont encore besoin de lui, les SS lui donnent la responsabilité de l'épuration et du remaniement, mais ils vont mettre en œuvre leurs propres méthodes pour lui signifier les limites de son pouvoir.

La punition ne touchera pas directement Pierre Laval mais ceux dont il souhaitait se rapprocher pour ménager l'avenir.

Pressions sur Laval

L'assassinat de Maurice Sarraut

Le 2 décembre 1943, Maurice Sarraut quitte ses bureaux de *La Dépêche de Toulouse*, le grand quotidien radical du Sud-Ouest, qui subsiste en jouant avec la censure. Il regagne sa propriété des Tilleuls, quand une voiture le dépasse et file devant lui. Il n'y prête pas attention. Il ignore qu'à cent mètres de la villa elle s'arrête pour déposer un certain Dousset qui se dissimule dans un recoin du mur d'enceinte, tandis que les autres passagers vont se tapir dans le fossé. La maison est en vue. Le chauffeur, René Portola, klaxonne à l'intention du jardinier-concierge, Charles Foulon. Dousset surgit de l'ombre, mitraillette au poing, et tire plusieurs rafales sur le flanc gauche de la voiture à hauteur des vitres. Deux projectiles traversent la tête, quatre autres se logent dans le thorax de Sarraut. Quelques instants après, Albert Sarraut, accouru, emporte jusqu'à la maison le corps couvert de sang de son frère. À son retour à Toulouse, l'assassin dépose son arme dans les locaux de la Milice, dîne dans un restaurant du boulevard de Strasbourg. Le lendemain, après un vin d'honneur au siège de la Milice, il reprend le train pour Paris.

À Vichy, quand parvient la nouvelle de l'assassinat, c'est l'émoi. Pierre Laval ne décolère pas. Lui et Bousquet savent à quoi s'en tenir. Il est évident que c'est un message à leur adresse. Les Allemands désapprouvent leur politique d'ouverture. Les Sarraut, en effet, étaient de ceux sur lesquels comptait Laval pour établir ses contacts avec les radicaux. Le chef du gouvernement avait ordonné à Georges Hilaire de réintégrer des fonctionnaires radicaux et francs-maçons. Des notables avaient été approchés pour des postes de conseillers départementaux avec force compliments pour ces hommes politiques d'expérience qui comprenaient les sentiments populaires. Alors que Laval s'était montré indifférent à l'enlèvement par les Allemands d'hommes politiques internés comme Blum, Reynaud et même Mandel, il avait lutté pour garder en France Édouard Herriot, plaidant la maladie mentale d'un vieillard épuisé, il avait convaincu les Allemands, et Herriot jouissait d'un répit à l'asile de Maréville, près de Nancy. Surtout, René Bousquet, secrétaire général au ministère de l'Intérieur, est un ancien protégé des Sarraut qui avaient lancé sa carrière politique et avaient toujours conservé un œil bienveillant sur lui. Laval et Bousquet sont décidés à punir les responsables. Le tireur, Maurice Dousset, appartient à la LVF mais il n'a pas agi seul et ne sera pas arrêté seul. Sur l'ordre de Bousquet sont appréhendés Raymond Garin, secrétaire départemental de la LVF, Henri Frossard, chef départemental de la Milice, et Marcel Saint-Jean. Ils parlent. Albert Barthe, chef du 2e service, a organisé la surveillance de Sarraut et le repérage des lieux par les miliciens Jacques Belaval, Yves Troule, Marcel Saint-Jean et Joseph Sourd. L'enquête révèle aussi des complicités en dehors de Toulouse. Dousset, ce PPF passé par la LVF, est venu de Paris le 20 novembre 1943. Il a vu le secrétaire départemental de la LVF, Raymond Garin, qui l'a mis en rapport avec le chef de la Milice, Henri Frossard, et son bras droit, l'avocat Jean Collomb. On s'est réparti les tâches. Les miliciens fourniraient les renseignements et une arme pour l'opération que réalisera Dousset. Barthe conduirait la voiture de Dousset. Les miliciens toulousains répercutaient des ordres venus de Paris. À l'origine l'assassinat a été décidé par les SS mais ceux-ci ne voulant pas agir eux-mêmes ont résolu de se servir de la LVF et de miliciens. Une réunion s'est déroulée à cet effet à l'hôtel Lutetia à Paris. La répression réclamée par Bousquet tourne court. Impossible de garder Frossard et les siens en prison, car le général Oberg demande, le 10 décembre, que ces honorables citoyens recouvrent la liberté. Aucun haut responsable de l'assassinat ne peut être accusé de manière suffisamment étayée. Finalement ils seront élargis en janvier 1944[3].

La leçon a été entendue : Bousquet sait que les Allemands ne veulent plus de lui et n'hésiteront pas à lui régler son compte. Laval doit accepter de se séparer de Bousquet et de le remplacer par Joseph Darnand. Il n'a plus le choix.

Pour le maintien de l'ordre : Milice ou Allemands ?

Une constatation est indéniable à l'examen de la période : la responsabilité de Pierre Laval est écrasante dans la transformation de la Milice en grande institution de l'État français. Le maréchal Pétain, obsédé par le maintien de l'ordre, quant à lui, ne le désapprouve pas.

Ni l'un ni l'autre n'arrête la marche vers l'abîme. Laval est paralysé par la Collaboration à laquelle il ne veut pas renoncer, dans son rêve de jouer un rôle d'intermédiaire entre les Allemands et les Alliés occidentaux. Ainsi est-il amené petit à petit à donner un caractère officiel à des actes d'une totale illégalité et à justifier des crimes par la raison d'État. Entre laisser les Allemands prendre en main le maintien de l'ordre ou l'assurer encore avec des moyens proprement français, les siens, il croit n'avoir guère le choix. Il conserve l'illusion que les Français garantiraient un meilleur tri entre résistants « récupérables » et communistes.

La Milice est d'autant plus impatiente d'endosser la responsabilité du maintien de l'ordre que les « terroristes » (résistants qu'elle baptise tels) tuent ses hommes. La loi du talion devient une règle.

Le dimanche 21 novembre, le chef de la Franc-Garde de Haute-Savoie, Raymond Jacquemin, est en tournée avec son adjoint, Roger Franc, et un milicien, Paul Courtois. Ils ne sauraient manquer la messe et déjeuneront ensuite à l'Hôtel du Midi à Thônes. Les miliciens, après avoir observé la disposition des lieux, ont quand même exigé d'être servis à part des clients dominicaux du restaurant du rez-de-chaussée. Ils déjeuneront dans la salle du premier étage qui possède une entrée séparée sur l'arrière. Cette porte, loin d'être une sauvegarde, sera celle de leur mort. En entrant, ils font déplacer une table pour la rapprocher de celle du repas afin d'y déposer leur matériel, vêtements et armes. Le chien-loup se glisse sous la table. Le repas s'achève. Le café et les pousse-café sont commandés quand la porte extérieure est enfoncée. Un groupe de résistants armés surgit. Voulaient-ils enlever les chefs miliciens pour les échanger contre des prisonniers ? Ils le prétendront plus tard sans que rien le prouve. Les miliciens esquissant un geste pour saisir leurs armes sont arrêtés dans leur mouvement par le feu des résistants. Jacquemin touché à la tête s'effondre, tué sur le coup. Roger Franc ne survit pas à de terribles blessures. Le troisième milicien est blessé. Les résistants disparaissent. Le chien n'a pas bougé.

La Milice décide d'exercer des représailles pour venger ses morts et pour impressionner la population invitée à s'associer aux obsèques grandioses prévues le 24 novembre et auxquelles assistera le secrétaire général de la Milice, Joseph Darnand. Le chef régional de la Milice, Joseph Lécussan, prend les choses en main. Grâce aux écoutes téléphoniques transcrites, nous possédons le témoignage de sa réaction de brute antisémite :

« Lécussan : – Vous avez des salopards là-bas dans la région ?

– Oui, oui.

– À Megève, vous avez des Juifs. Dans quels hôtels sont-ils ? Donnez-moi les noms des plus gros d'entre eux.

– Bien.

– Et à Thônes, il y en a ?

– Non, il n'y en a pas mais il y a des communistes.

– Bon. Noms et adresses. Et à Annecy ?

– Il y a aussi pas mal de communistes.

– Donnez-moi les noms des Juifs les plus notables et aussi des camarades communistes. Leur tour est venu de payer et de payer cher[4]. »

L'expédition punitive a lieu dans la soirée du 23 novembre, la veille des obsèques. Des miliciens, bien armés, sont arrivés de Vichy et de Lyon. Jean Degans, chef du 2e service, consulte les listes préparées par les miliciens d'Annecy et désigne les futures victimes.

À 20 heures, la ville est soudain plongée dans l'obscurité par une panne d'électricité provoquée ; elle durera une heure. Dans la nuit noire des voitures démarrent du siège de la Milice. Les tueurs sont à bord. La première victime est un commandant à la retraite, François Busson. Ensuite, quand Albert Bel répond aux coups frappés à sa porte, il est blessé et laissé sur place. Les miliciens sont pressés d'en finir. Édouard Dreyfus, un ancien avocat alsacien, réfugié à Annecy où il est devenu président de la chambre syndicale des imprimeurs sur tissus, est touché par des rafales de mitraillette. Un imprimeur,

Paget, est victime d'une homonymie et tué à la place d'un Louis Paget épicier. Joseph Lécussan s'est personnellement chargé du cas d'Élie Dreyfus, un ancien journaliste. Pénétrant chez lui, il déclare : « Monsieur, notre camarade Jacquemin a été lâchement assassiné par vos amis. La Milice vous a condamné à mort. Si vous avez des convictions religieuses, faites votre prière. Vous avez trois minutes pour vous préparer à la mort. » Théâtralement, Lécussan brandit une montre d'une main, de l'autre son pistolet. Le temps écoulé, il tire sur Dreyfus. En sortant, il s'aperçoit qu'il reste une cartouche dans le pistolet. Il retourne pour la tirer. La victime mourra à l'hôpital.

Deux jours plus tard, les miliciens enlèvent sept consommateurs au café La Belote, rue Perrière, et jettent une grenade dans le café Arragain, rue du Pâquier. Francis Bout de l'An écrit dans *Combats*, l'hebdomadaire de la Milice : « Nous avons fait payer leurs forfaits à certains meurtriers et jamais à la légère, car la vie humaine est trop précieuse pour la sacrifier sans examen [...]. Aujourd'hui, la bataille, la vraie bataille commence, avec des risques pour les tueurs et leurs complices. »

Les Allemands s'emploient à exploiter avec la plus mauvaise foi de dramatiques incidents qu'ils enveniment à plaisir et érigent en autant de preuves de l'incapacité de la police française à tenir la population. Ils imposent l'idée qu'une nouvelle organisation du maintien de l'ordre est nécessaire. Trois affaires rendent la question cruciale[5].

À Chaveroche, alors que des résistants réquisitionnent du ravitaillement dans des fermes, ils se retrouvent nez à nez avec des soldats allemands. Les raisons de l'altercation ne sont pas précisément connues, mais elle se termine par la mort d'un officier allemand et celle de trois paysans de Chaveroche fusillés en représailles. Le gouvernement de Vichy s'offusque auprès du commandant en chef des forces allemandes de l'Ouest du caractère odieux de ces représailles mais reçoit une brutale fin de non-recevoir.

Selon les occupants, le gouvernement français s'est engagé à faire obstacle à tout acte hostile de la population. Or, il a laissé se constituer sur son territoire des bandes de terroristes armés qui menacent la sécurité des troupes d'occupation, comme le prouve cette affaire de Chaveroche, si bien que les forces allemandes sont contraintes de prendre elles-mêmes les mesures appropriées. Comme les forces françaises de maintien de l'ordre sont trop mesurées, il n'y a pas à s'étonner que les responsables allemands répondent quand on tire sur les soldats du Reich.

De fait, dans l'Ain, la Résistance a réalisé, le 11 novembre 1943, un coup d'éclat en faisant défiler en ville deux cent quatre-vingts maquisards derrière leur chef, le capitaine Romans-Petit, et le drapeau à croix de Lorraine. Au monument aux morts, une gerbe portant l'inscription « Les vainqueurs de demain à ceux de 14-18 » est déposée tandis que retentit la *Sonnerie aux morts*, puis que *La Marseillaise* est entonnée. Les habitants sont impressionnés par ces hommes défilant en bon ordre avant de repartir tranquillement en camion. Un témoin, qui a filmé la scène, a avoué que ce jour-là il avait douté définitivement de la propagande de Vichy présentant les maquisards comme des brigands et qu'il avait vu en cette cérémonie la preuve d'une renaissance de l'armée française[6]. À partir de cet événement les défis à l'autorité se multiplient.

Le 5 décembre 1943, un couple d'Oyonnax est l'objet d'une expédition punitive de réfractaires qui lui reprochent de fréquenter des Allemands. À leur domicile une photographie les montrant, souriants, en compagnie d'Allemands a été trouvée. Les époux Payan sont saisis, promenés dans les rues de Nantua et d'Oyonnax, en sous-vêtements, le crâne rasé de manière à laisser une croix gammée de cheveux, le dos peint d'une grande croix de Lorraine.

Le 6 décembre, cinq cents militaires allemands débarquent en gare de Nantua. Un camp de triage y est établi. La ville est cernée. Des perquisitions sont menées. Cent cinquante personnes arrêtées sont envoyées au camp de Compiègne. Le maire, son adjoint et un industriel sont emmenés, leurs cadavres seront retrouvés sur un talus. Le gouvernement de Vichy proteste auprès du général Oberg qui justifie l'action de ses hommes par l'inertie de la police française[7]. L'ordre ne serait-il pas mieux assuré par des Français ?

Le secrétaire général de la Milice, Darnand, se met en vedette le 19 décembre, en participant avec Henriot à un meeting à Paris au vélodrome d'Hiver. Son complice du moment, Marcel Déat, s'écrie en bon camarade : « Quand les militants révolutionnaires-nationaux auront jugulé le terrorisme un grand parti sera né qui nous rendra un État et entamera enfin une révolution. » À son tour, Darnand annonce qu'enfin il est en mesure de distribuer des armes aux miliciens.

Deux jours plus tard, Laval reçoit du général Oberg une note sur l'extension autorisée de la Milice en zone nord et sur les attributions du nouveau responsable du maintien de l'ordre qui devra avoir le contrôle de la police économique et surtout de la préfecture de police de Paris jusque-là jalouse de son autonomie. C'est une ingérence manifeste dans les prérogatives du chef du gouvernement. Laval se précipite à Paris pour s'entretenir avec le général Oberg. L'Allemand exige que les miliciens Darnand et Henriot entrent au plus vite dans le gouvernement remanié et que Bousquet soit écarté. Il accepte de maintenir en place le préfet de police, Amédée Bussière, Laval lui démontrant qu'un brutal changement serait néfaste pour le maintien de l'ordre à Paris. En ce qui concerne le maréchal Pétain, il est décidé que ses mauvais conseillers seront éloignés. Pour éclairer le vieillard sur ses véritables intérêts et déceler à temps ses velléités de mauvais coup, il lui sera donné un surveillant, en la personne du diplomate Cecil von Renthe-Fink. Celui-ci a déjà représenté Ribbentrop auprès du roi de Danemark et saura se conduire avec tact.

De retour à Vichy, Laval, qui a sauvé son titre de ministre de l'Intérieur au prix d'une réorganisation, tergiverse encore et allègue la nécessité constitutionnelle de consulter le chef de l'État. Il se résigne quand même à appeler Darnand, mais pas avec rang de ministre. Simple secrétaire général au Maintien de l'ordre, il sera encadré par un secrétaire d'État à l'Intérieur, Antoine Lemoine, préfet régional de Marseille, un homme éperdu de reconnaissance envers Laval depuis que celui-ci l'a tiré de la disgrâce où l'avait plongé Marcel Peyrouton, leur ennemi commun. Les activités de Darnand seront réduites aussi par la nomination d'un nouveau directeur de la police, André Parmentier, remplaçant de Bousquet. Cet ancien parlementaire de la Fédération républicaine, entré dans la carrière préfectorale pour laquelle il n'a aucune compétence, est une personnalité falote, dominée par son secrétaire général à la préfecture régionale de Rouen, Jean Spach, un collaborateur acharné qui s'est distingué aux yeux des Allemands par son zèle à traquer les réfractaires au STO.

Consulté, le Maréchal délivre quelques avis de bon sens. Nommer Henriot à la propagande n'est pas, en dépit de son talent d'orateur, très prudent, car son agressivité empêchera le ralliement du plus grand nombre de Français autour du régime. Il est catégorique en ce qui concerne Marcel Déat : un homme qui a insulté l'armée ne siégera jamais dans le gouvernement de Vichy. Il ne comprend pas pourquoi Laval accepte d'introduire un tel brûlot de guerre civile : « Il faut craindre de l'allumer par le choix inopportun de certaines personnalités[8]. » Quant à Darnand, il ne le récuse pas en raison du « courage et de l'énergie » qu'il a déployés mais il craint qu'il ne suscite des oppositions dans l'administration et dans la police. L'idée de le subordonner à un secrétaire d'État est bonne mais ce Lemoine manque de personnalité pour s'imposer à un tel caractère et à l'organisme puissant que va devenir la Milice. Ces avis donnés, il laisse Laval libre de sa décision et lui rappelle que ce qui lui tient à cœur c'est une répression énergique : « Des mesures sévères devront être envisagées en ce qui concerne les perturbateurs de l'ordre public. Je vous ai dit depuis longtemps que je ne répugnais pas à la création de cours martiales pour juger un homme ayant tué. Il vaut mieux, en effet, quelques exécutions spectaculaires que le trouble et l'émeute[9] », dit tranquillement le Maréchal avant de clore l'entretien.

Laval accepte d'autant plus de retarder encore l'entrée de Déat au gouvernement qu'il ne la souhaite pas lui-même. Il conserve le reste du dispositif. Le 30 décembre 1943, il propose à Darnand de devenir secrétaire général au Maintien de l'ordre avec la conscience de politiser la police puisqu'il écrit dans une note rédigée à Fresnes en 1945 : « Nommer Darnand c'était donner à la Milice composée de partisans l'exercice d'une fonction qui exige impartialité et obéissance absolue aux ordres du gouvernement[10]. » Il se rassure en obtenant de Darnand l'abandon de ses fonctions de secrétaire général de la Milice.

Le secrétariat général au Maintien de l'ordre, c'est la mise à l'écart de Bousquet et, pour Darnand, un poste administratif élevé, mais ce n'est pas un ministère. Quand la radio annonce sa nomination, le 30 décembre au soir, Darnand est déjà installé à l'hôtel Thermal. Il découvre des bureaux vides de dossiers intéressants[11]. Laval avait cru le confiner dans le service technique du Maintien de l'ordre qui existait au secrétariat général à la Police de Bousquet mais Darnand n'est pas homme à se laisser berner de la sorte. Il obtient une définition de ses compétences dans son décret de nomination daté du 10 janvier 1944 (publié seulement le 20 janvier au *JO*). Il a ainsi l'autorité sur l'ensemble des forces de police, corps et services qui assurent la sécurité publique et la sûreté intérieure de l'État. Il dirige la police nationale, la Garde, a autorité sur la préfecture de police et la gendarmerie.

Le nouvel organisme de maintien de l'ordre s'installe à Paris rue de Monceau. Il faut aussi pourvoir à l'encadrement de la Milice qui veut s'implanter en zone nord. Dans les départements, elle ne recrute guère, et encore a-t-elle recours à des hommes qui ont fait trente-six métiers, dont des occupations frauduleuses. Les faillis et sortis de prison sont nombreux. Le pire est à Paris.

La pénurie de cadres et même d'exécutants convenables est dramatique. Les militants politiques ont depuis longtemps été raflés par les partis parisiens, en particulier par le PPF de Doriot, et le débauchage n'est pas une solution, car Darnand n'a pas confiance dans les transfuges. Les policiers de la préfecture de police restent dans leur maison et n'ont pas envie de passer de la direction de Bousquet sous celle du milicien Darnand. Les agents de la Sûreté ne sont pas candidats à une mutation dans la capitale. Devant ce manque d'hommes Darnand a recours à la bande des Niçois. Il rappelle du front de l'Est Jean Bassompierre et donne des fonctions de confiance à ses fidèles. Paul Fréchou, cousin de Pierre Gallet, est nommé responsable du 2e service de la Milice en zone nord. L'adjoint de Fréchou est Pierre Boero. Ce dernier, marchand de chaussures à Nice qui a été des expéditions de la Cagoule, rejoint Paris avec le capitaine Beaune, chef local du 2e service. Les Niçois ne sont pas assez nombreux et le Maintien de l'ordre, pourvu de gros moyens, offrant protection et impunité, recrute dans la pègre, d'où le nom de « gestapache » qui lui est donné en zone nord. Une interpénétration entre Milice et milieu, lui-même en étroite relation avec les Allemands, se produit, non sans graves conséquences. Un homme comme Jean Mansuy travaille à la fois pour la Milice où il est nommé par Boero dont il était le garde du corps, chef de la « brigade spéciale » chargée des sales coups, et pour le SIPO-SD allemand[12].

Quelques nouveaux visages apparaissent. D'autres qui s'étaient éloignés reviennent. À Vichy le secrétariat général de la Milice est assuré par Francis Bout de l'An, un fidèle du « Chef ». Comme directeur de son cabinet au Maintien de l'ordre, Darnand a appelé le chef régional de la Milice de Limoges, Lucien Raymond-Clémoz. Marin, il a quitté l'Action française après le 6 février 1934, donné des renseignements aux groupes cagoulards d'autodéfense, et finit par se retrouver comme tant d'autres chefs miliciens aux groupes de protection de Groussard, puis au CIE où il seconde le commandant Labat. Leur dissolution le renvoie à la direction de la marine marchande. Son adhésion à la Milice l'a propulsé au poste de chef de région.

À Paris, le délégué général au Maintien de l'ordre pour la zone nord est Max Knipping. Né en 1892 à Reims, Knipping est un ancien combattant de la Grande Guerre, dans l'aviation. Sa reconversion après le conflit a été chaotique. Il est pilote de ligne à Toulouse puis directeur régional d'une société d'accumulateurs (AEV), travail moins attrayant que les sports aériens et ses périodes d'officier de réserve auxquels il consacre beaucoup de temps. En mai 1940, il livre des combats qui lui valent la croix de guerre. Ne pouvant rentrer à Reims en zone interdite, il s'installe à Avignon, où il monte une agence de travaux photographiques. Il est président de la Légion française du Vaucluse puis chef du SOL et responsable départemental de la Milice en mai 1943, devenant rapidement chef régional de la Milice de Marseille. Il jouit de la confiance de Darnand pour lequel il épure la Milice méridionale. À Paris, les Allemands le laissent volontiers se livrer à de fructueux rackets. Knipping ne peut donc que fermer les yeux sur les trafics et exactions de certains miliciens. Le chef de cabinet de Knipping est Georges Radici, un prisonnier évadé, venu de la milice de Châteaurenard, et qui fut, en 1943, attaché au cabinet du préfet régional de Marseille[13].

Le délégué général de la Milice française en zone nord est François Gaucher, revenu du front de l'Est avec Bassompierre. Cet avocat de Bourges est issu de la SFIO qu'il a quittée pour suivre Déat et participer à la création des néosocialistes. Il est passé au PPF dont il a été le délégué général à Bourges. Il devient chef des services du secrétariat d'État de Marion à l'Information puis chargé de mission au cabinet de Jacques Benoist-Méchin où se déploie sa finesse d'esprit politique. Un engagement dans la LVF compense l'échec de la Légion tricolore qu'avait imaginée son mentor Benoist-Méchin.

Gaucher est assisté par Jean Bassompierre, inspecteur général pour la zone nord. Ces hommes ne sont sans doute pas de grands organisateurs de mouvement mais la demande est tout autre. Les équipes spécialisées suffisent. Chefs, inspecteurs, délégués sont nombreux et se livrent à une fièvre de réquisition immobilière : le lycée Louis-le-Grand pour installer la Franc-Garde, Auteuil pour une école de cadres. Symboliquement la Milice s'est installée place de Châteaudun, dans l'ancien siège du parti communiste.

CHAPITRE 6

La Milice fait ses preuves

L'image patriotique dont bénéficie la Résistance lui permet de se ravitailler, d'être prévenue de la présence de policiers, de placer l'hiver ses jeunes dans les fermes ou les villages. La tâche de la Milice est de déchirer ce cocon protecteur par la négation des intentions patriotiques des adversaires, qualifiés de communistes, de naïfs ou d'ambitieux avides de prendre le pouvoir. Dans une interview à *Je suis partout* du 7 janvier 1944, Darnand déclare : « Les équipes de tueurs qui assassinent nos militants sont beaucoup moins nombreuses que ne l'affirme la propagande anglo-américaine ou soviétique. Mais les complicités sont grandes : ravitailleurs du maquis, commerçants qui hébergent gratuitement les meurtriers, bourgeois apeurés qui ferment leurs volets quand on tue et qui se refusent à témoigner contre les assassins, fonctionnaires, enfin, qui n'osent punir par crainte des représailles. » À eux s'adresse la nouvelle « communication » gouvernementale. L'entreprise est difficile quand les événements, en particulier les succès des Alliés et du

CFLN d'Alger, mettent à mal la politique de Vichy. Il faut un talent particulier pour persuader les Français que les Alliés apporteront le malheur et que le salut de la France est lié à la défense de l'ordre par la Milice française.

Philippe Henriot : talent et mauvaise foi

Le régime de Vichy a trouvé un grand propagandiste : Philippe Henriot. Ses adversaires eux-mêmes redoutent le talent du milicien qui s'emploie à prouver aux Français qu'ils ne doivent rien attendre de bon des résistants. Personne ne sait mieux que lui manipuler la rhétorique pour donner des justifications crédibles à des crimes liés à la répression[1].

Philippe Henriot, né à Reims en 1889 d'un père officier et d'une mère appartenant à une famille de banquiers, est le type même du propagandiste qui s'intoxique de son propre discours. La foi catholique a poussé à l'action politique celui qui aurait pu se contenter d'être un romancier, un poète, un bon producteur de vins de Bordeaux (le château Picon à Eynesse), un spécialiste des papillons. La révélation de son talent oratoire, il la reçoit, aux côtés du général de Castelnau et de l'abbé Bergey, sur les estrades où il défend, au nom de la FNC (Fédération nationale catholique), devant d'immenses foules, la liberté religieuse mise en cause par la politique laïque du cartel des gauches. La politique saisit l'orateur quand l'abbé Bergey en fait son héritier en lui proposant de le remplacer dans sa circonscription de la Gironde. Il est élu en 1932 dans la 4e circonscription sous l'étiquette de la Fédération républicaine. Les événements favorisent sa renommée de polémiste. Ainsi ce jour où Herriot a déclaré en se frappant la poitrine qu'il aimait mieux avoir la main sur le cœur que sur le portefeuille :

« Mais monsieur, vous avez deux mains ! » a ironisé Henriot. À cette époque, il amuse encore, jusqu'à ce que l'affaire Stavisky le fasse déborder d'antimaçonnisme et d'antisémitisme. Désormais, il fait peur. Des parlementaires considèrent qu'il n'a plus sa place à la Chambre. Son élection de 1936 est invalidée par ses pairs mais à l'élection partielle de septembre les électeurs confirment leur choix. La tribune retentit plus que jamais de ses haines et de ses diatribes : Blum incarne « le complot juif contre la France », les communistes sont des assassins. Son pacifisme attire sur lui l'attention de Laval et de Pierre-Étienne Flandin qui l'enrôlent dans leur combat malgré ses bouffées de nationalisme antihitlérien. Le pacifisme encore explique que Flandin, éphémère ministre des Affaires étrangères, responsable de l'Information, lui mette le pied à l'étrier à la radio nationale en janvier 1941. Collaborateur de *Gringoire*, Henriot a une bête noire, Jean Zay, en qui il dénonce le responsable de la mort de la paix. L'emprisonnement de l'ancien ministre radical ne l'apaise guère.

En juin 1941, il devient le chantre de l'antisoviétisme. Il s'y exerce à la radio et met au point sa rhétorique au cours de tournées de propagande. Il adhère à la Milice en mars 1943 sans appartenir à son clan dirigeant. Lui sont surtout réservées dans l'hebdomadaire milicien *Combats* les attaques contre une Église mesurant trop son soutien à la Révolution nationale : « Nous voudrions voir l'Église, écrit-il le 4 septembre 1943, ne plus confondre la mission qui lui incombe avec celle de l'État. Qu'elle se limite donc à l'ambition de convertir Israël et que pour l'instant elle se contente d'intégrer les juifs dans la communauté chrétienne, plutôt que de nous imposer leur présence au sein de la communauté française. » En octobre, il s'en prend aux théologiens qui se mobilisent non au service du devoir d'obéissance, mais à celui du refus d'obéissance. Finalement, Laval le prend en janvier 1944 comme secrétaire d'État à l'Information et à la Propagande. Son talent qui éclate à la radio est utile et il lui laisse une liberté profitable, à peine contrôlée par son fidèle Creyssel.

Henriot a constitué de nouvelles équipes pour la radio avec Filippi, son directeur de cabinet, Victor-Jacques Sirot, chef adjoint, venu de *Combats*, et Bernard Taddei Di Torella. Les miliciens s'emparent des postes de délégués régionaux et de délégués adjoints à l'Information. Ses collaborateurs l'encouragent à se « surpasser » par leur admiration béate alors que les éléments modérés ont déserté. Bonnafous, longtemps proche de Laval (« le meilleur de la bande », disait le Maréchal), a donné sa démission de ministre pour ne pas avoir à travailler avec un homme qu'il méprise.

Pour la première fois, la radio de Vichy a une vedette. Fort de son expérience de conférencier engagé, Henriot copie les recettes qui rendent vivantes les émissions de la France libre et utilise des astuces de propagande.

Il faut être agressif et apporter des révélations, ou ne pas hésiter à en inventer. Il détonne par sa virulence, contrastant avec la radio de Vichy, anesthésiante, aux nouvelles défraîchies. Il conquiert ainsi un vaste auditoire. Il possède l'art de la mise en scène. Il introduit l'actualité dans l'éditorial. Le ton est neuf et personnel. La voix est chaude, avec des éclats et un rythme captivant. Il manie la polémique mais sans la vulgarité des éditorialistes de Radio-Paris. L'exposé est toujours clair. La langue parfaite est émaillée de références littéraires. Ses envolées lyriques ouvrent une porte vers le rêve et il sait être émouvant. Le ministre milicien est un pionnier de la « victimisation », incarnant le défenseur des malheureux Français assaillis par les mensonges des ploutocrates, écrasés par les bombes. Il est l'ami qui voit clair et leur dévoile les secrets de la politique. Il dénonce. Il est le porte-parole des silencieux. Il pourfend les communistes, se rêve en vengeur des victimes des bombardements alliés. Il manie l'ironie et le sarcasme, ridiculise ses adversaires. Il finit par créer une sorte de feuilleton politique en répondant jour après jour à ses adversaires de la radio gaulliste, Duchesne et Bénazet, qu'il interpelle par leur nom. Il y a dans ses émissions biquotidiennes du Radio-Journal du théâtre, du suspense, une réminiscence des batailles électorales dont le public était friand et dont le régime l'a privé. Il exerce sur la masse des auditeurs un pouvoir magnétique quand l'émotion annihile la raison : « Livide, brûlé par la flamme qu'il répand, il surmonte ses dépressions nerveuses, les transmue en pathétique ; avec lui l'audition de la radio est aussi chaleureuse qu'une réunion publique. Cette voix précipitée et fougueuse (ou bien lente d'une tristesse nuancée d'ironie) obtient une adhésion physique qui précède et détermine l'adhésion de l'esprit[2]. »

Un très grand nombre de Français écoutent ses éditoriaux, diffusés à 12 h 40 et 13 h 40, puis à 19 et 21 heures avec rediffusion en boucle dans la journée. Sa réelle influence politique est plus difficile à cerner. Le journaliste Pierre Limagne constate qu'il fait « de grands ravages ». Les adversaires dénoncent les exagérations d'« Henriot la peur » ou du « marchand d'épouvante ». Le maréchal Pétain, qui voyait en lui un « clérical fanatique égaré dans le nazisme », ne l'aimait pas. Jean Tracou, le dernier secrétaire général du Maréchal, reconnaît en lui un « génial fabricant de sophismes » qui, en dépit de l'audience, ne convainc pas profondément des auditeurs. Mais ils ont besoin de la répétition quotidienne d'une « imposture sage » pour endurer l'attente, se donner l'impression de participer sans s'engager. Un tel orateur reste incapable de transformer en militants les auditeurs de cette classe moyenne dont il ne faut pas attendre qu'ils rejoignent un mouvement aussi risqué que la Milice : « Ainsi, les éloquentes adjurations de ce prêcheur de guerre sainte tombent dans le vide et portent à faux[3]. » Pierre Laval le supporte mal, car il a horreur des phraseurs, mais Henriot lui est utile et il occupe les Français.

Les cours martiales de la Milice

Assassinats de magistrats par la Résistance

La propagande fait tout ce qu'elle peut mais elle reste insuffisante pour combattre la Résistance dont l'audience s'élargit. Laval n'en est plus à croire qu'il réussira en séparant une résistance modérée – à ménager – de la résistance communiste – à écraser. Darnand n'y a jamais cru. Désormais, tous les actes, quels qu'en soient les auteurs, devront être poursuivis sans pitié. La faiblesse de la répression est due au manque d'énergie de la police et à l'inertie de magistrats paralysés par la peur de représailles. Pour Darnand la mission de la Milice est de sauver l'État français en se substituant à eux.

Les magistrats qui siègent dans les sections spéciales, ces juridictions d'exception créées en 1941 auprès des cours d'appel pour réprimer les communistes, sont repérés, menacés et parfois assassinés par les FTP. Le premier a été l'avocat général de la section spéciale de Toulouse, Lespinasse, qui avait requis la peine de mort contre Marcel Langer, chef d'une brigade FTP-MOI, pour transport et détention d'explosifs. Le juge se savait menacé depuis que la radio anglaise avait désigné les membres de la juridiction à la vindicte des patriotes. Deux assassinats, celui du milicien Mas et celui du lieutenant de la Garde Massa qui avaient dirigé des opérations de traque des réfractaires dans les montagnes ariégeoises, ont donné consistance aux menaces. Pourtant Lespinasse n'a pas de garde du corps. On vient seulement le chercher en voiture lorsqu'il se rend, irrégulièrement, au palais. Il sort le moins possible de chez lui et la porte ne s'ouvre pas aux visiteurs inconnus. Les livreurs ne pénètrent plus dans la maison. Le dimanche est une exception qui le voit aller à la messe.

Le 10 octobre 1943, entre sa femme et sa belle-sœur, il se hâte vers l'église. Les cloches sonnent à la volée. Aussi n'entend-il pas le léger chuintement d'une bicyclette. Arrivé à la hauteur de sa cible, un jeune homme blond met pied à terre et décharge son revolver sur le magistrat qui s'écroule au bord du trottoir, replié sur ses genoux[4]. À Lyon, des voisins trouvent, le 18 décembre 1943, gisant sur le carrelage de l'entrée de son logement, le corps sans vie du conseiller Jacques Faure-Pinguely. Deux semaines plus tôt la section spéciale de Lyon où il siégeait avait condamné à mort deux résistants FTP-MOI. Il a répondu au coup de sonnette de quatre individus à 7 h 30 du matin. L'un des hommes a crié : « Police allemande ! » Le magistrat entrebâille la porte, son enfant accroché à ses jambes. Une forte poussée livre passage à des hommes qui écartent l'enfant, bloquent Faure-Pinguely auquel ils assènent des coups de matraque. Il s'écroule. Une balle derrière le crâne l'achève. Dans les trois premières semaines d'octobre 1943, vingt-six « attentats » ont été organisés contre des magistrats, la plupart échouant. Il y a eu cinquante-sept attaques contre des mairies (pour se saisir des cartes et tickets d'alimentation) et des édifices publics (bureaux de poste, entrepôts de tabac), une centaine de sabotages sur les voies ferrées. Dans le ressort de la cour d'appel de Dijon, le nombre d'actions violentes de nature politique est passé en un an de 350 à 485. À Lyon, des miliciens sont blessés ou tués dans la rue ou au travail[5].

Les cours martiales

Acculés, les procureurs généraux ont, le 18 octobre 1943, proposé à Laval de faire suivre les colonnes chargées de réprimer le terrorisme par des cours martiales. Le chef du gouvernement refuse pour ne pas, dit-il, contrevenir aux grands principes du droit, ce qui ne l'empêche pas d'introduire des membres des services d'ordre dans les sections spéciales. Les magistrats ont peur et, ne s'estimant plus en état de juger, menacent de relaxer tous les accusés politiques. Laval décide alors que la Milice se substituera aux sections spéciales pour réprimer les actes de violence des résistants. Il signe, le 21 janvier 1944, un décret portant organisation des cours martiales. Au Conseil des ministres, il avoue avoir hésité à prendre des mesures que même un Fouché n'avait pas osé adopter, mais les Allemands, qui craignent un débarquement, l'exigent et, de son côté, il a posé dans son décret des garanties telles que seuls les assassins seront punis. L'attitude des magistrats contraint à de telles mesures : « Les magistrats sont des gens courageux, ils ne sont pas téméraires. Ils ne marchent plus. » Plus tard, il se souviendra, à Fresnes, en 1945, que les ministres et le maréchal Pétain avaient accueilli la création des cours martiales avec satisfaction[6].

La nouvelle politique de répression milicienne mise en place effraye même les intendants de police pourtant rompus à l'exercice du maintien de l'ordre. Le 21 janvier 1944, Darnand prend contact avec eux. Dorénavant, les méthodes de répression trop nuancées de son prédécesseur, Bousquet, c'est terminé. Le but : modifier les pratiques et cela passe par cinq points. D'abord Darnand exige une juste politisation de la police et de l'administration pénitentiaire par les miliciens. Puis le chef de la Milice appelle à une collaboration sans réserve avec les Allemands : « Lorsque les Allemands veulent des gens qui sont en prison, j'ouvre les portes et je les laisse faire. Ce n'est pas la peine de discuter, cela ne servirait à rien. Ce que je vous demande de faire, avec la discrétion qui s'impose, c'est de faciliter ces livraisons, qui vont être de plus en plus nombreuses. » En troisième lieu, Darnand réclame une suspicion de tous les Français qui n'ont pas d'occupations « normales ». Ils sont tous des « ennemis du pays ». Il n'est plus temps de distinguer entre bons et mauvais mouvements de résistance : « Je les mets tous dans le même sac. »

Vient alors le quatrième point : un changement de méthode dans la police. Assez de filatures, de dossiers, d'hésitations, d'interrogatoires se terminant par des libérations : « Je ne vous demande pas d'amener des gens. Je vous demande de dire : “Nous avons abattu des terroristes”. » Dans l'immédiat, les intendants de police proposeront au secrétaire général au Maintien de l'ordre de créer une cour martiale afin d'y envoyer les terroristes. Le cinquième point fait frissonner l'assistance : permis de tuer pour les policiers et les miliciens. Suspension des poursuites contre ceux qui en auraient déjà fait usage.

L'exposé est accueilli de manière glaciale par les intendants de police. Bien informés des réalités politiques de leur région, ils estiment que la terreur annoncée n'est pas à même de rétablir l'ordre. Plusieurs répugnent à devenir les collaborateurs de Darnand et à endosser la responsabilité d'une telle répression.

Le 25 janvier 1944, la première cour martiale, à Marseille, a prononcé quatre condamnations à mort. *La Gerbe* se félicite d'une si expéditive justice et met en garde contre d'inutiles sensibleries. L'intendant de police Robert Andrieu, dégoûté par le rôle que la loi lui fait jouer, donne sa démission. Peu importe, la Milice est disposée à remplacer ces fonctionnaires de l'ancien temps par les siens, et puis, heureusement, tous n'ont pas de ces scrupules. Darnand exige de Laval qu'il nomme intendant de police un certain nombre de miliciens, et qu'il sanctionne les fonctionnaires qui ne se soumettraient pas aux injonctions de la Milice. Pour cela, le chef du gouvernement signe une loi prévoyant des peines de prison contre les fonctionnaires qui auraient accompli des actes contre l'exécution des lois ou contre les ordres du gouvernement. Avant de se raviser, craignant une multiplication des démissions d'intendants de police, il préfère remettre la charge de déférer les accusés à une cour martiale à un commissaire du gouvernement. C'est un gain de temps, l'assurance d'être obéi.

Tout s'accélère. Le 9 février, trois individus se présentent à la prison Saint-Michel de Toulouse avec un ordre de mission du secrétariat général au Maintien de l'ordre. Ils constituent une cour martiale et condamnent douze prisonniers à une peine de mort exécutée le jour même.

Darnand nomme les membres de la cour martiale qui ne sont plus en général des magistrats mais des hommes sûrs dont l'identité est tenue secrète. L'accusé ne bénéficie ni d'instruction (le flagrant délit suffit) ni de défense (perte de temps et manque de discrétion). Il n'y a qu'une peine : la mort. Si la culpabilité n'est pas nettement établie, l'accusé est renvoyé devant une section spéciale. L'exécution du condamné est immédiate. Son corps est inhumé dans une fosse commune, les familles n'ayant pas le droit de récupérer le corps pour organiser des obsèques.

Le directeur de cabinet du Maintien de l'ordre, Lucien Raymond-Clémoz, est un pourvoyeur de « juges » de cours martiales. Intervient aussi Georges Marionnet, ancien inspecteur de compagnie pétrolière en Afrique, président de la Légion française en A-OF puis membre du cabinet de l'amiral Platon. À la Milice, recevant les rapports d'enquête quotidiens, il sélectionne les hommes à déférer en cour martiale. Le chef du service juridique du Maintien de l'ordre est Joseph Boiron qui était juge de paix en 1936, propagandiste de la ligue antijuive. Sa femme travaille à l'Union française pour la défense de la race. Il est nommé, en juillet 1943, juge suppléant à la cour d'appel de Lyon. Il décide souvent avec Darnand de la sentence. Il a constitué la « cellule juridique » du cabinet de Darnand, composée de Paul Ferlus, ancien fonctionnaire colonial, Félix Betaz, ancien juge à la cour d'appel de Cayenne, Pierre Rousseau, juge au tribunal de la Seine, André Vidal, ancien substitut du procureur de Nice. Boiron siège souvent lui-même dans les cours martiales. En zone nord, Max Knipping prend les décisions.

À Lyon, la cour martiale siège à la prison Saint-Paul, salle de l'anthropométrie. À Montpellier, elle s'installe à l'Intendance de police.

Les cours martiales n'ont, par nature et par volonté, laissé que peu de traces administratives de leur fonctionnement. La sentence est en exemplaire unique, signée généralement de manière illisible. Les lettres d'adieu que les condamnés ont parfois rédigées sont détruites. Une cour martiale ne comporte qu'un petit nombre de juges, en principe trois et un commissaire du gouvernement. La cour martiale de Lyon est un peu connue[7]. Les juges sont en civil. Parmi les présidents se retrouvent Cottaz-Cordier, Jacques de Bernonville, Marionnet ; les assesseurs sont des miliciens de base. La séance ne durait pas plus d'un quart d'heure, ce qui suffisait à la lecture de l'acte d'accusation, à un bref interrogatoire et à indiquer la sentence qui était décidée d'avance et même déjà dactylographiée. Il manquait juste l'heure de l'exécution. La cour martiale de Lyon s'est réunie dix-huit fois entre le 2 février et le 4 août 1944, souvent présidée par Boiron ou Poisson, à la prison Saint-Paul ; 52 prévenus lui ont été présentés dont 45 ont été condamnés à mort et immédiatement exécutés par les GMR dans la cour de la prison ou au fort de la Duchère.

Les cours martiales sont aussi itinérantes. Jocelyn Maret, trente-quatre ans, adjoint au directeur de l'Administration pénitentiaire André Baillet, membre de la LVF et de la Milice, sous-préfet de Dinan en février 1943, reprend ses tournées du temps où il était représentant en produits pharmaceutiques, cette fois dans les prisons et au service de la mort : Rennes le 12 mars 1944 (trois morts), Loos le 22 mars (deux morts), Châlons-sur-Marne le 11 avril (un mort), Laon le 19 avril (un mort), Paris le 30 avril (neuf morts), Besançon le 19 mai (huit morts).

Des cours martiales sont repérables dans vingt-cinq villes. Jacques-Augustin Bailly a parfaitement recréé l'action des cours martiales de Montpellier, non sans difficultés, les dossiers ayant été brûlés au départ de la Milice[8]. Il retient trois réunions incontestables. La première séance a lieu le 14 mars 1944, pour juger Antoine Mirallès, résistant de vingt et un ans qui était en compagnie d'un autre résistant ayant abattu un policier pour échapper à une vérification d'identité. Il est condamné à mort et exécuté immédiatement. La cour se réunit le 31 mars 1944 pour juger un résistant de dix-huit ans, Louis Plantadis. Le 29 février 1944, en compagnie de deux hommes (en fuite) du maquis Turenne, il avait réclamé au maire de Sébazac-Concourès (Aveyron) des cartes d'alimentation. Le maire avait refusé, alors les résistants ont tiré et l'ont blessé légèrement. Plantadis est arrêté le lendemain par les gendarmes. Condamné à mort, il a le temps de remettre à un prêtre une lettre pour sa famille.

Après le Débarquement, la cour martiale sévit encore plus largement. Le 11 juillet 1944, après l'arrestation d'un des deux attaquant du Trésor de Perpignan, un réseau de résistants est découvert et neuf de ses membres sont arrêtés (deux sont des gendarmes). Cinq résistants sont condamnés à mort (Pierre Stoll, vingt-deux ans, le seul à avoir été pris en flagrant délit, Joseph Saury, vingt-six ans, Pierre Auriol, trente-neuf ans, Roger Menuisier, vingt-trois ans, et Gabriel Hispa, trente et un ans). Il est impossible de préciser le total des victimes des cours martiales en raison des lacunes de la documentation, mais le chiffre de deux cents morts avancé par Delperrié de Bayac ne paraît pas excessif.

Le milicien Lécussan se réjouit de cette nouvelle justice : « Admirable, explique-t-il aux stagiaires d'Uriage, pas de papiers, pas de procédures compliquées. Le président du tribunal, un milicien, a deux pouvoirs en blanc signés Darnand pour désigner ses assesseurs. Le prisonnier est prévenu à 3 heures, il y a jugement, et à 4 a lieu l'exécution. Elle a été prévue avant le jugement. Il n'y a aucun papier sauf l'avis de décision qu'on envoie à la famille. Ce n'est pas arbitraire [*sic*]. C'est rapide. Ah, c'est joli[9]. »

Pour sa plus grande satisfaction, la loi du 14 mai 1944 étend la compétence des cours martiales à tous les prévenus d'activité terroriste même hors flagrant délit (elles prennent le nom de cours criminelles exceptionnelles). Des cours martiales sont instaurées pour juger les résistants des Glières. Elles sont aussi actives pour les mutineries, ces dernières constituant une grande crainte de Darnand qui avait déjà tenté de les prévenir en introduisant des miliciens dans l'encadrement des services pénitentiaires.

Eysses : mutinerie et répression

En octobre 1943, est ordonné le transfert à la centrale d'Eysses, près de Villeneuve-sur-Lot, de mille deux cents détenus de zone sud condamnés par les sections spéciales ou le tribunal d'État. Il s'agit de communistes, de socialistes et de gaullistes résistants. Y seront joints des détenus de la prison de la Santé à Paris. La direction d'une telle centrale est particulièrement difficile, et nécessite une certaine souplesse. Les prisonniers sont très rarement au régime cellulaire. Ils vivent en dortoirs, préaux surpeuplés, mal ravitaillés en eau potable. Ils sont jeunes, pourvus d'une expérience politique et organisationnelle (57 % sont vus comme « communistes »). Les détenus reçoivent la presse clandestine, obtiennent une relative liberté de mouvement à l'intérieur de la centrale et établissent quelques relations avec la Résistance extérieure. Des gardiens ont de la sympathie pour ces patriotes. Mais des incidents se produisent, de plus en plus graves. Le 9 décembre 1943, des détenus refusent de partir pour le camp de Houves en zone nord. Le sous-préfet cède provisoirement. Le 10 décembre, à l'annonce d'un transfert, se produit une mutinerie. L'intendant de police de Toulouse accepte de reporter le transfert. Dans la nuit du 3 au 4 janvier 1944, cinquante-trois détenus s'évadent. Ils se sont jetés sur leurs gardiens qu'ils ont chloroformés puis ligotés. Un gardien complice leur a ouvert la porte. Les GMR évitent l'extension de la révolte.

Le secrétariat au Maintien de l'ordre ne veut plus de ces concessions assimilées à des fautes professionnelles. Le 11 janvier 1944, le préfet de Lot-et-Garonne est renvoyé, des gardes sont rayés des contrôles et le directeur, Lombard, mis en position de non-activité, est remplacé par le milicien Joseph Schivo[10]. Ce dernier veut établir dans la maison d'arrêt un ordre plus conforme à la vision milicienne. Il semble que ses méthodes aient été rigoureuses, si bien que des prisonniers se plaignent de sévices. Le 19 février 1944, Schivo, alors qu'il fait visiter à un inspecteur général des services administratifs de nouveaux aménagements, ne prête pas attention aux toussotements des prisonniers présents ; l'erreur lui est fatale, car c'est un signal convenu. Brusquement, les visiteurs sont assaillis par-derrière, ligotés, les gardiens de service dans les autres chauffoirs sont capturés par les détenus et réunis dans la chapelle. Les mutins parviennent, armés et parfois habillés avec des vêtements de gardiens, à s'emparer des armes entreposées dans le poste de garde. Les locaux administratifs, le greffe, le bureau du directeur sont envahis et le personnel administratif s'ajoute aux otages. Mais le capitaine des gardes et un franc-garde ont réussi à gagner les bureaux de la détention où ils trouvent une mitraillette. Ils ouvrent le feu, interdisent ainsi à la majorité des mutins l'accès à la cour d'honneur dans laquelle se trouve la seule porte de sortie de la maison centrale. Les détenus tentent alors de franchir les murs de l'enceinte extérieure en attaquant les miradors à la grenade et à la mitraillette. Ils interpellent les gardes en leur demandant de ne pas tirer sur des Français patriotes[11].

À 20 heures, des camions amènent des troupes allemandes devant la prison. À 4 heures du matin, les Allemands adressent un ultimatum aux mutins. Ils ont un quart d'heure pour se rendre, sinon c'est l'assaut. Les résistants se disent qu'ils ont raté leur tentative. Le directeur Schivo leur promet que s'ils libèrent les otages et regagnent leurs dortoirs ils bénéficieront de l'impunité. C'est une proposition raisonnable qui convainc les mutins. Les détenus rendent leurs armes (sauf des grenades cachées dans le jardin), délivrent les otages et regagnent leurs quartiers. Il y a cinq blessés parmi les forces de l'ordre, un mort et cinq blessés chez les détenus. L'enquête sur les mutins est menée par les intendants de police Hornus et Mino et des policiers de Limoges et de Toulouse. Les détenus sont interrogés. Bientôt les grenades enterrées dans le jardin de l'infirmerie sont découvertes.

Le lendemain de la reddition, Darnand, escorté de francs-gardes, débarque en fin d'après-midi à la maison centrale d'Eysses. L'entrevue entre Schivo et son chef Darnand est orageuse. Le secrétaire général au Maintien de l'ordre lui reproche d'avoir donné sa parole que ne seraient pas engagées de poursuites contre les mutins dès lors qu'ils se livreraient. Schivo lui rappelle que c'est un moyen classique d'obtenir le retour à l'ordre sans effusion de sang. Darnand réagit avec colère : « Je m'en fous, vous n'aviez pas à prendre des engagements dont d'ailleurs je ne tiens aucun compte du fait que les détenus n'ont pas remis toutes les armes qu'ils possédaient. Votre parole ne m'engage pas. » Dans toutes les prisons, Darnand, qui craint une révolte généralisée, durcit le régime carcéral des prisonniers politiques : plus de colis, plus de tabac. À Eysses les policiers interrogent à nouveau détenus et gardiens. Le premier surveillant, Dupin, désigne ceux qui lui semblaient animer le mouvement. Il sera récompensé par une promotion au grade de surveillant-chef. Une cour martiale est instaurée dans la maison d'arrêt. Elle prononce le 23 février la condamnation à mort de douze mutins qui sont fusillés dans la cour. Le pasteur Féral qui a assisté les condamnés a écrit immédiatement ce qu'il avait vu. Dans la buanderie où sont rassemblés les condamnés, pasteur et prêtre recueillent les messages pour les familles. Schivo ose s'y montrer. Il est immédiatement apostrophé par un des chefs de la mutinerie, Henri Auzias, qui le « traite de bandit et de fripouille », le menace de la justice qui bientôt le punira. Très pâle, le directeur sort pour ne plus revenir. Les GMR mettent quelque mauvaise volonté à constituer le peloton d'exécution aux ordres du lieutenant Martin. Devant les poteaux dressés pour le supplice, Henri Auzias crie encore : « Schivo, condamné à mort ! Alexandre, condamné à mort ! Lieutenant Martin, condamné à mort ! Dupin, condamné à mort ! » Ils s'embrassent, entonnent : « La République nous appelle / Sachons vaincre. Sachons mourir / Un Français doit vivre pour elle / Pour elle un Français doit mourir. » Ils sont encapuchonnés malgré leur refus. Au peloton installé sur deux rangs, Martin ordonne le feu. Les résistants s'affaissent. Les gardes les détachent. Chaque supplicié reçoit un coup de revolver dans la nuque. Le docteur Guy examine les corps. « Comme deux ou trois semblaient remuer, encore un signe. Nouveaux coups de revolver dans la tempe », écrit le pasteur, bouleversé.

L'atroce histoire de la maison d'arrêt d'Eysses n'est pas terminée. Le 31 mars 1944, la direction de l'Administration pénitentiaire annonce aux directeurs que les autorités allemandes prendront bientôt possession des condamnés pour activités communiste, terroriste, anarchiste[12]. Le 30 mai 1944, les soldats allemands investissent l'extérieur de la centrale, le porche et la cour d'honneur. Ils mettent en batterie des fusils-mitrailleurs et deux lance-mines. Les surveillants sont allés chercher les détenus qui passent un par un dans la chapelle, mains sur la tête. Les Allemands les fouillent, leur enlèvent bretelles, ceintures et mouchoirs. Par groupes de cinquante ils sont conduits à la gare ; 1 121 condamnés sont déportés. Seuls les hospitalisés à l'infirmerie sont épargnés. Quatre cents des déportés mourront à Dachau.

La Milice s'empare plus que jamais de l'administration pénitentiaire. Le *JO* publie des listes de gardiens et de cadres mutés ou renvoyés. Le 8 avril 1944, l'administration pénitentiaire passe entièrement sous la direction du secrétariat général au Maintien de l'ordre. Directeurs de centrales et directeurs régionaux nouveaux appartiennent en général à la Milice.

La Milice réaffirmera à Paris sa conception brutale du maintien de l'ordre quand se produira la mutinerie de la prison de la Santé du 14 juillet 1944. Cette fois il ne s'agit pas d'une révolte de prisonniers politiques mais de prisonniers de droit commun, beaucoup plus nombreux, respectivement 2 510 et 404. André Baillet, directeur de l'Administration pénitentiaire, voyant les gardiens et gardes extérieurs débordés, fait appel aux Allemands qui envoient un détachement, Knochen et Hagen se rendant sur place (arrivent aussi dans la cour de la prison deux cents francs-gardes). Les chefs miliciens Knipping, Gallet, Radici, Marionnet, Bassompierre et le préfet de police Bussière tiennent conférence avec les Allemands pour arrêter les moyens du retour à l'ordre. Pour les Allemands la solution est expéditive : ils pénétreront au cœur de la prison et passeront par les armes quelques centaines de mutins. Bussière, parlant au nom du chef du gouvernement, rappelle que la responsabilité des opérations revient à la Milice, chargée de l'administration pénitentiaire.

La situation n'est pas irrémédiablement compromise parce que les gardiens ont eu le temps de baisser la grille d'accès. Quand l'aube se lève Bassompierre s'adresse aux détenus par voiture-radio, leur demande de regagner leurs cellules. Il menace d'abattre sur place ceux qui n'obtempéreront pas. Les francs-gardes pénètrent à leur tour dans les locaux, la grille retombe derrière eux. Ils tirent vers le toit des bâtiments. Les mutins regagnent leurs cellules. À 9 heures, tout est redevenu calme, mais les Allemands exigent cent exécutions. Bassompierre se contenterait de cinquante. Max Knipping, avec l'accord de Darnand, décide la tenue d'une cour martiale avec l'idée qu'une distinction entre les meneurs et la masse aura une apparence de justice et imposera l'ordre dans cette immense prison où, rappelons-le, les prisonniers politiques n'ont pas bougé. L'enquête est rapidement menée par Marionnet : quarante-cinq prisonniers dénoncés par des gardiens ou des « moutons » sont traduits devant la cour martiale. Y siègent, sous la présidence de Pierre Gallet, Knipping et Radici avec Léon Sonntag, attaché au cabinet comme commissaire du gouvernement. André Baillet, directeur de l'Administration pénitentiaire, y assiste. Jean Bassompierre, qui en sera plus tard accusé, n'a pas siégé dans la cour martiale. Dix-sept détenus sont acquittés et vingt-huit condamnés à mort sont fusillés une heure plus tard par des gardes mobiles.

Les Français et la fascisation de l'État

L'escalade fasciste

Comment se révèle aux Français la pénétration de l'État par des fascistes ? Elle est insidieuse et progressive. Au début la promesse d'ordre rassure. Le silence couvre les actes et peu nombreux sont ceux qui lisent les textes parus au *JO* et savent les interpréter. Les grandes affaires comme la répression de la mutinerie d'Eysses ne sont pas relatées dans une presse contrôlée. Reste la presse clandestine, peu lue, colportée plus largement, mais sans doute exagère-t-elle. Quelques affaires locales éclatent, vite présentées comme les actes d'« assassins à la solde de Moscou ».

Les miliciens s'en prennent rarement aux maquis qui se dérobent dans les forêts ou la montagne, et qu'ils redoutent. Ils préfèrent assécher leur ravitaillement, arrêter ceux qui, dans les villages, apportent leur aide ou sont simplement soupçonnés de sympathie à l'égard de la Résistance.

L'activité principale de la Milice consiste à surveiller la population. En civil, les miliciens parcourent les lieux publics : marchés, foires, cafés, auberges. Ils contrôlent les restaurants, les commerces sous prétexte de lutter contre le marché noir, et peuvent offrir de l'argent voire menacer pour obtenir des renseignements. Ils suspectent les loueurs de chambres en meublé (susceptibles d'abriter des suspects), les médecins, les chirurgiens, les pharmaciens, les commerçants disposant de véhicules, les cheminots, les fonctionnaires des postes, les cantonniers, les instituteurs, les secrétaires de mairie, les agriculteurs dont la ferme est isolée et où il y a toujours quelque domestique à faire parler ou des acheteurs à menacer. Les gendarmes sont une cible difficile à atteindre, car protégée, mais toujours visée et détestée des miliciens. Les notables – maires, médecins, commerçants, propriétaires ruraux qui n'ont pas ou trop peu manifesté leur sympathie à la Milice – n'ont qu'à bien se tenir. De l'argent est distribué, de grosses primes sont offertes pour susciter des confidences. Bientôt c'est toute la société française qui est suspecte et menacée.

En réaction à cette mise en coupe réglée, une partie de la population s'organise et apprend à se défendre. Les hommes gagnent la forêt ou une cachette à la moindre alerte. Les noms des miliciens locaux sont diffusés. Ils sont menacés de mort. Les services secrets de Paul Paillole, ralliés à de Gaulle, vont jusqu'à tuer des miliciens pour protéger des résistants.

La violence est d'abord contenue. Les chefs tiennent les troupes mais tolèrent aussi un certain « défoulement ». L'activité la plus « noble » est la lutte contre le marché noir surtout s'il s'agit de bons restaurants. Les hommes en bleu arrivent à l'heure du déjeuner ou du dîner. Ils avertissent : « Milice ! Contrôle des papiers. » Les convives sortent leurs papiers qui sont scrutés avec plus ou moins de correction ; pendant ce temps armoires et frigos sont ouverts. S'ils sont trop remplis, ils sont débarrassés. Le matériel de cuisine risque fort d'être emporté. Une partie des marchandises peut être distribuée avec ostentation à la population nécessiteuse, mais celle-ci ne saurait apprécier ni les jambons ni les grands vins, consommés par les miliciens ou revendus. Il ne fait pas bon se plaindre. Évidemment ceux qui, par leur situation sociale ou professionnelle, sont confrontés aux agissements des miliciens comprennent que quelque chose a changé autour d'eux mais ils veulent croire à des exceptions dont ils ont fait les frais. Les gendarmes font encore un rapport. Darnand, quand il est alerté sur ces débordements, promet de sévir. Et il le fait. Alors pourquoi s'inquiéter ?

Le 20 mai 1944, les policiers du commissariat du quartier Maison-Blanche, rue Bobillot, dans le XIIIe arrondissement de Paris, se livrent à leurs tâches habituelles quand soudain surgit une dizaine de miliciens qui traînent quatre individus, trois réfractaires au STO et la personne âgée qui les abritait. Les malheureux n'ont pas le temps de s'expliquer qu'ils sont frappés par les miliciens. Le vieillard s'écroule aux pieds des gardiens de la paix effarés. Le brigadier déclare qu'il ne saurait tolérer pareille scène et leur ordonne de sortir. Un milicien dégaine son revolver, en menace le brigadier en déclarant qu'il est milicien, donc son maître, et qu'il exige son obéissance. Le commissaire, attiré par le vacarme, apparaît et calme les esprits. Le chef des miliciens est conduit à la préfecture de police. Une visite au sommier révèle qu'il était titulaire de deux condamnations à trente-cinq ans de prison. Il bénéficiait d'un traitement de 15 000 francs par mois, d'une prime de 10 000 francs. Pourquoi s'est-il livré à des voies de fait sur les gardiens de la paix ? Étonné, il explique qu'il avait l'habitude de recevoir 10 000 francs par réfractaire et par suspect livré. Les policiers lui devaient donc 40 000 francs et n'avaient pas voulu le payer. Pour ce milicien, les prisonniers livrés par lui étaient comme ces animaux nuisibles que les paysans apportaient dans les services vétérinaires de la préfecture contre une récompense en argent.

Dans le Vichy compassé du Maréchal, les fonctionnaires sont aussi confrontés aux agissements d'une racaille fasciste. En juin 1944, Porcher, sous-chef de section au ministère de l'Information, se trouve sur le trottoir devant l'Hôtel de la Paix. La journée se termine. Il flâne et ne laisse pas assez vite la place à des miliciens qui escortent Joseph Darnand, visiblement pressé. Porcher, bousculé par l'un d'eux, proteste en termes mesurés. Un des gardes de Darnand revient en arrière et frappe violemment Porcher au visage. Le fonctionnaire décide de rentrer chez lui et, dans le parc des Sources, rencontrant des amis, il leur raconte sa mésaventure. Las, il était suivi par son agresseur. L'homme l'attrape par sa veste et lui crie : « Puisque tu racontes encore toute cette histoire-là, nous t'embarquons. » Des témoins abasourdis, dont le conseiller de Pétain, l'écrivain Henri Massis, assistent à la scène et voient Porcher embarqué dans une voiture où il est bourré de coups avant d'être conduit au Petit Casino. Il est invité à se déshabiller. Une dizaine de miliciens le battent avant de le jeter dans un cachot aménagé dans le sous-sol où il passe la nuit. Il est libéré le lendemain avec un commentaire : il a eu tort de se plaindre. Il a de la chance d'être protégé sinon il aurait eu à souffrir.

Quand les contrôles faits sur les voyageurs à la gare de Vichy ne révèlent aucun fautif, les miliciens dépités jettent les cartes d'identité à la figure des voyageurs en leur criant de les ramasser. Nul n'est à l'abri de leur violence mal contenue. Le 24 avril 1944, le général Bridoux, secrétaire d'État à la Défense, se plaint du contrôle du personnel militaire mené le 11 avril à l'hôtel Thermal. Une partie des employés du ministère a été enfermée dans les bureaux. Le sac de courrier postal a été pillé. Le général Caldairou a été interrogé et confronté avec ses subordonnés et le colonel Cornillon, l'agent de liaison du général Bridoux avec la Luftwaffe, a été arrêté et emmené on ne sait où. Le général Bridoux demande sa libération et des excuses. Darnand s'exécute de mauvaise grâce[13].

Quand les miliciens déchaînent leur tempérament « viril », la population sait qu'aucune enquête n'aura lieu et qu'une plainte ne fera qu'attirer une vengeance. Les témoins se taisent. Faute de documents policiers, judiciaires, avec le silence de la presse, l'historien manquerait de preuves si la correspondance privée ne faisait état de certains comportements qui, dans un État de droit, auraient conduit leurs auteurs devant les tribunaux mais qui, en 1944, apparaissent aux responsables comme « de franches rigolades ». Une bande de miliciens, pour venger l'enlèvement d'une dénonciatrice, maîtresse de milicien, débarque à Thonon, parcourt les rues en insultant les passants, arrête une vingtaine d'otages dont plusieurs femmes. Il faut qu'elles payent. Les miliciens les emmènent dans leur car, les terrorisent en leur plaçant un revolver sous le menton et en menaçant de les abattre. Tous rient des cris des femmes, et les plus timides encouragent les pervers. Cela doit leur rappeler d'excellents moments de bizutage. Ils emmènent les prisonnières dans une grange, les jettent sur la paille. Certains se couchent sur elles en disant qu'ils veulent les préserver des mouches, les caressent, leur tiennent des propos salaces et leur font des propositions sexuelles. Quand la milicienne enlevée est libérée, les passantes sont relâchées avec ordre de se taire sur ce petit avertissement.

Dans l'Ain, un bon pétainiste n'est pas revenu de sa déconvenue et écrit au cabinet du Maréchal : « Au début, on attendait une police d'honneur pour lutter contre le marché noir [voilà un homme qui croit ce qu'écrit la presse] et contre toutes choses contraires au redressement du moral français. [...] Puis l'on n'ose même plus les regarder dans la rue de crainte qu'ils ne se retournent et nous tirent dessus comme ils l'ont fait à Bourg sur des jeunes gens qui souriaient. » Ce bon chrétien est choqué de voir les miliciens pénétrer dans l'église avec leur mitraillette pour assister au service funèbre d'un compagnon. Il y a quelques jours, à Lyon, alors qu'il traversait la place Bellecour, un homme s'est jeté de la fenêtre d'un immeuble et s'est écrasé à ses pieds. Il était nu et il portait des traces de coups qui n'avaient pas pu être occasionnées par la chute[14].

Les insultes sont la moindre des choses. L'exemple vient de haut. Le ministre Philippe Henriot, racontant ses souvenirs, se donne en modèle à ses miliciens. Il se rappelle avec délices les conférences où il insultait l'armée de la défaite. Devant parler en public dans une ville, il reçoit du colonel commandant la subdivision un ultimatum : si Philippe Henriot continue à insulter l'armée, le représentant de l'officier n'assistera pas à sa conférence. S'il s'engage à s'abstenir d'allusions à la question militaire le colonel honorera la manifestation de sa présence. Henriot lui répond que s'il ne vient pas, personne ne s'en apercevra, mais que sa présence ne justifierait pas l'autocensure de l'orateur. Henriot ajoute que si l'officier se lève pour quitter la salle, il cessera de parler, le suivra du regard et, quand il arrivera à la porte, le désignera du doigt en disant : « Colonel, l'habitude de la fuite[15] ? »

Des miliciens s'arrogent le droit d'arrêter des suspects quand, en principe, ils devraient être accompagnés par des policiers. Un ancien lieutenant des douanes, un certain Rousse, condamné en 1940 par un tribunal militaire, et libéré par les Allemands, est entré dans la Milice. Les 23 et 24 avril 1944, il arrête cinq personnes à Caujac ; le 26 avril, six Français à Hauterive qu'il livre aux Allemands. La plupart sont déportés[16]. Son zèle est directement placé au service des occupants.

Faute de saisir les résistants, les miliciens s'en prennent à leurs proches et, ne trouvant rien à charge, se vengent par le vol systématique. En Tarn-et-Garonne, des miliciens de Montauban ont arrêté un jeune garçon qui reste silencieux. Ils décident alors de se rendre chez sa mère, Noémie Caumont, à Durfort. Armés de revolvers, ils mettent la femme en joue et perquisitionnent la maison. Ils ne trouvent aucune preuve mais chargent leur camion de divers produits utiles à leurs ménages ou destinés à une vente lucrative. La victime en dresse une liste minutieuse destinée aux gendarmes : 18 draps neufs et 25 draps usagés (les trousseaux de ce temps étaient abondants et veillés comme un trésor familial), 4 services de table, 12 nappes, 7 douzaines d'essuie-mains, 2 torchons usagés (la propriétaire est décidée à ne rien laisser passer), deux couvertures, 12 chemises de femme, 8 taies, une douzaines de caleçons de femme, 5 douzaines de mouchoirs, un costume d'homme, un tricot de laine, 2 pantalons, une paire de souliers, 2 stylos (plume d'or), 3 boyaux de vélo (un bien précieux en ce temps), quelques livres d'études de la collection Eyrolles, le tout estimé par la ménagère opiniâtre à 100 000 francs. Les archives du Rhône contiennent des lettres du milicien

Reynaudon informant fort honnêtement Darnand de grosses prises en marchandises et surtout en argent (100 000 à 600 000 francs) chez divers commerçants ; celles-ci ont été remises officiellement à la direction de la Milice. Il en disparaît certainement autant. Les armes saisies sont souvent revendues sans grand souci de leur destination

Après le bombardement de La Ricamarie, dans la Loire, la Milice se précipite au secours des sinistrés avec toute une escouade de photographes qui quittent les lieux dès qu'ils ont accompli leur devoir de collaboration à la propagande, sur le thème du « dévouement » milicien. Cela est préférable, car les miliciens écartent, évidemment pour des raisons de sécurité, pompiers, policiers, équipes de jeunes locales, pour s'arroger le monopole de la fouille des décombres. Ils pillent ce qui reste des maisons, prennent les petits bijoux et les alliances des morts déposés au rez-de-chaussée de la mairie, et puis se livrent à une orgie, servie par des mineures au premier étage. Le lendemain matin ils sont écroulés, ivres morts, sur les tables. La population est indignée.

L'une des occupations favorites et sans risques des miliciens est le racket des Juifs. Ainsi le 24 février 1944 les Jacob, réfugiés à Saint-Léonard-de-Noblat, sont-ils délestés de vêtements, de leurs montres, de mallettes et d'une somme de 26 000 francs. Petits larcins… que le chef de la Milice reconnaît et condamne (ce qui est exceptionnel), ces actes étant en général considérés comme normaux. Le scénario se répète partout. Des miliciens se présentent au domicile. Les papiers sont vérifiés. Juifs ? Une somme d'argent est réclamée. Il n'y a rien à craindre, les Juifs volés se garderont de porter plainte. Auprès de qui le feraient-ils ? Paul Touvier semble s'être fait une spécialité du racket. Il n'a qu'à consulter son fichier des commerçants juifs et à faire une visite domiciliaire. Regardant les papiers d'identité, il soupire qu'évidemment il n'y a qu'un Juif pour se livrer à de tels trafics de marché noir. Mais si le commerçant voulait bien faire un don de 300 000 francs aux œuvres de la Milice, il admettrait que le commerçant a sans doute été lui-même victime d'un malhonnête homme et il passerait, pour cette fois, l'éponge. À ce petit jeu là, il s'enrichit rapidement.

L'assassinat est l'ultime étape de l'escalade milicienne. Le chef régional de la Milice lyonnaise, Joseph Lécussan, découvre que vit à Caluire Victor Basch, le président de la Ligue des droits de l'homme. Aussitôt, son cerveau entre en ébullition. Des fantasmes le harcèlent. Il les livre dans son mémorandum de septembre 1945, *Pourquoi ai-je tué Victor Basch ?*. Ce « Juif hongrois », « débarqué des ghettos de l'Europe centrale », le défie dans son fief ! Basch le défenseur de Dreyfus ! Basch 33ᵉ degré de la franc-maçonnerie ! Basch créateur du front populaire ! Basch pourvoyeur d'armes pour les rouges d'Espagne ! Basch responsable des morts de la dernière guerre ! Un tel individu ne cessera jamais de nuire. Il se dissimule sous les traits d'un réfugié, professeur retraité, d'apparence calme mais toujours actif dans la malfaisance. La preuve ? Ces lettres absolument incompréhensibles qui sont certainement rédigées en langage codé, des articles pour les journaux des « terros ». Il faut que cesse un tel scandale. Sans nul doute, les Allemands seront contents d'apprendre ses forfaits. Aussi Lécussan dénonce-t-il Victor Basch au chef de la Gestapo, Knab. Une expédition est montée pour s'emparer de cet homme de quatre-vingts ans.

Le 10 janvier, Joseph Lécussan, Henri Gonnet du 2e service de la Milice, Louis Macé chef du service des sociétés secrètes, le chef adjoint de la Milice du Rhône Maurice Cottaz-Cordier, quelques miliciens, et le lieutenant August Moritz, collaborateur de Knab, arrivent au 116, grande rue de Saint-Clair à Caluire. Dans l'appartement du premier étage, sans se douter de rien, les Basch prennent leur repas. Des coups ébranlant la porte les saisissent : « Police allemande. Ouvrez ! » Les Basch ouvrent à la dizaine de miliciens qui réclament : « Papiers ! » Une fouille rapide de l'appartement commence. Papiers et livres sont jetés sur le plancher. Il y en a trop. Moritz interroge Basch en allemand puis se tourne vers Lécussan, lui parlant bas. Cet homme n'a rien à dire d'intéressant et il est trop vieux pour qu'on l'envoie en Allemagne. Il ne vaut même pas l'essence pour l'emmener, autant le liquider, si Lécussan veut s'en charger. Le milicien approuve sans réserve mais il fera le travail ailleurs, à cause des voisins. Moritz déclare que la femme peut rester, à la grande déception de Lécussan. Comment avoir la femme aussi ? Alors, il joue sur son instinct protecteur et prétend avoir quelques éclaircissements à demander à Basch sur des dossiers qu'il détient à son bureau. Ce ne sera pas très long. Qu'il rassemble ce dont il a besoin pour quelques jours. Hélène dit à son mari qu'il doit emporter ses médicaments (il souffre beaucoup après les interventions chirurgicales prostatiques qu'il a subies). Elle s'inquiète, cherche les ordonnances, les place dans le manteau de Victor et demande à venir aussi. Lécussan approuve et lui recommande de s'habiller chaudement. Il fait froid dehors. La vieille femme se chausse lentement, met son meilleur manteau, le noir avec de l'astrakan, sa toque en plumes. Où est son sac ? Doit-elle fermer la porte, donner la clé au concierge ? Elle hésite. Lécussan la rassure. Il se charge de tout. Qui veut-elle avertir ? Elle semble ne pas comprendre. Le groupe descend, sans hâte, car l'escalier est rude. Les voitures démarrent. Sans doute ne prennent-elles pas toutes la même direction.

Certainement, les Basch voient qu'on se dirige vers la campagne. Un quart d'heure plus tard, Lécussan stoppe à Neyron, dans l'Ain, près du chemin de Barrye. Il ordonne au couple de descendre, avant de frapper violemment Victor tandis que Gonnet vise Hélène. Lécussan dépose sur les corps des tracts au nom d'un « Comité national antiterroriste, région lyonnaise » : « Terreur contre terreur ! Le Juif paie toujours. Le Juif paie de sa vie le meurtre d'un national. À bas de Gaulle-Giraud. Vive la France[17]. »

Les familles ignorent souvent ce que sont devenus ceux des leurs qui sont arrêtés par la Milice. Seuls les survivants sont en mesure de parler. Les autres… À Valence, fin mai 1944, les miliciens arrêtent René Roux, un garagiste résistant qui assurait des liaisons entre la Drôme et l'Ardèche. Il est interrogé et, comme il ne parle pas, torturé. Les miliciens Baumgartner, Biny et Montagnon sont chargés de le conduire à Lyon. Près de Vienne, ils font descendre le prisonnier, ils tirent sur lui et le laissent pour mort sur la bordure de la route. Secouru et soigné clandestinement par un médecin résistant de l'hôpital de Vienne, Roux parvient à survivre[18].

Français contre Milice : Treignac et Voiron

Tant d'enlèvements, de disparitions, de dénonciations, de sang versé rendent la Milice odieuse aux Français et d'autant plus que ses membres sont désignés comme des assassins par la radio de Londres et d'Alger. Même dans son fief de Nice, Darnand se heurte à la dérobade de vieux compagnons. Gombert s'y rend en janvier 1944 pour recruter des cadres pour le Maintien de l'ordre. La plupart des relations contactées se dérobent. On peut douter qu'il y ait, pour les trois régions de Lyon, Toulouse et Montpellier, en avril 1944, 7 400 miliciens et 8 500 francs-gardes, chiffres surestimés fournis par la Milice aux Allemands.

Dans certaines régions où la Résistance est forte, le gouvernement perd sa légitimité morale. À quoi tient encore le semblant d'ordre ? Deux conceptions du maintien de l'ordre s'affrontent. Les éléments durs du Maintien de l'ordre – GMR et Milice – veulent terroriser une population complice du maquis. Préfets, maires, gendarmes, appuyés en sous-main par Laval, prétendent établir un *modus vivendi* avec la Résistance. Mais il suffit de peu pour que l'équilibre se rompe, comme le montre le cas corrézien.

Le préfet de ce département, Pierre Trouillé, a conscience du rapport réel des forces. Contacté par la Résistance, il la ménage, lui donne à temps les renseignements qui préservent sa sécurité. Il lui arrive même de transporter dans sa voiture le délégué militaire de la région R5 de Combat. Ce double jeu rend la Milice et les GMR enragés. Le 2 janvier 1944, à Treignac, à un barrage de contrôle, des GMR ouvrent le feu (un ordre mal compris ?) sur la voiture d'un entrepreneur local de transport qui ramenait une femme de l'hôpital : trois passagers sont mortellement touchés. Les habitants de Treignac, émus par cette « bavure », se dirigent sur le barrage de police. Chantant *La Marseillaise*, ils exigent le départ des GMR, crient : « Les corbeaux [les GMR sont vêtus de noir] au poteau ! » Le secrétaire général de la préfecture, appelé sur les lieux, réussit à calmer les esprits. Il n'est pas, explique-t-il, de la compétence de la préfecture de Tulle de déplacer les GMR, mais il promet d'intervenir à Limoges en ce sens. Le colonel Médard qui commande la garde mobile lui apporte son aide. La foule rentre provisoirement au village en attendant les obsèques. La population se mure dans un silence hostile. Aucun boulanger n'accepte de vendre du pain aux GMR. Aucun menuisier ne fabriquera un cercueil pour leurs morts.

Pour calmer les esprits, le préfet régional de Limoges accepte qu'un premier échelon de GMR quitte Treignac avant la cérémonie. C'est alors que l'intervention de Darnand envenime la situation. Il ne tolère pas ces ententes entre préfecture « terrorisée » et « rebelles ». Il fait rebrousser chemin à l'échelon de GMR et envoie des renforts à Treignac. Le préfet, qui connaît ses administrés, annonce qu'un train spécial partira de Tulle pour emmener tous ceux qui désirent assister à la cérémonie funèbre. Plusieurs milliers de Corréziens ont fait le déplacement, par le train ou par d'autres moyens. Les obsèques se déroulent dans la dignité, les maquisards étant discrètement présents. Pour Darnand cette attitude du préfet est inadmissible.

Le lendemain des obsèques, il débarque à Treignac, et passe en revue les GMR et gardes, leur distribue des décorations. Tous les volets et tous les magasins sont fermés. Pas un habitant n'est présent. La harangue est connue : « On affirme qu'il y a en Corrèze deux sortes de maquis : le bon et le mauvais. Pour moi, ce sont tous des hors-la-loi et ils doivent être traités comme tels. On m'affirme aussi que la population est solidaire du maquis. Eh bien, je veux la mater ! Vous n'hésiterez pas à mettre le feu aux fermes. » La troupe s'agite. Une bavure, soit ! Mais brûler des fermes de paysans auxquels on n'a rien à reprocher, non ! Darnand ne recule pas : « Je vois que ce que je vous dis ne vous fait pas plaisir. Sans doute pensez-vous qu'il est dur de faire couler le sang français. Mais moi je vous dis : dans les circonstances actuelles il est nécessaire que le sang français coule, et il coulera[19] ! » Le préfet, qui avait pourtant reçu de Laval la recommandation de ménager le maquis, et qui a réussi à calmer provisoirement les esprits, est révoqué sans retraite. Près de quatre cents habitants osent signer une pétition pour demander le départ des GMR, et le contrôle postal montre que la population les nomme « miliciens », les assimile à une pègre sortie de prison et les traite d'assassins. L'un des miliciens, sensible à l'hostilité de la population, écrit à ses parents : « Je n'y comprends plus rien, mais ce qu'il y a de certain c'est qu'après la guerre ce qui nous attend sera terrible[20]. » Contenue, la haine s'accumule, mais éclate, parfois, comme à Voiron.

L'Isère est un des départements de zone sud où la Résistance est très active. À Grenoble nombreux sont les attentats contre les locaux publics, les biens des miliciens et même contre les personnes. À Voiron les esprits sont spécialement tendus à cause du comportement du chef milicien Ernest Jourdan, un ancien chaudronnier. Violent, pas avare de propos antisémites, il en appelle sans cesse à la répression contre ceux qu'il ne nomme que « terros », apportant sa collaboration par des dénonciations, des vitrines brisées, des menaces de toutes sortes. Un de ses courageux exploits a consisté en l'occupation de la villa d'un papetier qu'il avait fait arrêter par la Milice de Lyon. Il a organisé dans la maison de cet industriel des soirées très arrosées pour ses camarades, contraignant l'épouse du prisonnier terrorisée à y apporter sa contribution. Les renseignements généraux eux-mêmes sont défavorables à Jourdan, parlant de dénonciations et de vols.

Ce braillard excité est détesté. L'abattre ? Des résistants l'ont tenté en vain. Il est très méfiant, accompagné de gardes du corps qui vivent en permanence avec lui. Depuis peu, il ne quitte plus sa maison qui ne s'ouvre qu'à des miliciens. À proximité se trouve un établissement d'enseignement professionnel où germe dans l'esprit d'un surveillant résistant, Paul Durant, et d'un professeur, Meunier, une idée : faire entrer dans la Milice des élèves qui manifesteront un grand enthousiasme pour le chef et essaieront de devenir des habitués de la maison. Ce rôle échoit à quatre élèves, Gonin, Touche, Colonna et Girard. Le chef milicien invite ces jeunes à écouter l'éditorial du soir de Philippe Henriot qu'il assortit de commentaires pour leur édification. La décision de passer à l'action est prise quand l'émission de Londres *Honneur et Patrie* désigne, le 14 avril 1944, Jourdan comme un homme indigne à abattre.

Le 20 avril 1944, les jeunes, qui cachent les armes qui leur ont été remises, sont introduits dans la cuisine où la famille se livre à ses occupations. Jourdan a posé ses lunettes sur le journal et vient de se tourner vers le poste de radio, sa femme balaye. Les élèves de l'école professionnelle ouvrent le feu, blessant l'un d'entre eux qui se retire soutenu par un camarade. Jourdan est abattu, ainsi que sa femme, sa tante et deux gardes du corps (la main de l'un d'eux semble se crisper sur une arme qui ne sera pas retrouvée). Jean Colonna et Édouard Girard se dirigent vers le bureau pour y prendre des papiers, des armes, peut-être de l'argent. Colonna avouera qu'entendant une femme crier au premier étage il s'est précipité dans l'escalier et a vu la mère de Jourdan, en chemise de nuit, se dirigeant vers la chambre du couple pour rejoindre sa petite-fille, Danielle, deux ans et demi, qui y était couchée et pleurait. Colonna abat la grand-mère à l'entrée de la chambre. Il pourrait s'arrêter là, mais, comme dans un état second, il se dirige vers le petit lit, attrape l'enfant par le bras, la retourne et tire plusieurs coups. Seul membre de la famille à survivre, Maurice Jourdan, le fils, absent de la maison.

La presse rapporte le crime commis contre toute une famille. Henriot donne une leçon aux parents atteints de « gaullisme bourgeois » qui laissent leurs adolescents écouter la radio de Londres. Il dénonce la préméditation, le jeu de l'amitié, et ces crimes perpétrés avec un sang-froid effrayant : « Patriotes ? Vous l'êtes, je le sais bien, vous tous qui m'écoutez, même si vous m'écoutez avec colère ou avec irritation. Mais vous ne pouvez pas vous solidariser avec ces monstres [...]. Qui croira qu'en étant pour le crime on puisse être pour la France ? Qu'Alger, s'il l'ose, réponde affirmativement. » L'opinion est émue par la photographie de la petite fille aux cheveux bruns ondulés, la tête reposant sur un oreiller ensanglanté.

Dagostini en rage veut mettre Voiron à feu et à sang. Il en parle à Darnand qui lui dit : « Pas d'opération de police à Voiron. » Les miliciens sont frustrés d'une vengeance mais Dagostini prévient : « Heureusement qu'on ne lui demande pas son avis. »

Les meurtriers sont rapidement arrêtés. Ils disent qu'avec un surveillant, Paul Durant, un professeur, Meunier, et deux autres camarades ils avaient décidé de tuer Jourdan qui faisait tant de mal. Ils ont reçu leurs armes du surveillant Durant. Les deux assassins et le surveillant passent le 3 mai devant une cour martiale, à Lyon, qui les condamne à mort. Un quatrième élève est déféré au parquet. Ces jeunes gens sont exécutés dans l'après-midi, au fort de la Duchère, en présence de professeurs et de seize élèves de l'école professionnelle qui étaient au courant de leurs intentions. Plusieurs de ces adolescents sont déportés. L'école est fermée.

Les Glières, un test pour la Milice

Les Allemands s'attendent à un débarquement. Aussi se préoccupent-ils de la liberté de leurs mouvements que pourraient entraver des actions de maquis. Ils s'inquiètent en particulier de la situation en Haute-Savoie en proie à des attentats et où se dessine une Résistance à forme militaire.

Depuis l'assassinat du chef de la Franc-Garde, Gaston Jacquemin, la répression policière s'est abattue sur la Haute-Savoie. Les résistants, commandés par Humbert Clair et Théodose Morel (dit « Tom »), officiers du 27e bataillon de chasseurs alpins, décident de fuir les vallées où ils ne sont pas en sécurité pour gagner un refuge inexpugnable, du moins l'espèrent-ils. Le 29 janvier 1944, ils montent occuper, à une trentaine de kilomètres au nord-est d'Annecy, le plateau de Glières[21]. Accroché, à 1 400 m, au flanc de la montagne des Frêtes, c'est un site difficile d'accès aux beaux jours et quasi impénétrable l'hiver à des hommes sans entraînement. Le 27e bataillon de chasseurs alpins qui s'y réfugie est familier de ce milieu extrême. « Tom » Morel organise en camp quelques hameaux où vivent, coupés de tout l'hiver, de rares résidents qui se suffisent d'un four à pain, de farine, de fromages et de leurs porcs. Pour les maquisards le ravitaillement, le courrier viendront, à dos d'homme, du Petit-Bornand. Les moyens de transmission entre les quatre compagnies qui surveillent les accès et le PC sont quasi inexistants et les skis ne sont même pas en nombre suffisant. Les contreforts escarpés et l'épais manteau neigeux constituent une protection. Les résistants ont-ils nourri des conceptions stratégiques plus ambitieuses ? Imaginent-ils qu'ils pourraient jouer le rôle que Tito assume en Yougoslavie ? Imaginent-ils Glières comme un verrou barrant aux Allemands la route entre l'Italie et l'Allemagne ? Ces idées ont pu germer dans leur esprit. La France libre, qui leur dépêche Jean Rosenthal (« Cantinier »), croit très fort en cette vision d'une forteresse d'où viendrait, au moment du débarquement, une aide pour les autres maquis aux prises avec les Allemands. Cantinier évoque pour les hommes de Glières un parachutage de milliers de soldats alliés ! En attendant, il obtient la promesse de parachutages d'armes. Or ces armes, loin de leur apporter le salut, paralyseront les réactions des maquisards des Glières.

Dans cette affaire des Glières, existent diverses conceptions qu'il est nécessaire de préciser, celle des maquisards, celle des Français libres de Londres qui exaltent le maquis, celle de la Milice et de Vichy, celle des Allemands. Les officiers du maquis savent qu'à la fonte des neiges Glières deviendra accessible à leurs adversaires. Aussi, la décision de gagner alors d'autres refuges est-elle prise. Mais le maquis s'alourdit entre-temps de jeunes qui gêneront sa mobilité. Maurice Schumann, porte-parole du général de Gaulle, a en effet lancé un appel à secourir le maquis :

« Allô, Allô, SOS, Savoyards, Savoyards. » Il faut que les jeunes rejoignent le maquis, que se multiplient les sabotages. « Une folie », dira Jean Vallette d'Osia, ancien commandant des forces résistantes de Haute-Savoie qui vient d'arriver à Londres[22]. Le refuge, prévu pour moins de deux cents hommes, en accueillera plus de quatre cents.

Les Allemands, de leur côté, exigent la suppression du maquis alpin. Vichy n'en a guère les moyens militaires et préférerait obtenir sa dispersion par des négociations, pas obligatoirement avec d'excellentes intentions, car une fois les résistants revenus dans les vallées il sera plus facile de s'emparer d'eux. Laval a suggéré d'utiliser contre le maquis de Glières le premier régiment de France, mais le Maréchal refuse d'opposer des militaires à ses chers chasseurs alpins, fussent-ils dans l'erreur. Le chef du gouvernement propose alors d'engager la Milice et demande à Joseph Darnand de présenter un plan d'action au Conseil des ministres du 19 février 1944. Le maréchal Pétain s'y montre hostile à une pure action de force dont les difficultés sont par ailleurs évidentes : « Il faudrait, déclare-t-il, que je puisse aller les voir et leur donner quelques conseils. Ils ne peuvent rien tant qu'ils restent groupés. Il faut tâcher de les ramener et de les faire rentrer sans leur faire de mal. » Il est évidemment impossible que le Maréchal se présente au maquis dans une action dont le succès est douteux. Le plan finalement retenu associe la menace et la négociation, la propagande et le renseignement visant à dissocier le maquis de la population attachée au 27e bataillon de chasseurs alpins et au particularisme savoyard, mais qui peut ne pas souhaiter un déploiement de violence. Joseph Darnand, peu soucieux au fond d'engager la Milice dans une confrontation militaire, en souligne les difficultés : un terrain montagneux, la position centrale du maquis AS, la compétence de ses chefs militaires, la complicité de la population et le manque d'armement lourd de la Milice. Il est cependant décidé de confier la réduction du maquis à la Milice qui recevra huit mortiers appartenant au premier régiment de France et dont les tirs courbes sont indispensables en montagne. Il est clair que la Milice n'a guère envie d'en découdre avec le maquis et qu'elle préférerait qu'il soit écrasé par des bombardements allemands, une vue assez utopique étant donné la topographie et qui souligne autant l'incapacité de l'État français que l'inexistence de sa souveraineté.

La répression de la Haute-Savoie est dirigée par le colonel de gendarmerie Georges Lelong, déclaré intendant de police, avec comme adjoint le chef milicien Jean de Vaugelas. Un appel est lancé aux différentes Milices départementales pour qu'elles envoient des renforts en Haute-Savoie. Le PC de la Milice est installé à Thorens, au nord du plateau. L'état-major comprend Jean de Vaugelas, le capitaine Émile Raybaud, Jacques de Bernonville. Raoul Dagostini est à Usillon, Di Constanzo à Aviernoz ; Bourmont, au Mont-Piton, a sous ses ordres Robert Perrin à La Luaz et Marc Mongourd aux Noyers.

Lelong a déclaré le 3 février son intention de réduire le « terrorisme » par diverses méthodes. Il veut « user de tous les moyens de conciliation et ne rien faire pour heurter l'amour-propre des jeunes gens qui peuvent encore rentrer dans le droit chemin ». Le colonel Lelong n'est pas très assuré de ses forces. Il dispose de dix-neuf pelotons de gendarmerie, de douze escadrons de garde mobiles, de sept cents GMR, de la Milice, et de policiers. Les GMR sont résolus mais la Garde n'a aucune envie d'en découdre si on en croit le rapport alarmant qu'adresse le 12 février son commandant, le colonel Praxt, qui souligne le manque d'équipement adapté au combat dans la neige : pas de raquettes, chaussettes en coton, chaussures qui prennent l'eau, pas de gants. Les véhicules ne sont pas tous munis de chenilles[23]. Les maquisards sont retranchés dans un bastion qui n'est accessible que par deux sentiers où on ne peut progresser qu'en colonne étirée. La Garde n'a pas d'armement convenable. Bref, l'adversaire a la supériorité de la position, de l'armement et de l'entraînement. Seule une intervention de l'aviation, réduisant les maquisards avant l'attaque, permettrait d'envisager une opération par des troupes renforcées en armes lourdes et bien équipées. Il faut donc retirer la Garde découragée du dispositif de bouclage. Lelong mène, d'une part, une négociation qui peut apparaître comme un piège et pratique, d'autre part, avec la Milice, une répression policière très dure. Pour la négociation sont sollicités des intermédiaires comme l'abbé Truffy. Lelong rencontre secrètement à la villa Mary le chef de l'AS de Haute-Savoie, Humbert Clair, puis le capitaine Maurice Anjot, et cherche à créer avec eux une complicité en se disant antiallemand. Il considère l'AS comme un prolongement de l'armée et souhaite s'entendre avec elle contre les FTP terroristes. Que les maquisards rendent les armes et ils seront amnistiés, les officiers pouvant même reprendre un commandement dans l'armée (laquelle ?). Humbert Clair ne refuse pas que soit épuré le pays des véritables bandits, mais il n'est pas disposé à se rendre.

La répression s'abat sur le département mis en état de siège avec couvre-feu de 20 heures à 6 heures. Des villages sont placés en zone interdite. La Milice procède à des contrôles routiers, à des perquisitions. Sur les murs apparaît une proclamation de Lelong : toute personne qui détient ou utilise des armes sera déférée devant une cour martiale. La Milice en établit une à Annecy le 21 février : huit personnes sont condamnées à mort. Une autre, à Thonon, le 27, prononce six peines de mort. Mais négociations et répression élargie sont inefficaces, et le plateau de Glières est toujours aux mains du maquis. La solution militaire apparaît de plus en plus comme la seule issue.

Après le drame d'Entremont, où Tom Morel, victorieux, fut abattu par l'arme dissimulée du commandant Lefèvre, après un bombardement allemand (sans effet décisif), se dirige-t-on vers une dispersion volontaire du maquis ? Clair, concepteur local du maquis, l'admet, mais le capitaine Rosenthal semble avoir été d'un avis contraire.

Le 27 février, Darnand envoie à Lelong de fermes instructions par télégramme : sécurisation de la région de la frontière suisse puis attaque du plateau par la Milice et les GMR. Le tout doit être terminé le 10 mars 1944, sinon les Allemands interviendront.

Le 4 mars, est découverte une fosse commune contenant les cadavres de sept commissaires de police et inspecteurs qui avaient été enlevés par des hommes armés dirigés par le résistant Lamouille. Ils ont été tués d'une rafale de mitraillette et d'une balle dans la nuque. Dans les jours suivants, d'autres fosses sont découvertes avec des cadavres de policiers. La Milice arrête les 13 et 14 mars des centaines de personnes à Annecy. Comme la prison est trop petite, on les emmène aux abattoirs ou sur un bateau amarré sur le quai. Des chefs de brigade de gendarmerie peu sûrs sont aussi arrêtés ainsi que de nombreux suspects à Cruseilles, Thonon, Saint-Jeoire.

Dans la nuit du 10 au 11 mars, se produit un événement décisif : un énorme parachutage d'armes est effectué par les Anglais sur Glières. Pour les maquisards, il n'est plus possible de se disperser en abandonnant ces précieux containers que les résistants sont dans l'incapacité d'évacuer puis de cacher. À cause de ces armes le refuge est devenu un piège mortel. Le 22 mars, après l'échec d'une attaque de la Milice, Vaugelas demande une dernière médiation, celle d'un prêtre du collège Saint-Joseph d'Annecy. Qu'il donne le message suivant aux maquisards : les Allemands arrivent mais il est encore temps de s'entendre. Le chef milicien promet de faire la différence entre les maquisards sincères et abusés et les « terros ». Le chanoine Henri Pasquier et l'abbé Maurice Gavel portent le message au successeur de Tom, Maurice Anjot, qui n'est pas dupe des promesses. Lelong n'a-t-il pas continué à les attaquer en dépit des relations nouées ? Que deviendront les maquisards, une fois en plaine ? Les conditions offertes ne sont pas sincères : « Il est profondément triste que des Français tels que vous l'avez été agissent comme vous le faites. Vous acceptez de détruire, au bénéfice de l'ennemi, les éléments les meilleurs du pays. Si vous attaquez, vous porterez la responsabilité de nos morts. Quant à moi, j'ai reçu une mission, il ne m'appartient pas de parlementer. » Darnand n'attendait sans doute pas de résultat positif de cette dernière proposition, car il s'emploie déjà à régler avec le général Pflaum, responsable des opérations allemandes qui seront décisives, la question des futurs prisonniers. Les Allemands exigent, avant de les leurs livrer, la promesse que les Français les fusilleront tous, puis Pflaum se contente de celle de les faire tous passer en cour martiale.

Le 24 mars, les Allemands bombardent le plateau. La Milice, renforcée de la compagnie de fusiliers 3/297, barre le secteur du Petit-Bornand à Thorens.

Le 26 mars, les miliciens se lancent à l'assaut, aidés par l'artillerie et l'aviation allemandes qui dispersent les concentrations de maquisards. En dépit de tout, la Milice n'est pas brillante sur le terrain. Di Constanzo est arrêté au col de Freux par les maquis « Verdun » et « Liberté chérie », Bernonville échoue devant le col de Spée et Bourmont n'arrive pas à s'emparer du col de l'Enclave. La décision vient des Allemands de la 157e division alpine qui, dans l'après-midi, percent à Monthiévret, à l'est. Le plateau est investi. À 22 heures, le capitaine Anjot donne l'ordre de décrocher et de regagner les maquis des vallées. Alors commence « la chasse », selon l'expression du chef milicien Jacques de Bernonville.

Un témoin, le peintre Serge-Henri Moreau, est appelé le 29 pour admirer le « tableau de chasse » du chef Marc Mongourd. Il l'interroge sur l'identité des morts :

« Français ou Espagnols ?

– Français ou Espagnols, ce sont tous des salauds[24] », répond le milicien.

Le peintre affirme avoir reconnu un lieutenant du 27e BCA, Griffolet d'Aurimont, dont le doigt a été coupé. Moreau se souvient qu'il portait une chevalière en or. Il voit un milicien fouiller les poches d'un jeune maquisard dont la matière cervicale s'est répandue dans son passe-montagne. Le pillard est dépité et dit : « Les vaches, ils ne m'ont rien laissé. » D'un geste, il propose au peintre de prendre les chaussures.

Les chiffres des pertes ont longtemps eu un caractère épique. Le nombre de morts allemands était particulièrement surestimé, car en avoir tué beaucoup prouvait l'intérêt militaire du maquis et la vaillance héroïque de ses membres. Charles de Gaulle donne le chiffre invraisemblable de six cents soldats allemands « tombés » à Glières, bilan ramené à trois cents hommes au moment du 40e anniversaire des combats (c'est le total avancé en 1945 par Rosenthal)[25]. En fait, on n'est sûr que d'un mort allemand et de blessés et de deux morts de la Milice. Quant aux maquisards, une centaine d'entre eux reposent au cimetière national de Morette, mais il faut leur ajouter les disparus en déportation et des victimes civiles.

Les survivants doivent maintenant s'échapper du plateau et ruser pour éviter les barrages établis par les miliciens. Quarante-trois arrivent à franchir le col du

Freux. La nuit les aide et sans doute une vigilance inégale des sentinelles (le lieutenant Bastian, responsable du ravitaillement de Glières, a pu franchir deux barrages de miliciens mais est capturé par des soldats allemands). Une fois le passage trouvé, encore faut-il compter avec les Allemands (dix-huit hommes d'un groupe de vingt-cinq maquisards sont tués dans une embuscade allemande à Morette) et les GMR présents au pied du plateau. Le capitaine Maurice Anjot est tué aux environs de Naves. La chasse à l'homme dans un rayon plus large est organisée à partir d'Annecy par Maleski, chef de la police de sûreté et du SD de Lyon. Tout jeune homme au visage très hâlé devient suspect. Des prisonniers – plus de deux cents selon les Allemands – s'entassent dans une caserne d'Annecy, à l'Intendance, au château. Ils sont brièvement interrogés. Un tri est fait. La plupart sont embarqués pour les prisons de Lyon d'où ils seront déportés en Allemagne dans l'été 1944. Les Espagnols sont fusillés en priorité. À certains maquisards, il est proposé de s'engager dans la Milice. Francis Bout de l'An affirme que « la plupart en réchappèrent grâce à des interrogatoires complaisants où l'on admit qu'il s'agissait en général de cuisiniers, de chauffeurs et de garde-magasins[26] ». Il serait hasardeux d'attribuer aux miliciens la survie de trois cents maquisards en dépit de ce témoignage isolé… Il faut aussi rappeler que le sort des survivants n'est pas une liberté sans risques. Par exemple, quand fut condamné à mort par un tribunal d'Alger le colonel Cristofini, de l'ancienne Phalange africaine, la radio française annonça que dix prisonniers de Glières seraient exécutés s'il était passé par les armes. Il le fut, et cinq des otages de Glières furent fusillés. Le 4 mai, une cour martiale à Annecy prononce neuf condamnations à mort. Plus tard, des miliciens jettent le corps d'une victime, torturée aux Marquisats, siège de la Milice, dans le lac après lui avoir ouvert l'abdomen et l'avoir rempli de pierres. La population ne sait pas tout mais le préfet, bien informé, témoigne de son hostilité aux miliciens qui répandent la peur.

La victoire. Le terme demeure bien excessif même si, pour Vichy, le but de la dispersion du maquis est atteint. La victoire, donc, n'apporte pas une pleine satisfaction après une attente sans gloire et un combat qui n'en a pas rapporté plus. Mais Darnand la fête avec les siens dans un hôtel de Thorens. On festoie à côté des prisonniers. Philippe Henriot vient les voir. Ce n'est qu'un combattant de micro arrivé après la bataille mais il se met avantageusement en scène et crache son mépris sur les prisonniers. Laissant supposer qu'il est encore dans le feu des combats, il s'emploie à déshonorer les prisonniers, abandonnés par leurs chefs, tremblants de peur : « Quand je les regardais et que je les entendais, je souffrais. J'ai vraiment souhaité entendre un cri de fierté, un cri de défi. J'aurais voulu trouver des hommes. J'ai trouvé des loques. » Darnand donne des ordres à Henry Charbonneau pour les comptes rendus dans *Combats*, l'hebdomadaire de la Milice : pas un mot des Allemands évidemment, mais rien qui insulte les vaincus. Les Savoyards qui écoutent encore la BBC entendront Schumann rétablir la vérité sur la présence décisive des Allemands et évoquer un « Bir-Hakeim en France ».

Quant à Henriot, sa besogne de propagandiste accomplie, il ne s'attarde pas.

Le préfet de Haute-Savoie signale, le 4 juillet, que le maquis contrôle toujours les arrondissements de Thonon et Bonneville[27]. Le 1er août 1944, les FFI reçoivent en plein jour, aux Glières, le plus gros parachutage de la guerre.

Une répression désordonnée, confuse, hésitante et souvent cruelle caractérise l'épisode de Glières où la présence au maquis d'une élite militaire a créé quelque gêne chez les pétainistes et divisé la Milice qui sera remerciée, plus tard, de ses loyaux services. Les vainqueurs de Glières sont honorés. Jacques de Bernonville, Raoul Dagostini, Jean de Vaugelas sont cités à l'ordre de la nation (*JO* du 8 juillet 1944).

Un des arguments de Pierre Laval est que l'utilisation de la Milice française épargne au pays une action répressive sanglante de la part des Allemands qui, autrement, se serait abattue avec une dureté extrême. Cet argument, inspiré de l'adage habituel – maintien de la souveraineté française par principe et pour servir les Français –, n'est pas étayé par les faits. En effet, les Allemands, méprisant la Milice, passent directement à des actions répressives de grande ampleur bien avant le Débarquement. Ahlrich Meyer a révélé ce que la Wehrmacht a longtemps cherché à cacher : des crimes à peine moins terribles que celui d'Oradour ont été perpétrés bien avant le Débarquement, certains d'entre eux étant des actes de pure terreur[28]. Cette conduite n'étonne plus depuis que des chercheurs s'intéressent aux « Bourreaux ordinaires de Hitler », des membres de l'armée et non plus des commandos d'extermination de la SS ayant commis des massacres à l'est. Sur une moins grande échelle, mais dans un pays qui avait signé un armistice, l'armée allemande s'est livrée en France à des crimes volontaires et organisés. L'existence d'une Milice française ne les a pas freinés.

Des actions ont été montées contre les maquis dans l'Ain et la Dordogne en février, mars, avril 1944. L'opération « Caporal » mobilisa deux mille hommes de la Wehrmacht dans la région située entre Ambérieu, Ruffieu, Bellegarde-sur-Valserine, Nantua et Poncin ; 456 personnes furent arrêtées et 75 résistants tués. Elle fut suivie de l'opération « Printemps » fin mars, dans la région d'Oyonnax, dont le bilan est voisin.

L'opération « Brehmer » qui se déroule en Dordogne entre le 26 mars et début avril 1944 ne prend même plus l'apparence d'une éradication du maquis pour s'attaquer aux seules populations civiles. La situation troublée du département – trente actions contre des biens et trente-six attaques mortelles contre des individus dans le seul mois de mars 1944 – incite le préfet Popineau à demander une répression par les forces de police françaises, mais, la Milice étant occupée à Glières, c'est le général Walther Brehmer qui lance les opérations, le 27 mars 1944. Bilan du massacre des civils : 211 pour la seule Dordogne.

Des exécutions massives d'otages se produisent les 26 et 27 mars 1944 à Brantôme et à Saint-Martin-de-Chignac, les Juifs réfugiés dans cette région ayant été majoritairement sélectionnés. La méthode est répétitive : les Allemands cernent la localité, interrogent le maire et les habitants sur le maquis. Devant les réponses négatives, ils prennent des otages, les abattent, pillent les maisons avant de les incendier. Rien ne change après le Débarquement.

Chapitre 7

Combattre pour une cause perdue

Le Débarquement déchaîne la Milice

Le 6 juin 1940, le maréchal Pétain s'adresse aux Français. Au moment où le général de Gaulle déclare l'insurrection nationale, il appelle les agents publics à demeurer fermes à leurs postes pour accomplir leurs tâches et recommande aux Français la plus stricte neutralité (« Cette guerre n'est pas la nôtre »). Ils devront s'abstenir de toute action qui pourrait amener sur eux des représailles. Le 7 juin, Joseph Darnand mobilise, condamnant implicitement la passivité de Pétain : « Mais vous hommes de l'Ordre, il ne vous suffit pas de rester spectateurs passifs. Il faut vous battre là où l'Ordre est menacé. » Ce ne sera donc pas contre les Allemands mais contre la Résistance : « Les ordres sont clairs. Considérez comme des ennemis de la France les FTP et Partisans, les membres de la prétendue Armée secrète et ceux des groupements de résistance. Attaquez-vous aux saboteurs qu'ils soient ou non parachutés. Traquez les traîtres qui essaient de saper le moral de vos formations. » Darnand ne doute pas d'une victoire sans mansuétude envers ceux qui se seront dérobés à leur devoir : « Demain, l'orage sera passé, l'Ordre sera rétabli sur tout notre sol. Nous ferons alors le compte des fidélités et des trahisons. Les traîtres et les défaillants seront châtiés comme ils le méritent. Durement. Avec les hommes fidèles, nous ferons la Révolution socialiste qu'attend le peuple. »

Darnand mobilise la Franc-Garde avant de lancer un contre-ordre, sans doute parce que rien n'est prêt pour accueillir et armer tout le monde. Les convocations ne suscitent pas d'enthousiasme ; ils seront nombreux à ignorer la première convocation, ils n'avaient pas été inscrits à la Milice pour cela. Pour les fidèles c'est la révolution qui commence, mais il n'y a plus beaucoup d'idéologues pour croire au mythe. Il reste surtout des hommes qui ont peur des représailles qui suivront leur déroute prévisible, des voyous qui veulent amasser de l'argent, des désaxés violents qui apprécient la licence de tuer et de torturer dans l'impunité. Les pires exactions sont commises pendant ces mois d'été.

La Milice n'avait pas, en principe, à se battre contre les Anglo-Saxons. Il y eut quelques affrontements cependant mais sa fonction était autre : assurer le maintien de l'ordre existant. Darnand, qui, depuis le 8 avril, avait sous sa coupe les renseignements généraux, est nommé le 13 juin 1944 secrétaire d'État à l'Intérieur, se substituant à Laval dans la plupart des tâches de ministre de l'Intérieur. La Milice devient de jour en jour la référence quasi unique en matière de maintien de l'ordre.

Les autres forces ne veulent pas être confondues avec elle et, comme la gendarmerie, la Garde et la Sûreté sont favorables à la Résistance et attendent les libérateurs. En maints endroits, il n'y avait plus aucune force d'État auprès de qui se plaindre et chercher protection.

Décrire exhaustivement l'action de la Milice dans ces semaines d'anarchie serait d'une lassante monotonie tant les faits sont répétitifs encore que d'une extrême violence dans le Sud et en Bretagne. Quelques maquis ont voulu, sur les bordures du Massif central, libérer les petites villes. Ces opérations prématurées à Tulle, dans le Cher, n'ont pas résisté longtemps aux représailles allemandes. Ainsi, les résistants s'emparent de Saint-Amand-Montrond, calme sous-préfecture du Cher où l'on ne compte que deux Allemands mais une trentaine de miliciens qui protègent la famille de Bout de l'An : sa mère, sa femme Simone, une ancienne institutrice, jeune mère d'un enfant de trois ans et d'un bébé de dix-sept mois. Simone Bout de l'An, qui n'est pas milicienne, convainc les francs-gardes de se rendre aux résistants. Elle est placée avec ses enfants à l'hôpital. Quand les FFI doivent se replier devant un retour des Allemands, ils emmènent avec eux treize francs-gardes, six femmes dont Simone Bout de l'An. À leur tour, Allemands et miliciens prennent des otages. Ils fusillent des maquisards, menacent d'incendier la ville. Le maire, René Sadrin, et l'archevêque de Bourges s'entremettent pour un échange. Les femmes sont libérées le 23 juin. Tout aurait pu mieux se terminer si Bout de l'An n'avait fait venir Joseph Lécussan comme responsable du maintien de l'ordre dans le sud du Cher, à qui il laisse toute liberté d'agir une fois que lui-même a retrouvé sa femme. La haine antisémite de Lécussan se déploie comme à Lyon ou à Annecy : il organise une rafle de Juifs à Saint-Amand et à Bourges. Plusieurs des prisonniers sont conduits dans une ferme abandonnée, à Guerry. Ils sont fusillés et jetés dans un puits, certains encore en vie. On retrouvera, après la Libération, vingt-cinq corps dans un puits et huit cadavres de femmes dans un autre.

La répression prend la forme du « ratissage ». Il n'est que d'attendre des dénonciations et de se précipiter alors sur les lieux où les miliciens ne trouvent en général que des femmes et des enfants. Les hommes jeunes sont partis au maquis ou se sont cachés. Les miliciens exigent des noms. Au passage ils n'hésitent pas devant les petits profits qui payent le déplacement. En Tarn-et-Garonne, c'en est fini des jours tranquilles.

Le 10 août 1944, des coups ébranlent la porte du café des Escorbiac à Caussade. Les miliciens crient à Germaine Escorbiac :

« Où est ton mari ?

– À Montauban pour son commerce.

– Tu mens ! Si tu ne veux pas parler on va te fusiller. »

Le café est pillé, les verres brisés. La fouille de la maison livre l'adresse du commis. Aussitôt un petit détachement se rend chez lui et le tue dans son lit. Quant à la propriétaire du café, elle doit se déshabiller et descendre à la cave avec les miliciens qui boivent jusqu'à plus soif. Ivres morts, ils l'y oublient. Chez Denise Meyniel ils volent 28 000 francs, le poste de TSF et… un fer à repasser. L'un d'eux dit :

« Il faut prendre cette femme, car avec elle, nous saurons demain où se trouve le maquis. »

Elle est hissée dans un camion. Une milicienne lui demande s'il n'y aurait pas de Juifs à l'hôtel Larroque. Denise Meyniel répond qu'elle n'en a jamais vu. Elle doit les suivre dans leur battue des fermes puis est interrogée à Montauban alors qu'elle a été laissée deux jours sans nourriture. Quels sont les hommes qui ont quitté Caussade ? Elle n'en sait rien. Alors un milicien ordonne :

« Emmenez-la au confessionnal. »

Dans une salle de bains, les miliciens lui ordonnent de se déshabiller. Devant ses hésitations ils lui arrachent ses vêtements et se relaient pour la flageller avec une serviette mouillée. De l'argent lui est proposé pour qu'elle parle. Transbahutée de la caserne des dragons au siège de la Gestapo, elle est sans cesse interrogée. On lui passe une corde au cou et on la jette à terre. Enfin convaincus que cette ménagère ne sait rien, les miliciens la relâchent le 14 août. Mais à Perpignan l'innocence ne suffit pas, il faut en passer par un avocat véreux qui exige plusieurs centaines de milliers de francs des victimes aisées. À Montpellier, la Milice arrête volontiers des négociants et de gros éleveurs susceptibles d'acheter leur liberté par des marchandises, des camions ou de l'argent.

Bien informés par un des leurs, une trentaine de miliciens de Montauban débarquent le 17 juillet 1944 à Montricoux. Ils fouillent d'abord l'autocar Bruniquel-Montauban où, sous une banquette, est découverte une arme. Les miliciens menacent de fusiller tous les voyageurs si le propriétaire de l'arme ne se dénonce pas. Les voyageurs sont alors fouillés. L'un d'eux a une grenade. Il est jeté à terre, bourré de coups dans les côtes, sa mâchoire est fracassée. Les hommes en bleu se livrent à des perquisitions dans les maisons, prenant ce qui leur plaît. Ils arrêtent huit habitants et les embarquent. Leur convoi est attaqué par un groupe de résistants aux Brunis (sur la commune de Nègrepelisse). Des résistants blessés sont achevés par les miliciens. À Montauban, les prisonniers sont torturés et quatre d'entre eux sont pendus en public. Quelques jours plus tard, deux prisonniers sont conduits en forêt de Montech où ils sont enterrés vivants[1].

Les miliciens évitent d'affronter le maquis de leur propre initiative. Ils préfèrent les coups de main sans trop de danger, au besoin en utilisant la ruse. Dans un quartier populaire de Clermont-Ferrand, par exemple, ils conduisent une ambulance avec à son bord des miliciens la tête et les membres enveloppés de pansements sanglants. Les accompagnateurs cherchent des personnes charitables pour héberger les maquisards blessés. Quatre résistants du Cantal, réfugiés dans la cité, sont informés. Ils viennent aux nouvelles – armés par prudence – et acceptent de prendre en charge les blessés et de les évacuer. À peine les portes de l'ambulance sont-elles ouvertes que les faux blessés miliciens surgissent en criant : « Haut les mains ! » Une fusillade s'ensuit. Un patriote et un milicien sont tués. Deux secouristes sont arrêtés et emprisonnés.

Quand il faut aller à l'affrontement, cela n'enchante pas toujours les hommes de Darnand. Dans la petite ville de Magnac-Laval, en Limousin, le départ des forces de l'ordre crée une situation confuse. Les FTP pénètrent un moment dans la ville où les attire un hôpital allemand mal protégé. Ils arrêtent un industriel, Riffaud, et sa femme, et les tuent. Ils prennent des otages, le percepteur, le receveur des postes, un médecin, un négociant, deux interprètes de l'hôpital et partent avec eux. Deux jours plus tard, une opération est montée contre les ravisseurs par un détachement allemand, des GMR et des francs-gardes. Avant d'en découdre avec le maquis, les miliciens boivent beaucoup dans les cafés de Limoges pour se donner du cœur au ventre. Ils tiennent des propos insensés et plastronnent devant leurs égéries. L'une d'elles, pas en reste dans l'ébriété, réclame un « sac à main en peau de maquisard ». Quand ils arrivent à Magnac-Laval, les FTP se sont envolés. Il ne reste plus qu'à piller les maisons pour remplir les camions, étancher une soif persistante. Pour assurer la sécurité de leur retour à Limoges, ils décident d'emmener avec eux des otages. Le chef de trentaine, Jean Chardonneau, fait arrêter le convoi au bout de quelques kilomètres et ordonne aux otages – sauf trois femmes – de partir dans un champ. Soudain il crie : « En piste ! » Miliciens et Allemands tirent sur les otages qui se dispersaient. Une des femmes, qui voit son fils et son mari tomber, hurle. Chardonneau se retourne et abat les trois femmes à la mitraillette. Vingt-deux cadavres restent sur le terrain. À Limoges, les officiers des GMR, qui n'ont pas participé à la tuerie, parlent. Le chef milicien Raybaud, d'accord avec le préfet, ne veut pas laisser ces crimes impunis. Un tribunal du Maintien de l'ordre condamne le milicien Chardonneau à mort. Il est fusillé le 22 juillet. Des chefs comme le capitaine Raybaud et le lieutenant Geromini auxquels Darnand avait donné le commandement du maintien de l'ordre, ont tenté de réprimer les assassinats en Limousin.

En Bretagne, les miliciens ont renforcé depuis avril 1944 un terrible groupe de délateurs et de tueurs issu du Parti nationaliste breton auquel a été donné le nom de l'abbé Perrot (tué par la Résistance). Darnand y dépêche une brute, Di Constanzo, qui s'est déjà signalé dans l'état-major de Vaugelas aux Glières. Sa doctrine se réduit à l'élimination des résistants : « Nous n'en tuerons jamais assez », répète-t-il. Les Allemands payent la « Milice Perrot » qui fournit les renseignements et procède aux ratissages. Après le Débarquement, rien ne les arrête. Des résistants sont enlevés. Les torturer pour les faire parler semble même inutile à une des brutes de la Milice, Daigre :

« Pourquoi les garder plusieurs jours ? On aurait mieux fait de les crever tout de suite. » À Trélivan, des résistants se sont réfugiés dans le café Guéguen auquel les miliciens mettent le feu. Les réfugiés sont brûlés vif. Leurs complices, réels ou imaginaires, sont enlevés, torturés, mis à mort. Les sévices habituels sont utilisés mais avec un acharnement particulier dans la brutalité. Ici, ce sont des jeunes gens qui ont la verge éclatée, ou sont décapités à coups de pelle. En forêt de Lorges seront retrouvés les corps de trente-huit personnes dont les membres ont été brisés, le thorax et la tête enfoncés.

À Vichy sévit la sous-direction des renseignements généraux du commissaire Pierre Poinsot, venu de Bordeaux, qui assiste le directeur des RG, le milicien Jean Degans. Ils opèrent au Petit Casino et à l'Hôtel du Parc-Lardy où se déroulent des interrogatoires accompagnés de tortures.

À Montpellier, à la caserne de Lauwe, se déroulent des scènes horribles. Le silence a longtemps recouvert les pratiques de la Milice dans ce quartier excentré mais elles ne pouvaient pas être ignorées des familles de miliciens qui étaient repliées à la caserne. Une femme de milicien a avoué avoir entendu pendant des jours les cris des personnes torturées. Des enfants étaient témoins des crimes de leurs pères.

Georges Belin, un résistant arrêté le 29 juin 1944, subit quelques interrogatoires banals, puis, le 11 août, il est conduit dans une pièce au sol maculé de sang que désigne le milicien Tortora :

« Voilà le tien si tu ne parles pas. »

Après l'avoir interrogé, le milicien le frappe au visage, et lui ordonne de se mettre nu. Il introduit dans la salle d'autres tortionnaires qui frappent Belin avec des nerfs de bœuf et lui donnent des coups de pelle. La victime tombe à terre. Tortora le fait relever à coups de pied dans les côtes. Sadique, il arrête le jeu : « Tu en as assez, nous te reprendrons plus tard. » Georges Belin est ramené dans sa cellule où ses compagnons protestent, car ils ne peuvent supporter ses gémissements. Les gardiens l'isolent dans une cellule en le laissant sans soins. Le lendemain Tortora l'attend avec des aides. Ils l'injurient, lui frappent la poitrine en ricanant : « Cela ne fait pas trop de mal mais dans quinze jours tu seras conduit au sana. » Ils lui arrachent des touffes de cheveux et lui fracturent le nez. Il aura quand même la chance d'être libéré le 17 août. Le moindre des supplices est de n'avoir à sa disposition en cet été brûlant que de l'eau très salée. Dans cette caserne, le supplice des « poucettes » est fréquent. Les hommes sont suspendus par les pouces, les orteils effleurant le sol. Ils attendent ainsi des heures avant l'interrogatoire.

Une prisonnière, Mme Daunes, se rebelle et demande de quel droit les miliciens l'ont arrêtée. Elle est giflée. Tortora lui ordonne de se déshabiller et de se mettre à genoux. Il lui tire les cheveux, lui frappe la tête contre le sol, lui donne des coups de pied en lui disant : « Je viens de tuer Mme Bousquet, maintenant c'est ton tour. » Les époux Pignol sont arrêtés en juin. Lui est torturé au cours d'un interrogatoire par le milicien Achache. Le prisonnier est retrouvé mort dans sa cellule. Son cadavre est laissé dans la pièce voisine de la cellule de sa femme jusqu'à ce que l'odeur devienne insupportable. Un gardien témoigne que Mme Pignol a reçu des coups sur tout le corps ; le ventre lacéré de coups de cravache, les parties génitales ensanglantées. Un peu plus tard, un autre surveillant constate qu'un filet de sang coule de son oreille droite. Quand il revient dans la cellule, il la trouve pendue à un fil de fer à l'imposte. Elle a été violée par Achache qui l'a pendue ensuite avec l'aide du gardien-chef, Vinas.

Sur le martyre de l'ingénieur Guizonnier des détenus ont témoigné. Marie-Thérèse Humbert est amenée pour interrogatoire dans une pièce où il est assis sur un tabouret, l'œil droit sortant de l'orbite, le visage fendu ; il est couvert de sang. Un peu plus tard elle le verra nu, accoudé à une table, devant laquelle se tiennent des miliciens, Tortora et sa maîtresse, Fernande Thévenon. Le dos semble brûlé au fer rouge. Il meurt dans une cellule sur une civière. Un gardien avoue aux détenus : « Il est dans la salle là-bas, on ne lui a même pas fermé les yeux ni la bouche. »

Un jeune de dix-huit ans, Raoul Batany, a été soumis pendant trois jours aux poucettes et à l'eau salée. Le 17 août, deux miliciens, Cordier et Vinas, rendus furieux à l'idée du repli, demandent au gardien-chef la clé de sa cellule. Devant son refus ils enfoncent la porte, traînent le prisonnier dans la cour et, en présence d'une vingtaine de miliciens (et de miliciennes), tirent chacun un coup de pistolet dans sa tête. Ils ordonnent à deux détenus de creuser pour lui une tombe dans la cave à charbon[2]. Aux derniers jours précédant la Libération le sommet de l'État s'accroche à un pouvoir malfaisant et dérisoire. La radicalisation des miliciens les rapproche de leurs amis tortionnaires de la SS.

L'assassinat d'Henriot

À Vichy, Philippe Henriot continue d'attaquer les « terroristes assassins » et de menacer les communistes des pires châtiments. Il ne veut rien savoir des crimes de la Milice et vit dans un monde irréel, mythifiant l'Allemagne. Le 7 juin, il est allé outre-Rhin pour haranguer les travailleurs français dans les usines. À son retour, il ne ménage pas son enthousiasme, déclarant : « Après avoir salué aujourd'hui sur le sol de l'Allemagne la grande bataille décisive qui s'engage, j'espère avoir la joie de saluer sur le sol de France la victoire décisive. » Il conte avec exaltation ce qu'il a vu. Pétain, ironique, l'interroge sur l'effet des bombardements alliés sur l'Allemagne. Quels bombardements ? C'est de la pure propagande anglaise, répond-il ! Les usines détruites ? Les conséquences sur la production sont très limitées, la population est parfaitement protégée. Comme s'il revenait de vacances, il exhibe devant ses interlocuteurs des photos où il figure fièrement au milieu des nazis. Il se réjouit de l'engagement de son propre fils dans la NSKK, corps motorisé allemand de transports pour la Luftwaffe. Jean Tracou, secrétaire général du maréchal Pétain, le juge avec commisération : « Henriot est en effet noyé. Il a perdu pied. Cet homme sincère, courageux, patriote, est entraîné au-delà de lui-même par une facilité oratoire à laquelle manque le support d'une pensée politique solide. Ce n'est certes pas un déséquilibré, mais il a perdu l'équilibre[3]. »

Un tel homme est-il encore utile ? Laval attend de lui un appui au Conseil des ministres pour juguler l'opposition des ministres ultracollaborateurs qui ont discerné son scepticisme grandissant quant à une victoire allemande. Déat, devenu en mars 1944 ministre du Travail et de la

Solidarité nationale, considère Laval comme un traître et réclame un « gouvernement de salut public » dont la première tâche serait de déclarer la guerre aux envahisseurs. Toujours la même marotte mais qui devient dangereuse. Faut-il destituer le venimeux chef du RNP comme le suggère Pétain ? Laval hausse les épaules : Déat serait encore pire en dehors du gouvernement. Mais, dénombrant ses soutiens au sein du Conseil des ministres, Laval s'aperçoit qu'il n'en a plus beaucoup, ce qui donne du prix à Henriot et à Darnand. Chaque voix comptera au prochain Conseil des ministres où Laval veut mettre Déat au pied du mur et exiger qu'il respecte la solidarité gouvernementale et son autorité. Cet important Conseil est prévu pour le 27 juin 1944, il se tiendra à Paris afin que Déat, porte-parole des ultras, y participe, car le maréchal Pétain n'en veut pas à Vichy. Le climat est tendu. Chacun prend un risque en se déplaçant. L'émission de la France libre *Les Français parlent aux Français* en appelle désormais au châtiment : « Miliciens, futurs fusillés / Miliciens, vos jours sont comptés. » Et elle ajoute : « Taisez-vous, M. Philippe Henriot, ou bien faites-vous naturaliser allemand. Les quelques Français qui vous croient encore sauront alors ce que vous êtes : un ennemi de la France. »

À Paris, Henriot apprend que le Conseil des ministres est repoussé. Il renonce à rentrer à Vichy le soir même, comme il en avait eu l'intention, et met à profit son temps libre pour assister au départ, à la gare de Lyon, de son fils pour le front. Avec sa femme, il voit un film sur les boulevards et rentre, vers 23 heures, rue de Solférino. Détendu, il bavarde avec son garde du corps, Pantalacci.

Apprenant que ce dernier n'a pas dîné, il le renvoie. Il n'a plus besoin de lui cette nuit et l'attend le lendemain matin. On pourrait croire le ministère de l'Information bourré de miliciens, mais il n'en est rien. Apparemment, le service de sécurité de la Milice est retenu ailleurs. Un ministre aussi menacé qu'Henriot n'est pas sérieusement protégé par de simples rondes de police autour des immeubles, quelques gardiens de la paix en faction dans la rue et trois vigiles installés dans une salle de garde. Est-ce bien la peine d'appartenir à la Milice française, créée pour protéger l'État, s'il faut se contenter de la fermeture nocturne de la porte du ministère ?

Henriot travaille un moment dans sa chambre devant le seul ornement qu'il y a apporté, des papillons séchés. Il s'est offert, la veille, une détente en cherchant quelques spécimens à Randan. Deux fois le téléphone sonne. Il décroche. S'est-il surpris à dire : « Allô ? » de sa voix si reconnaissable ? Sa femme, victime en Gironde d'une tentative d'enlèvement, s'inquiète de ces appels anonymes. Et si c'était pour vérifier sa présence ? Et si se préparait une attaque de terroristes contre le ministère ? Henriot se rit de ses alarmes. Les pseudo-résistants sont incapables d'assaillir en plein Paris un ministère ! Il appellera une garde de miliciens pour rejoindre demain Matignon. C'est promis. En attendant, il faut dormir.

Un jeune garçon d'une folle audace, Charles Gonard, dit « Morlot », chef d'un des deux groupes francs des MUR de la région parisienne, a décidé d'assassiner Henriot à l'aube. Sur ordre du COMAC (Comité militaire d'action de la Résistance, état-major des FFI, dominé par les communistes), il a préparé un attentat contre le ministre. Il a recruté et organisé trois équipes de cinq hommes ; pour ce genre d'action, point n'est besoin de purs idéalistes, et certains sont même des gangsters, tel ce Pierre Démoulin, un praticien de l'escroquerie et du hold-up. Les hommes de ce genre sont disponibles pour toute action bien rémunérée, et peu importent les commanditaires, qui auraient tout aussi bien pu être des SS voulant faire pression sur Laval en assassinant Henriot. Morlot a obtenu un plan du ministère et surtout l'information selon laquelle la cible y dormira cette nuit-là.

Il est un peu plus de 5 h 30, ce 28 juin, quand le commando arrive avec trois voitures qui s'arrêtent à l'angle de la rue de Bellechasse et de la rue Las Cases, à proximité du ministère. Il neutralise les gardiens de la paix en les menaçant : « Résistance. Donnez-nous vos armes et suivez-nous. » Les sentinelles allemandes de la rue de Lille semblent n'avoir rien vu, rien entendu. Se présentant comme « la garde du ministre », les membres du commando obtiennent l'ouverture de la grille et, de la cour, se dirigent vers la loge du concierge qui, entrebâillant sa porte, se retrouve avec un revolver braqué sur lui. La pièce est occupée.

5 h 40. Une dizaine d'hommes du commando s'occupent de désarmer les vigiles, d'arracher les fils des téléphones et de neutraliser le second concierge, rue de l'Université. L'équipe de Morlot gagne le premier étage, où se trouve la chambre d'Henriot. La troisième porte est la bonne. Morlot frappe en criant : « Milice ! Brigade spéciale. Des terroristes veulent enlever Monsieur le

Ministre. Il faut qu'il descende pour que nous le protégions ! » Henriot, tiré brutalement de son sommeil, réagit mal. Il pourrait rester dans la chambre, tenter de téléphoner. Sa femme lui crie : « N'ouvre pas, ce sont tes assassins. » Mais écoute-t-on une femme apeurée ? Il est derrière la porte : « Mais, comment, qui êtes-vous ? Qu'est-ce que vous prétendez ? » Morlot glisse sous la porte une carte non pas de la Milice française, mais des milices révolutionnaires françaises de Costantini sur laquelle a été collée la photographie du « titulaire », « Charles Gonin ». Un peu bizarre quand même… mais Henriot ouvre la porte sur un couloir sans éclairage. Morlot lui aurait demandé s'il était Philippe Henriot avant de tirer. Henriot esquive le coup. Le récit de Morlot est clair mais pose tout de même quelques problèmes[4]. Il ne semble guère vraisemblable, par exemple, qu'Henriot ait tenté de se saisir de l'arme de son agresseur, précision pourtant donnée par Morlot pour accréditer le projet d'un enlèvement d'Henriot. Tuer était plus facile et plus sûr pour les exécutants qu'enlever et garder prisonnier, en pleine région parisienne, un ministre de Vichy, collaborateur des Allemands. Morlot et Démoulin tirent, ainsi qu'un troisième tueur. Ils sont donc trois à abattre Henriot. À 5 h 53, le commando a quitté le ministère. Morlot se réfugie chez un policier résistant de Seine-et-Oise.

Laval n'accepte pas les reproches que lui fait Darnand sur les négligences de la sécurité. Il n'a pas fait protéger Henriot, car ce dernier n'avait confiance que dans ses miliciens. L'idéologue avait même refusé la protection de la préfecture de police. Il a stupidement ouvert à ses assassins qui se faisaient passer pour des miliciens.

Le gouvernement organise des obsèques solennelles pour l'un des siens, conjointement avec la Milice. Leur caractère grandiose dissimule les tensions politiques. L'hommage du peuple doit donner l'impression d'un accablement profond des Parisiens, d'abord invités à s'incliner devant la dépouille d'Henriot au ministère de l'Information, rue de Solférino (aujourd'hui siège du Parti socialiste). Où s'exprimera ensuite le chagrin du peuple ? Les miliciens voulaient exposer le cercueil dans un salon de l'Hôtel de Ville, mais le conseil municipal refuse. Laval impose un compromis : un cénotaphe sur la place de l'Hôtel de Ville. La foule là encore est nombreuse à défiler. Attachement à une « vedette » de la radio ? Badauderie ? Émotion sincère devant l'assassinat ? Des petits bouquets sont déposés par des Parisiens qu'on n'a pas forcés. À Notre-Dame, la pompe religieuse est solennelle à souhait, mais Mgr Suhard, qui donne l'absoute, s'est refusé à prononcer les paroles d'hommage qui lui étaient réclamées. À Notre-Dame, huit miliciens portent le cercueil jusqu'à la croisée du transept. Il est recouvert d'un drapeau tricolore. Il y a d'ailleurs dans la cathédrale une grande débauche de drapeaux tricolore. La bousculade gâche quelque peu la cérémonie. Cette fois encore, le préfet de police Bussière et Hennequin, sous-secrétaire d'État à la Police, déclinent toute responsabilité : la Milice a revendiqué l'organisation de la cérémonie et a prouvé son manque de compétence. Laval, qui a remplacé à la radio Henriot par Vallat et Marion, est présent aux obsèques à côté d'Abetz, mais le maréchal Pétain ne s'est pas dérangé et a même refusé de prononcer une allocution radiophonique. Il rappelle à Laval qu'il n'a jamais voulu de ce ministre et se borne à adresser une brève et banale lettre de condoléances à Mme Henriot.

Les actes symboliques – d'ailleurs chichement mesurés – ne suffisent pas à apaiser les miliciens orphelins depuis l'assassinat de leur grand orateur. Darnand ordonne aux préfets de faire célébrer des messes solennelles. Plusieurs d'entre eux n'obtempèrent pas. Si Mgr Feltin rend hommage au ministre à Bordeaux pour la défense religieuse et la représentation de la Gironde, nombre d'évêques se dérobent. À Limoges, Mgr Rastouil, qui connaît les crimes commis en Limousin par la Milice, oppose un net refus. La Milice l'arrête, et il faudra l'intervention du nonce apostolique pour qu'il soit (provisoirement) libéré. À Vichy, les miliciens remplacent les plaques de la rue du Président-Wilson par d'autres : « rue Philippe-Henriot ». Le conseil municipal, qui n'a pas donné son accord, proteste et menace de démissionner si les nouvelles plaques ne sont pas enlevées. Laval calme le jeu. Il ne veut pas de bagarres dans les communes de France pour de telles misères. Des affiches recouvrent les murs : « Qui sont les assassins ? », « Il disait la vérité. Ils l'ont tué » ou, plus inquiétantes : « Philippe Henriot, tu seras vengé ».

À Paris, Jean Bassompierre coordonne les recherches pour trouver les assassins. Une énorme prime est promise à qui fournira des renseignements utiles, si bien que le milieu des indicateurs se mobilise. À la fin de la première semaine de juillet 1944, arrive une dénonciation intéressante portée par une certaine « comtesse de Bernardi », de son vrai nom Antoinette Hugues. En relation d'affaires, avec des gangsters auxquels elle indique des coups moyennant une bonne commission, elle fournit des indications fiables sur un membre du commando, Pierre Démoulin. Elle s'offre même à l'attirer dans un guet-apens. Marché conclu. La comtesse de Bernardi signale à Démoulin que les conditions sont favorables pour qu'il s'empare d'un stock d'or 30, rue de Gramont. Il mord à l'hameçon, propose à deux membres du commando Morlot de faire le coup avec lui mais le 15 juillet, lorsque les voyous arrivent en traction avant Citroën rue de Gramont, ils sont attendus par des tueurs de la Milice. Démoulin est abattu par Jean Mansuy, un gangster qu'on retrouvera impliqué dans l'assassinat de Mandel. Ses complices, arrêtés, ne tarderont pas à s'évader[5]. Les hommes du milieu sont alors trop utiles pour rester longtemps à l'ombre.

Vachey, auxiliaire au service photographique de l'Information à Vichy, dénoncé comme un complice de l'assassinat d'Henriot, est traîné par Gombert dans une salle du Théâtre transformée en stand de tir. Des inspecteurs de la Milice miment une exécution avec cigarette et verre d'alcool offerts. Ils le plaquent au mur et s'amusent à l'encadrer de balles avant de lui infliger dans la cave du Petit Casino le supplice de l'électricité. Comme il ne dit rien, faute de savoir quoi que ce soit, le prisonnier est abandonné, attaché sur un volet qui recouvre une cuve d'eau, sans le moindre soin. Ses blessures s'étant infectées, il est conduit à l'infirmerie de la Milice à la pastillerie Lardy.

La vengeance continue. À Mâcon, où Henriot avait été nommé « franc-garde d'honneur » par le chef départemental Clavier, les miliciens abattent sept personnes dont Raymond Papet, chef de bureau au cabinet du préfet. Ils saccagent des magasins et menacent de tuer femmes et enfants des fonctionnaires qui oseraient démissionner en signe de protestation. À Rennes, le secrétaire général de la mairie, le greffier de la cour d'appel, un libraire sont assassinés. À Lyon, Paul Touvier, chef régional du 2e service de la Milice, assure, sans trop de vraisemblance, que les Allemands ont exigé que cent otages soient fusillés (l'information lui aurait été donnée par Bourmont chef régional de la Milice). Il prétendra ultérieurement avoir réussi à ramener le nombre de victimes à sept, victimes dont le sort, croit-il, ne provoquera pas de protestations du préfet, à la différence de ce qui s'est produit à Mâcon. Sept Juifs sont donc arrêtés. Claude Benzimra, Glaeser, Louis Krzyzkowski, Siegfried Prock, Maurice Schlusselman, Émile Zeizig et un inconnu, sont conduits jusqu'au mur du cimetière de Rillieux (aujourd'hui Rillieux-la-Pape) et fusillés. Une lettre à l'en-tête d'un magasin ayant été trouvée par le commissaire Faury sur le corps d'Émile Zeizig, les policiers s'y rendent. Il s'agit d'un magasin de bonneterie à Sainte-Foy-lès-Lyon, où ils tombent sur une équipe de francs-gardes en train d'enlever les marchandises du supplicié. Aucun profit si petit soit-il n'est à négliger.

Pourtant, les miliciens restent frustrés par des représailles qu'ils jugent insuffisantes. Une initiative allemande leur offre une occasion de venger leur héraut.

L'assassinat de Jean Zay et Georges Mandel

Le temps de l'exécution des grands otages est venu. Déjà, le 16 juin, le directeur du cabinet de Darnand, Lucien Raymond-Clémoz, avait signé un ordre de transfert de Jean Zay, l'ancien ministre du Front populaire incarcéré à Riom depuis 1940 :

« Monsieur le Directeur de l'Administration pénitentiaire,

« Par mesure de sécurité, je vous prie de vouloir faire transférer d'urgence le prisonnier Jean Zay, détenu à la maison d'arrêt de Riom, dans une prison du département de la Seine. R. Clémoz[6]. » André Baillet, directeur de l'Administration pénitentiaire, s'étonne que ce transfert soit confié à des miliciens. En général, ce sont des gendarmes ou des GMR qui en sont chargés. Il transmet néanmoins l'ordre qui passe par Carbonnier, directeur régional de l'Administration pénitentiaire, un milicien. Jean Zay est remis le 20 juin à Henri Milou, chef de la sécurité à Vichy où l'ancien ministre passe la nuit à l'Hôtel Moderne, appartenant à la Milice. Le 21 juin, deux voitures prennent la direction du Cher. Le prisonnier n'est jamais arrivé à Melun. Mme Zay alerte Laval qui la reçoit. Une enquête est lancée. Jean Degans, directeur des renseignements généraux à la police nationale à Vichy, dit au commissaire Poinsot que Jean Zay était un salaud, qu'il a été supprimé, qu'il n'y a qu'à étouffer l'affaire. Le 22 juin, Laval informe Mme Zay que, selon Darnand, son mari, dont les Allemands avaient demandé le transfert, s'est évadé. Si c'était vrai il aurait dû le savoir quand il a reçu la première fois Mme Zay et l'en informer. Le directeur général de l'Administration pénitentiaire fabrique un rapport vaseux d'où il ressort que la voiture est tombée dans une embuscade de maquisards et que, profitant de la situation, Jean Zay a tenté de s'enfuir. Un des gardiens a cru devoir l'abattre. Le corps n'a pas été retrouvé, sans doute parce que les maquisards l'ont emporté. Les miliciens auraient été ramenés à Moulins par un convoi allemand qui passait par là.

Une enquête postérieure à la Libération révélera que les miliciens ont fait descendre Jean Zay au lieudit Les Malavaux, en prétendant qu'ils étaient de faux miliciens et devaient le remettre à un groupe de résistants. Ils ont marché un peu jusqu'au Puits-du-Diable, puis Jean Zay, fatigué, s'est arrêté et s'est assis sur une pierre. C'est alors qu'il a été assommé puis abattu d'une rafale de mitraillette. Son corps, dépouillé de ses vêtements et de son alliance, a été jeté dans une excavation, recouverte ensuite de pierres éboulées. Le cadavre n'est découvert qu'après la Libération.

Les représailles ne s'arrêtent pas là. Les Allemands informent Laval qu'ils ont décidé de lui envoyer de précieux otages politiques, Georges Mandel, Paul Reynaud et Léon Blum, emmenés en Allemagne à la fin de 1942. Laval en usera contre les dirigeants d'Alger qui condamnent et veulent exécuter d'anciens membres de la Légion tricolore ou de la phalange africaine tombés entre leurs mains. L'un d'eux, le colonel Magnien, ne vient-il pas d'être condamné à mort ? Laval fera, enfin, juger ces politiciens en veillant à ce qu'ils soient condamnés. Otages privilégiés, ils seront éliminés si les collaborateurs condamnés à Alger sont exécutés. Le chef du gouvernement français refuse. Son indignation, pourtant, n'empêche pas le drame dont Mandel va être la victime. Ancien collaborateur de Georges Clemenceau, Mandel avait discerné pendant la Grande Guerre les talents du jeune député socialiste d'Aubervilliers, Pierre Laval. Les deux hommes étaient restés longtemps en bons termes. Mais en juin 1940, Mandel, ministre de l'Intérieur, avait été le plus ferme adversaire de la demande d'armistice. Embarqué sur le *Massilia*, il nourrit l'idée de former un mouvement national en Afrique du Nord. Arrêté au Maroc, il est ramené en France pour y être emprisonné finalement au fort du Portalet, dans les Pyrénées, où les Allemands le saisissent, en novembre 1942, avec ses compagnons Blum et Reynaud. Tous sont emmenés comme otages en Allemagne.

La mort de Mandel est recouverte d'une ombre qui ne sera sans doute jamais totalement dissipée. Deux faits sont certains : le 7 juillet 1944, il quitte peu avant 18 heures la prison de la Santé après la levée d'écrou. Le soir même, son corps criblé de balles est déposé pour autopsie à la morgue de l'hôpital Richaud à Versailles. Ce qui s'est passé entre-temps est l'objet de déclarations éminemment suspectes des miliciens qui le convoyaient jusqu'au château des Brosses, centre de détention de la Milice près de Vichy. Le lieu précis de l'attentat est inconnu, le nombre et l'identité des assassins discutés, les raisons restent hypothétiques. Après la Libération, Max Knipping, représentant du Maintien de l'ordre à Paris, Boero, Lambert, Neroni, qui accompagnaient Mandel, ont été traduits en justice. Leurs propos sont aussi abondants que contradictoires, et tous chargent les miliciens qui ont disparu, Paul Fréchou et Jean Mansuy du 2e service de la Milice. Fréchou, retrouvé en 2010 en Uruguay par François Le Goarant de Tromelin, nie évidemment toute participation au crime. Mansuy, désigné par tous comme le coupable, est mort. Il a été arrêté le 26 août dans un salon de l'Hôtel de Ville à Paris, emmené dans une pièce et exécuté d'une balle dans la nuque pour des raisons sans doute plus crapuleuses que politiques. On ne croit plus à la fable d'un Mansuy arrêté par des FFI parce qu'il s'apprêtait à tuer de Gaulle. L'ancien milicien Jean Mansuy (de son vrai nom Maurice Solnlen), FFI de fraîche date, ancien agent rémunéré du SIPO-SD, a été reconnu par des comparses, reconvertis comme lui-même en FFI et qui voulaient soit le faire taire à jamais, soit le dépouiller d'un magot mal acquis sous les auspices de la Milice[7].

Après son retour en France, Georges Mandel est resté deux jours 5, square du Bois-de-Boulogne, siège du SIPO-SD, puis a été remis à André Baillet, le directeur de l'Administration pénitentiaire, qui l'incarcère à la Santé sur ordre de Max Knipping, lequel prétend avoir tenté de joindre Joseph Darnand par téléphone, à Vichy, pour lui demander ses instructions. Il aurait échoué à le trouver.

L'eût-il averti que Darnand aurait mis la question entre les mains de Laval et que Mandel n'aurait sans doute pas été tué. Interrogé pendant l'audience publique du 3 octobre 1945, Darnand précise qu'en son absence de Vichy il laissait ses pouvoirs à un petit comité présidé par Francis Bout de l'An, malheureusement sans autorité sur les dirigeants de la Milice qui n'en faisaient qu'à leur tête.

À Paris, Knipping donne l'impression de vouloir se débarrasser au plus vite de ce prisonnier encombrant, à moins qu'il ne cache de plus noirs projets. Il demande à Baillet de signer un ordre de transfèrement de la Santé au château des Brosses. Si Baillet accepte, il commet une faute grave, car il n'a reçu aucun ordre signé de Laval ou de Darnand. Georges Radici et François Gaucher, du cabinet de Knipping, désignent l'escorte qui, comme celle de Zay, sera composée de miliciens du service de sécurité, et des plus inquiétants.

Il est un peu plus de 17 heures, le 7 juillet, quand trois voitures de miliciens pénètrent dans la cour de la prison de la Santé. Elles en ressortent quarante minutes plus tard. Georges Mandel a pris place dans l'automobile aux vitres arrière masquées conduite par Mansuy. Boero et Neroni, du service de sécurité de la Milice, assurent la protection du prisonnier. La voiture de Fréchou, après un arrêt où il aurait donné ses ordres à Boero et à Mansuy, est-elle revenue avec lui dans Paris ? Un doute existe sur la participation de Fréchou à l'expédition, mais il est certain que Max Knipping, qui a signé l'extraction de Mandel sur le registre d'écrou de la prison, et l'adjoint de Knochen, Julius Schmidt, sont restés à Paris. Le convoi prend la route de Fontainebleau. L'heure est tardive pour gagner Vichy, distant de trois cent cinquante kilomètres. Il faudra au moins quatre heures trente de route. Un détail est important : les réservoirs sont-ils pleins ? La question posée aux accusés est capitale. S'il y avait peu d'essence dans les réservoirs, c'est qu'on ne pensait pas aller à Vichy. La question a reçu une réponse ambiguë. Il y avait peu d'essence dans les réservoirs mais, disent les accusés, il était possible de s'en procurer en route (un peu improvisé pour les responsables d'un service de sécurité…) et des nourrices avaient été placées dans les coffres des voitures (bizarrement celles de Mansuy étaient vides). Autant d'indices de préméditation.

Au rond-point de l'Obélisque, les miliciens s'engagent dans la direction de Nemours. Ils s'arrêtent peu après, au bord de la route ou à l'entrée d'un chemin, c'est impossible à dire puisque aucune reconstitution n'a été organisée, si bien qu'on ne sait pas exactement où Mandel a été tué. Mansuy déclare que le carburateur fonctionne mal. « Ce n'est rien, dit Boero, il n'y a qu'à déboucher le gicleur », et il descend, soulève le capot, va prendre un outil dans le coffre. Georges Mandel est-il descendu pour attendre la fin de la réparation ? À son procès, Georges Neroni prétendra qu'il faisait quelques pas en sa compagnie (ce qui interdisait au milicien d'être le tireur), et il donne des précisions peu crédibles : Mandel aurait choisi pour interlocuteur cet ancien barman fier d'un certain niveau scolaire. Il lui aurait dit son amour de la France, aurait parlé de Pétain. Cette familiarité est aussi vraisemblable qu'un Neroni marchant à son côté mais pas touché par les projectiles du tueur. L'ancien ministre n'est-il pas plutôt brutalement extrait de la voiture, et sommé d'avancer sur le chemin ? Mansuy tire sur Mandel avec un 9 mm parabellum. La seconde balle, dans la tempe droite, est mortelle. Mandel s'effondre sur le ventre. Mansuy le rejoint pour le coup de grâce, tire ensuite sur la voiture. Boero, son outil à la main, aurait crié à Mansuy qu'il était fou, et Mansuy, très calme, lui aurait répondu : « Des deux côtés, ils sont d'accord. Ce n'est pas toi qui commandes. »

Ils sont tous complices de fait et embarrassés du corps de Mandel. Ils pourraient le cacher dans la forêt et parler d'évasion. Pas très vraisemblable avec tant de gardiens armés qui sont des « as du tir » ! L'un d'eux propose de simuler un attentat. La voiture aura essuyé des coups de feu et Mandel aura été atteint. Tous les coups pour lui seul alors que les autres sont indemnes ? Ce n'est pas plus crédible. Ils répètent ensuite que l'arrêt n'était pas prévu mais ne peuvent pas expliquer par quel hasard des « terroristes » se seraient trouvés précisément à cet endroit. Le président du tribunal ironise : « On a arrêté la voiture là où il fallait l'arrêter pour commettre le crime ? » Neroni répond : « Évidemment ! »

Les miliciens chargent le corps de Mandel dans une voiture et se présentent à l'intendance de police de Versailles comme s'ils avaient besoin de prouver, pour toucher la prime ou pour une autre raison, qu'ils ont accompli leur mission.

L'intendant de police Anquetin prévient Max Knipping et, plus tard, convoque le chef de la Sûreté de Versailles qui fait transporter le corps à la morgue de l'hôpital Richaud où il est photographié et autopsié. L'automobile est retenue à Versailles mais pas les miliciens, qui regagnent Paris avec Anquetin.

Qui a ordonné le meurtre de Georges Mandel ?

Laval n'y est pour rien. Selon Georges Hilaire, secrétaire général à l'Administration au ministère de l'Intérieur et son ami, Laval a appris la mort de Mandel à Châteldon par un coup de téléphone de Knipping. Il arrive très ému à Vichy, les larmes aux yeux peut-être, et crie à Roland Lapeyronnie et à Marion, qui l'attendent : « Ils ont assassiné Mandel ! On veut me faire croire qu'il a été exécuté au cours d'une tentative d'évasion, alors qu'on le transférait de la prison de la Santé à la prison des Brosses. Le mensonge est trop gros pour moi[8]. » Laval téléphone à l'ambassadeur de Brinon qui a auprès de lui Knipping. Le chef du gouvernement injurie ses interlocuteurs qui tentent vaguement de soutenir la thèse d'une tentative de fuite. Laval n'aime pas qu'on le prenne pour « un imbécile », changeant de ton avec Brinon qui déclare que les SS sont très contents de la mort de Mandel, leur seul regret étant que le gouvernement français ne l'ait pas exécuté lui-même. Par un second coup de fil, Laval lui ordonne de se rendre à l'ambassade d'Allemagne pour demander à Abetz de télégraphier à Berlin afin que Léon Blum et Paul Reynaud, les deux autres otages annoncés, soient gardés en Allemagne. Devant Rochat, il hurle : « J'en ai assez. Je ne fais pas de ce métier-là. Je ne peux pas couvrir plus longtemps ces horreurs. Je vais remettre ma démission au Maréchal[9]. » Évidemment, il n'en fait rien. Il convoque Darnand, l'accable de reproches mais ne semble pas le tenir pour personnellement coupable, seulement responsable de ses miliciens.

Laval a compris que l'assassinat est un message politique qui lui est destiné. Il refuse d'ajouter au sang qu'il a déjà sur les mains celui de Blum et de Reynaud qui, s'il était versé, le frapperait d'un opprobre ineffaçable, le désignant comme complice, cette fois, et lui interdisant tout dialogue avec des hommes politiques modérés et avec les Alliés. Sur ce point, il obtient satisfaction : Blum et Reynaud restent en Allemagne, sauvés au moins pour un temps.

Après avoir subi l'orage chez Laval, Darnand aurait déchargé sa colère contre son entourage : « Vous ne faites que des conneries. Il faudrait être sans cesse dans votre dos. Le président Laval est fou furieux. Si cela continue, je vais dissoudre la Milice. Qu'est-ce que ces conneries répétées ? Clavier à Mâcon fusille sept personnes. Knipping fait abattre Mandel. Je suis complètement innocent. » Ces phrases, reproduites dans *La Dernière Année de Vichy* d'André Brissaud, auraient été recueillies de la bouche du neveu par alliance de Darnand, Charbonneau[10]. La diatribe place l'assassinat de Mandel dans la continuité des actes sauvages de vengeance entraînés par la mort d'Henriot et lui enlève toute signification politique. Si Darnand n'a pas donné l'ordre de tuer, il n'a pas sévi non plus contre Knipping, certes protégé par ses liens avec les Allemands. Alors, Max Knipping, l'organisateur de l'assassinat ? Il est proche des SS mais il ne participe pas au voyage, et reste à Paris comme le Dr Julius Schmidt, collaborateur de Knochen. L'argument de son absence pendant la tuerie n'est pas dirimant, car il pouvait être le commanditaire de ces basses œuvres. Contre lui plaident sa haine antisémite, le désir de venger Henriot, l'obligation d'apparaître comme un chef utile de la Milice en zone nord. Un document surtout a pesé lourd dans les soupçons qui s'abattent sur lui. Il s'agit d'un texte téléscripté entre Vichy et Paris, d'interprétation délicate :

« Chef ce matin j'ai parlé par fil direct chez de Brinon au président Stop. Il m'a demandé comment s'était passé l'accident d'hier que vous connaissez Stop. Je lui ai répondu que je n'avais pas encore beaucoup de précisions mais qu'une enquête sérieuse était en cours Stop. J'ai promis au président d'envoyer ce soir dans la valise un compte rendu Stop. L'enquête est menée par Pelletier Stop. Je l'attends avec un premier rapport succinct Stop.

« Quelle a été la réaction du chef devant cette nouvelle ? Il a dit qu'il serait gêné dans sa politique avec le président.

« Mais il n'a pas manifesté trop de mauvaise humeur. Le président veut élever une protestation officielle auprès du gouvernement allemand pour avoir fait cette livraison sans l'accord du président Stop. Ce matin j'ai eu la visite du Dr Schmidt qui est venu me dire que toute la SS nous appuierait en cas de difficulté avec le président. Dites cela au chef.

« J'ai trouvé ici une atmosphère assez lourde. Le chef a subi successivement les remontrances du Maréchal et du président pour l'ensemble de sa politique et particulièrement pour les exactions de la Milice.

« C'est naturel mais je crois que l'action de la Milice est nécessaire dans sa forme actuelle peut-être avec un peu plus de doigté mais dans le fond je suis personnellement d'accord avec le rôle qu'elle a entrepris Stop.

« De Brinon est d'accord avec nous et estime notre action indispensable.

« Gaucher qui est à côté de moi pense que ce que vous dites sera très utile pour notre conférence qui va commencer dans un instant.

« Mon opinion est que tout en étant liés au gouvernement il faut que nous représentions l'élément révolutionnaire qui le pousse à faire ce qu'il ne fait pas par tempérament et qui depuis trois ans nous a conduit dans l'impasse où nous nous trouvons Stop.

« Ne pas agir dans l'affaire d'hier aurait eu pour conséquence de nous faire perdre entièrement la confiance des SS[11]. »

Ce document est incompréhensible s'il est vu comme un échange entre seulement deux hommes, Knipping à Paris et Raymond-Clémoz directeur du cabinet de Darnand à Vichy. Le « chef » en question est Darnand, mais peut aussi dans le cours du texte désigner Knipping, qui promet de fournir quelques précisions sur la mort de Mandel. Il s'inquiète des réactions de Darnand. Raymond-Clémoz le rassure, elles ne sont pas trop mauvaises. Au 8e paragraphe, intervient un autre individu, peut-être François Gaucher (ou Pierre Gallet), qui donne l'interprétation politique à l'action accomplie par la Milice : il était nécessaire, si l'on veut enfin faire la révolution, de forcer la main. À qui ? À Darnand ? À

Laval ? L'appui de la SS semble rassurer les miliciens. Lesquels ? Knipping, si le Dr Schmidt est Julius Schmidt, Raymond-Clémoz s'il s'agit de Gustav Schmidt qui est à Vichy. L'approbation de l'assassinat par Max Knipping s'accompagne d'un conseil révélant la perte de tout repère moral : à l'avenir, il faudra agir « peut-être avec un peu plus de doigté ». Une seule chose importe pour le chef milicien de 1944, la confiance des Allemands, se mettre à leur niveau de cruauté : « Ne pas agir dans l'affaire d'hier aurait eu pour conséquence de nous faire perdre entièrement la confiance des SS. »

Cette fois encore, comme dans l'assassinat de Sarraut, et celui d'Henriot, le but de l'élimination de Georges Mandel est politique : impressionner Laval afin qu'il ne dévie pas du droit chemin de la Collaboration. Ce sanglant avertissement ajouté à un vieux sentiment de reconnaissance pour Mandel a provoqué la colère de Laval, compromis en outre par cet assassinat. Désormais, il est menacé personnellement. Il porte encore dans son corps la balle qui n'a pu être extraite après l'attentat de Versailles. Il a gracié le tireur, Paul Collette, mais il a toujours soupçonné un des chefs de la Collaboration parisienne, Eugène Deloncle, d'en avoir été l'organisateur. Il imagine sans peine une entente entre les miliciens de Paris et les SS. Ce niveau parisien de responsabilités ne suffit pas à établir une implication plus haute. L'historien François Delpla doute d'un acte commis par la seule Milice parce que les miliciens accusés, Neroni, Boero, avaient tout intérêt à nier à leur procès un ordre des Allemands plus grave qu'un ordre de la Milice. Delpla attribue le crime directement à Hitler qui haïssait le belliciste en Mandel[12]. Si telle était la raison, n'aurait-il pas été plus simple pour le Führer de le faire liquider directement dans le Reich ? Pourquoi le transférer en France ? Et à ce moment-là ? En dépit de l'absence de réponse convaincante à ces questions, la piste allemande reste intéressante et des indices l'étayent.

Déjà, le 27 avril 1944, l'ambassadeur Otto Abetz avait proposé de fusiller les personnalités politiques françaises présentes en Allemagne, Georges Mandel, Léon Blum, Paul Reynaud. Il a repris sa proposition dans un télégramme à Ribbentrop du 13 mai 1944 où il affirme que rien ne serait plus efficace pour arrêter les exécutions de phalangistes de Tunisie qu'Alger a condamnés à mort que des représailles contre des chefs dissidents importants et des Français « auxquels les Juifs, les gaullistes et les communistes en Afrique du Nord s'intéressent ». Il s'agissait de fusiller, en représailles des exécutions de collaborateurs pris en Tunisie, les personnalités dissidentes et « responsables » de la guerre, à commencer par Léon Blum, Paul Reynaud et Georges Mandel. Le 30 mai 1944, Gustav Hilger, chef de SS, attaché à Ribbentrop, télégraphie à Abetz : « En ce qui concerne l'exécution des "combattants de Tunis", le Führer a accepté que, en représailles de l'exécution d'un nouveau combattant de Tunis, les anciens ministres français Léon Blum, Georges Mandel et Paul Reynaud devront être fusillés par ordre du gouvernement français. Le Führer a dit toutefois que l'on devrait prendre des précautions pour que le gouvernement français ne les mette pas en liberté après leur arrestation[13]. »

L'idée de fusiller les trois hommes politiques était donc envisagée depuis plusieurs mois. L'autorisation du passage à l'acte, dans ce texte cité, ne concerne cependant que le mois de mai. Rien ne prouve qu'en juillet, et avec pour finalité de punir la mort d'Henriot, elle ait été reprise. Aucun document ne l'atteste. Il demeure possible que l'ordre de tuer Georges Mandel soit venu des Allemands, visant, par ricochet, Pierre Laval. Pour Ribbentrop, il est nécessaire de mettre du sang entre Laval et Alger. L'objectif était de le compromettre par cet assassinat, d'où la colère et l'agitation du chef du gouvernement quand il hurle à l'Hôtel du Parc que son « ami Mandel » a été tué. Désormais, en France, la politique s'assimile à l'assassinat. Comme dans l'Allemagne de Hitler, les SS avaient imposé l'habitude des liquidateurs sauvages.

Chapitre 8

La fuite

Devant la progression rapide des Alliés après la percée d'Avranches, Darnand sait que la seule issue pour la Milice est de se replier avec les Allemands. Elle n'a ni la vocation ni les moyens de se battre contre des armées et, surtout, lui-même a besoin du maximum d'hommes pour assurer sa prééminence parmi les collaborateurs. Rassemblant leurs proches, les miliciens s'empressent de quitter la France. Honnis par le peuple, ils partent désavoués enfin par le maréchal Pétain qui écrit, le 6 août 1944, une lettre à Laval pour condamner les activités répréhensibles de la Milice, et mettre en cause sa responsabilité. La lettre est accompagnée d'annexes justifiant son propos. Admettant que la Milice a tenté de rétablir l'ordre et qu'elle a payé « un lourd tribut », le Maréchal déplore son comportement à l'égard des administrations et de la population, créant une « atmosphère de terreur policière ». Il condamne ses procédés, les comparant à ceux des rouges en Espagne. Les tortures dans les prisons, les dénonciations aux Allemands, les pillages, les incendies de villages, les massacres d'otages, les assassinats (il cite ceux de Jean Zay et de Georges Mandel) lui rappellent « les tchekas bolcheviques ». Le Maréchal demande à Laval de transmettre lettre et dossier à Darnand afin qu'il modifie des pratiques qui font de la Milice, écrit-il, la « tache la plus honteuse de la période troublée que nous traversons ».

Darnand, à qui Laval a transmis, à Paris, la lettre et ses annexes relatant les faits reprochés, se dit « stupéfait ». Stupéfait de quoi ? D'apprendre ces crimes ou plutôt la réaction tardive de Pétain ? En homme politique, il discerne l'intention du maréchal Pétain : exonérer le régime des crimes de la Milice pour conserver auprès des libérateurs une image personnelle convenable. Dans sa réponse, datée du 11 août alors qu'est déjà donné l'ordre de départ, Darnand renvoie la responsabilité sur le Maréchal qui a tout approuvé et tout couvert et dont la réaction est qualifiée d'étonnante et d'ingrate. Il se dit même « peiné », car, jusqu'en juin dernier, Pétain n'a pas cessé de lui prodiguer des encouragements auxquels il attachait un « prix infini ». Comment la situation intérieure d'un mouvement aurait-elle pu se gâter si rapidement ? Darnand a toujours tenu à imposer une forte discipline et à punir les exactions dont il avait connaissance : « Je ne resterai pas une minute de plus à la tête d'un mouvement qui aurait perdu la pureté de ses premiers combats. » Darnand en appelle à un jury d'honneur pour examiner les faits allégués. On voit mal comment celui-ci pourrait se réunir quand la Milice part sur les routes… Les cours martiales étaient légales et n'ont condamné que d'« ignobles bandits », avec les encouragements répétés du Maréchal. Darnand oppose aux fonctionnaires et soutiens de la première heure, qui ont trahi, les miliciens exposés aux assassinats (600 morts et 800 disparus selon lui). Il invoque le souvenir de Gassowski, de la famille Jourdan de Voiron, de Philippe Henriot : « Monsieur le Maréchal, il ne fait pas bon, aujourd'hui, rester fidèle… » Le Maréchal ne devrait pas avoir soudainement honte de la Milice : « La Milice ne sera pas, Monsieur le Maréchal, la tache la plus odieuse qui ait souillé la France de l'armistice. Elle représentera au contraire, parmi les mensonges, les petitesses, la boue, l'abjection des années que nous venons de vivre, la seule tentative pure de reforger un peuple viril. » Il attend « en soldat fidèle » que soient confondus les menteurs qui ont trompé Pétain sur les réalités. Ultérieurement, Darnand, hautain et méprisant, reformulera son sentiment sur la lettre de Pétain : « Pendant quatre ans, j'ai reçu vos compliments et vos félicitations. Vous m'avez encouragé. Et aujourd'hui parce que les Américains sont aux portes de Paris, vous commencez à me dire que je vais être la tache de l'Histoire de France ? On aurait pu s'y prendre plus tôt. »

Alors que Darnand a subi dans l'été de 1943 sinon un trouble de conscience, du moins des hésitations à entrer dans la Waffen SS, dans l'été 1944 il est résolu à partager le sort des Allemands. Certes, il ne croit pas que le Reich soit sérieusement menacé, seule la domination sur la France peut être provisoirement perdue. À l'est, si les Russes ont repris Minsk le 3 juillet et franchi la Vistule supérieure, ils n'ont pas atteint la Prusse-Orientale. À l'intérieur de ses frontières le Reich est invulnérable et il bénéficie encore en Europe d'un vaste glacis de pays occupés ou alliés. Et puis des armes nouvelles, comme les V-1, sont annoncées. Coupé de ses concitoyens, enfermé dans son orgueil, intoxiqué par l'idéologie, Darnand s'accroche à cette perspective européenne, impliquant le sacrifice de l'appendice français pour sauver l'ensemble. Le chef de la Milice n'imagine pas un instant la défaite du Reich tant la coalition de ses adversaires lui paraît contre nature et vouée à éclater. Joseph Darnand ne raisonne maintenant plus comme un Français mais en « Européen ». Il ressasse les arguments de Laval, cette possible ouverture de négociations entre Allemands et Russes. Et puis Darnand ne veut pas laisser à son rival Doriot le bénéfice des faveurs des Allemands. Avec la Milice, il est plus puissant que Doriot et peut être reconnu comme le chef des collaborateurs, il veut rencontrer Hitler et recevoir du Führer la consécration de ses efforts.

Pour que ce projet s'accomplisse, le repli doit se faire en bon ordre, apportant le plus de forces possible de France. Il faut regrouper le maximum de miliciens à Nancy. Vaugelas doit sortir les miliciens de Limoges. Un milicien exécuté par la Résistance ne vaut plus rien. Ces centaines de francs-gardes compteront quand les Allemands pèseront ce que représente chacun des chefs de la Collaboration.

Le 10 août, Darnand rédige pour les chefs régionaux les ordres de repli des miliciens et de leurs familles. Francis Bout de l'An quitte Paris pour Vichy où il organise le premier départ par train de femmes et d'enfants sous la direction du docteur Lejeune. Il envoie sa propre famille à Châtel-Guyon, surmonte une dépression passagère sous l'impulsion de l'énergique commandant Carus qui l'a aussi convaincu de libérer les détenus de la Milice du château des Brosses. Le parc de la gendarmerie fournit des camions Berliet, des automobiles sont aussi réquisitionnées. Les véhicules sont bourrés de vivres, vêtements, chaussures, machines à écrire. Le véhicule de Jean Filiol retient trois femmes, agents de liaison de la Résistance, enlevées pour servir de monnaie d'échange avec le maquis. Elles sont libérées sur intervention de Carus. Dans la nuit du 24 au 25 août, la caravane s'ébranle, embarque à Cusset le petit personnel de l'ambassade d'Allemagne qui partira pour Vittel, et arrive sans encombre à Nancy.

Les hommes des autres régions tentent de rallier les destinations intermédiaires. Pour les miliciens de Bordeaux et de la partie occidentale du Massif central, Poitiers puis Châteauroux, Bourges, Auxerre, Troyes, enfin Nancy. Dijon, par la vallée du Rhône, sera le premier lieu de rassemblement pour les hommes des régions de Toulouse, de Vichy, de Montpellier et de Marseille, ramassant les Lyonnais au passage. Ils se dirigeront ensuite vers Belfort. Les miliciens de la région parisienne partent directement pour Nancy en une longue et lente caravane où s'introduisent des espions en mission avancée des armées américaines[1]. Certains restent sur place. D'abord ceux dont on ne veut plus : Dagostini à Lyon, Di Costanzo à Paris. L'un et l'autre seront rapidement fusillés. Demeurent aussi sur place des inconscients, ceux qui estiment n'avoir rien à se reprocher ni à craindre des libérateurs. Plusieurs croient suffisant de changer de région et de nom. Certains tentent de se fondre dans des maquis. Il en est même pour reconvertir leurs compétences policières et anticommunistes dans la sécurité militaire. Les tireurs des toits qui sévissent à Paris le 26 août 1944 et les jours suivants sont-ils des miliciens ? Darnand se vantera auprès de Ribbentrop d'avoir laissé volontairement deux cents miliciens à Paris. Paroles de fanfaron ! Charles de Gaulle considère cette affaire de « tireurs des toits », exploitée par les communistes soucieux de maintenir contre les ennemis de l'intérieur une vigilance armée, comme une « tartarinade ». Assez convaincants sont les témoignages d'observateurs compétents qui discernent dans ces tirs l'action de résistants mal encadrés, tirant facilement, y compris sur les leurs, dans une sorte d'ivresse et de panique. Plutôt que de se livrer à un dernier baroud, les miliciens restés en France ont surtout le souci de se faire oublier.

Le 14 août, Darnand gagne Reims en compagnie des siens. Huit voitures transportent le chef, sa femme, Max Knipping, Pierre Gallet, Georges Radici, Marcel Gombert et Suzanne Charasse, sa secrétaire particulière, ainsi qu'une équipe du service de sécurité.

Caravanes de fuyards

Des milliers de miliciens tentent de fuir vers l'est avec leur famille. C'est difficile dans les régions du Massif central et du Midi languedocien. Vaugelas apprend que le chef régional de la Milice du Limousin, ayant obtenu la promesse que les familles ne seraient pas inquiétées, est sur le point de se rendre. Inacceptable ! Vaugelas part de Vichy dans un petit avion (la route pour Limoges est coupée par des embuscades). Sur place, il réquisitionne voitures et cars à gazogène pour embarquer les femmes et les enfants. Le plan est d'éviter les forces du chef maquisard Guingouin en contournant le massif montagneux par le nord-est, avec Guéret comme destination.

Un convoi de 95 véhicules emmène 500 miliciens, 200 femmes, 150 enfants, quelques vieillards et 14 blessés. Départ le 16 août à midi. Harcelés par les maquisards, tombant dans des embuscades, menacés d'encerclement dans un village, les miliciens ne doivent leur salut qu'à des secours allemands. Ils n'atteindront Dijon que quinze jours plus tard[2].

Les miliciens de Provence et des Alpes fuient facilement mais la défaillance des chefs du Languedoc est criante.

Le 17 août au soir, le convoi s'ébranle en direction de Nîmes par les petites routes du littoral. À l'entrée de Nîmes, le chef local de la Milice avertit les fuyards que le pont d'Avignon est coupé. Le chef régional, Pissard, décide de faire demi-tour et de tenter un passage en

Espagne. Impossible de revenir à la caserne. On campe deux jours entre Saint-Jean-de-Védas et Fabrègues à la sortie ouest de Montpellier. Pissard va aux nouvelles et tarde à revenir. Les habitants deviennent hostiles. Il faut lever le camp. Entre Bouzigues et Mèze, arrive Pissard porteur de mauvaises nouvelles : impossible de passer en Espagne. Il dissout la Milice, partage l'argent pris à la Banque de France et sur les détenus et conseille aux miliciens de gagner la campagne ou la vallée du Rhône par leurs propres moyens. En réalité, Jacques Pissard a abandonné ses miliciens et les familles. Les chefs se joignent à la colonne venue de Toulouse sous la direction du chef régional Perricot qui a réussi à évacuer de Toulouse femmes et enfants puis les a confiés à la Croix-Rouge. Par Nîmes et Pont-Saint-Esprit, les chefs miliciens atteignent la vallée du Rhône. Ils arrivent à Lyon le 24 août avant de rejoindre Belfort[3].

Les miliciens de Bordeaux n'ont pu rallier Poitiers qu'en accompagnant les Allemands mieux armés qu'eux pour affronter les résistants. Leurs rangs se grossissent, au fur et à mesure de la progression, de tortionnaires privés de leurs plaisirs. À Tulle, le préfet Trouillé a vu des miliciens verser de l'acide sur les plaies du visage de prisonniers. À Poitiers, ils cantonnent avec leurs protecteurs allemands et des Hindous de la Waffen SS dans un château, isolé sur les falaises jurassiques qui dominent le Clain, à la sortie nord de la ville. Pendant la journée, ils traînent à la permanence de la Milice poitevine, sur le piton urbain. En cette fin août, la ville est vide des étudiants et des professeurs. Beaucoup de Poitevins ont préféré s'installer dans les villages des environs, se croyant mieux protégés des bombardements. Ils rentrent le soir, après le travail, à Saint-Benoît, Ligugé, Migné, Jaunay-Clan où restent femmes et enfants. À l'heure du déjeuner, les hommes se trouvent dans les cafés et restaurants autour de la place d'Armes. Excités par la prochaine libération, ils libèrent leurs paroles. Malheureusement pour eux, est arrivé de Bordeaux, jusque dans leur ville, le chef du 2e service, le redoutable Lucien Dehan. Ce commerçant failli, un temps secrétaire du tueur Jean Filiol, l'adjoint de Deloncle à la Cagoule, agent de l'Abwehr, a épanoui ses instincts à la Milice dans le renseignement politique suivi de répression. Il est accompagné d'une bande de tortionnaires, Fouquey, Guilbeau, Lacouture, Tournadour. Ils parlent de leurs exploits à des miliciens locaux moins glorieux. Ici, la Résistance a été universitaire, organisée dans les professions judiciaires, parmi les fonctionnaires, les professeurs, les curés et leurs ouailles et des agriculteurs. Pour les miliciens, il ne fait pas de doute que le milieu poitevin a été complice des Juifs mosellans réfugiés autour de leur rabbin et que les miliciens n'ont pas réussi à complètement liquider. Des étudiants ont même attiré dans un guet-apens un médecin collaborateur et l'ont assassiné. Maître Maurice Garçon a su défendre ces fils de famille et Vichy y est allé de sa grâce. On a déporté les complices, pas éradiqué le mal. Pour les miliciens, cette ville est pourrie.

Dehan se propose pour un coup de main. Dans les cafés de la place d'Armes, les Poitevins ne soupçonnent pas ces hommes en civil, des inconnus pourtant. Ils croient avoir affaire à des réfugiés et ne leur ménagent pas leur sympathie. Lucien Dehan a préparé ses pièges. Il est personnellement à l'affût au café du Jet d'eau. Pierre Gendreault, un employé croyant ce 22 août que le danger est passé, exprime auprès du serveur sa satisfaction de voir les Allemands bientôt vaincus. C'est alors qu'un de ces inconnus crie : « Milice, suivez-moi ! » L'imprudent est emmené à la permanence où, ne sachant rien, il n'a rien à déclarer. Peu importe, il est embarqué dans une voiture jusqu'au château du Porteau où les miliciens sont pris d'un véritable délire. Ce Français banal qui se réjouit de la libération est mis à mal. L'un lui brûle la plante des pieds, deux autres entreprennent de lui arracher par lambeaux la peau du dos et des jambes. Il finit par donner des noms, n'importe lesquels, ceux de notables de son village de Saint-Benoît, des hommes qui n'aiment pas les Allemands : un imprimeur, Basile, une de ses employées, des voisins. Tous sont arrêtés. Dehan plastronne : « Ce n'est quand même pas difficile de piéger ces niais. » Mais ceux qu'il a attrapés ne sont que du menu fretin, il lui faut trouver les chefs. Les miliciens locaux affirment que le milieu des professions libérales est gangrené, ce que leur a prouvé le démantèlement incomplet du réseau de l'avoué Renard. Où débusquer les complices ? Les miliciens pensent au Chapon fin, un restaurant traditionnel, à côté de l'Hôtel de Ville. Le patron y prépare les produits de ferme discrètement déposés par ces notables venus en ville pour leurs affaires. Lacouture, qui présente bien, sait comment procéder. Il déjeunera au Chapon fin en se mêlant à la clientèle et en engageant la conversation avec ses voisins de table, se présentera comme un réfugié : « À qui ai-je l'honneur ? – Maître Darres. »

Lacouture lance quelques considérations sur la perspective d'une prochaine libération. Le notaire partage ses vœux et se laisse aller à se réjouir de la défaite imminente des occupants. Sitôt les propos prononcés, le ton change : « Milice, suivez-moi. » Le notaire rejoint au château du Porteau les individus déjà arrêtés après les aveux extorqués à Gendreault. Là, en compagnie d'Allemands, les miliciens festoient, le soir, ils sont ivres. Plusieurs d'entre eux, Fouquey, Beyrand, Guilbeau, Tournadour, Lacouture, Dehan et un officier allemand décident de se donner du bon temps. La première victime sera l'imprimeur, Jules Basile. Conduit dans la cour, près du puits, il est sommé de donner les noms de complices.

« Tu as trente secondes pour parler, autrement tu vas au fond. »

Ils comptent. Basile n'a rien dit. Il est à demi assommé, brûlé par des pincettes rougies au feu. Il hurle. Un officier allemand se plaint du vacarme. Il est temps que le prisonnier se taise. Fouquey et Tournadour reprennent l'imprimeur, lui crèvent les yeux et lui écrasent la tête avec des maillets de bois. Ils jettent son corps dans le puits. À leur tour, le notaire et Gendreault sont traînés dans la cour, battus, brûlés. Les tortionnaires leur arrachent les yeux et leur défoncent le crâne avant de les jeter dans le puits. Une jeune fille arrêtée en même temps que l'imprimeur est dénudée puis livrée à un groupe d'« Hindous », Waffen SS, pour un viol collectif[4]. Les corps seront retrouvés après le départ des miliciens. Si Lacouture a disparu, Dehan, Fouquey, Guilbeau, Tournadour seront arrêtés, condamnés à mort et exécutés.

Dernières étapes françaises

À Nancy, où se regroupent les collaborateurs, c'est la cohue. Les miliciens arrivent à la permanence installée dans un magasin en ville, avant d'être regroupés dans des casernes ou dans des villages des environs. L'abbé Brevet, neveu de Darnand, a le plus grand mal à maintenir le moral et la tenue de ces miliciens désœuvrés et inquiets. Quand arrive de Vichy le convoi du docteur Lejeune, il ne reste de place que dans une école privée derrière la cathédrale. Les couples avec enfants sont dans une aile, les célibataires dans l'autre, hommes au rez-de-chaussée, femmes au premier étage. Tous couchent sur des paillasses jetées sur le sol. L'abbé Brevet monte la garde pour éviter des rapprochements entre hommes et femmes. Avec Bassompierre et Mme Agnely, il expédie femmes et enfants en Allemagne par le train. Darnand ne fait qu'une brève apparition pour haranguer ses troupes sur le thème « l'Allemagne n'a pas perdu la guerre et reviendra victorieuse en France ». Il ne pouvait pas en dire moins, mais il considère avec inquiétude ceux qui tentent de quitter la Milice et de s'engager directement auprès des Allemands qui ont ouvert sur place un bureau de recrutement. Avec la progression des libérateurs, il faut quitter Nancy. La Milice gagne Belfort où Darnand a rejoint les siens après un voyage en Allemagne d'où il est revenu satisfait.

L'urgence est de s'assurer les moyens de vivre maintenant que les fonds n'arrivent plus. En cette période, il est devenu habituel de s'adresser aux succursales de la Banque de France pour satisfaire, sans trop de formalités, ses besoins d'argent. Des fonds sont ainsi saisis alternativement par les Allemands et par la Résistance[5]. À Limoges, la Milice a pris dix millions de francs, à Guéret, cinq millions. Mais la légalité de ces « retraits de fonds » commence à être discutée. À Belfort, le directeur exige un bon de réquisition en règle. Bout de l'An désigne ses miliciens armés de mitraillettes : « Mes hommes et moi sommes décidés à prendre cet argent si vous ne voulez pas nous le donner. »

Les quarante hommes du commando font main basse sur le contenu des coffres qu'ils ont fait ouvrir. Ils emportent aussi 97 pièces d'or provenant des achats au guichet[6]. Pour l'essence il faut promettre de payer et encore faut-il rivaliser avec des Allemands difficilement convaincus par l'argument « Nous sommes des frères, comme vous, nous sommes des serviteurs d'Hitler ». À l'entrepôt de tabac, les miliciens payent 900 000 francs et délivrent un reçu au receveur qui tente de sauver les rations de tabac des prisonniers : « Vous n'allez, s'étonnent-ils, quand même pas vous faire foutre une balle dans la peau pour du tabac ? »

En Alsace, les Allemands mettent un camp à la disposition des miliciens. Et quel camp ! Il s'agit du Struthof.

Le camp du Struthof, situé à flanc de montagne sur la commune de Natzwiler (Bas-Rhin), a été le seul camp de concentration situé en France, dans l'Alsace intégrée au Reich par violation de la convention d'armistice. Des résistants de toute l'Europe y ont été internés, y ont souffert ; dans ce camp, les conditions de travail étaient effrayantes et le taux de mortalité y dépassa 40 %[7]. Des expériences médicales y étaient pratiquées. Furent amenés de camps de l'intérieur du Reich pour y être gazés (une chambre à gaz existait à 200 m du camp) des Tziganes et des Juifs dont les corps furent ensuite emportés à Strasbourg pour figurer dans des « collections scientifiques ». L'évacuation du camp de concentration commença le 31 août et s'accompagna de massacres. En particulier, cent six membres du grand réseau de Résistance Alliance de Marie-Madeleine Fourcade, internés au camp de détention de Schirmeck, y furent conduits et exécutés par balle[8].

Qu'ont ressenti les miliciens en vivant dans ce camp où ils passèrent au moins deux semaines ? Ont-ils compris ce dont il s'agissait ? La plupart n'en ont pas parlé. Les lieux sont pourtant révélateurs. Il restait quelque cinq cents déportés chargés de démonter certaines installations. Certes, ils étaient isolés par des barbelés de la partie du camp où se trouvaient les miliciens, toutefois leur silhouette squelettique, leur visage émacié, leurs haillons auraient dû susciter la curiosité. Des miliciens posèrent des questions sur l'identité de ces étranges prisonniers. Il leur fut répondu : « des voleurs, des pédérastes », explication qui semble leur avoir suffi. Georges Rouchouze cependant alla y voir de plus près, s'entretint avec un déporté qui lui dit qu'il avait participé à l'incinération de centaines d'hommes dans le four crématoire qu'il lui désigna. Rouchouze le crut un peu fou et n'en fut pas affecté : « Nous n'y avons pas attaché d'importance énorme », commente le garde du corps de Francis Bout de l'An[9]. On sait qu'une trentaine de miliciens s'échappèrent du camp du Struthof, furent repris et fusillés comme déserteurs. Il est impossible de savoir s'ils fuyaient une vision d'horreur concentrationnaire ou s'ils voulaient échapper au passage du Rhin.

Une reprise en main des miliciens est nécessaire. La vie dans ce qui reste d'un camp de concentration, des tensions nées d'orageuses confrontations entre miliciens de zone sud et miliciens de zone nord, l'incertitude sur l'avenir et l'inaction sèment le trouble. Darnand impose dans ce décor de cauchemar la cérémonie quotidienne des couleurs. Le discours évolue : il faut passer en Allemagne pour continuer le combat mais ce sera sous un uniforme français, avec des officiers français, un drapeau français.

Darnand et la Milice ont-ils encore un rôle à jouer ? Aux chefs est proposée une action politique. Le ministre des Affaires étrangères, Joachim von Ribbentrop, les convoque en Prusse-Orientale, à Steinort, non loin de la « tanière du loup », où se terre le Führer. Pendant une semaine, Brinon, Déat, Darnand, Doriot rivalisent pour présenter leurs projets sous leur meilleur visage afin d'exister encore, afin d'arracher une part de pouvoir dans leur asile provisoire. S'imaginent-ils être des héros ou ne cherchent-ils qu'à sauver leur peau ? Ils font assaut de promesses pour se placer auprès des dirigeants nazis. Pendant une semaine Ribbentrop les interroge sur la situation en France comme s'il voulait les évaluer et discerner le profit qu'il pourrait encore tirer d'eux. Il est spontanément favorable à Jacques Doriot qui bénéficie d'appuis politiques en Allemagne, en particulier celui de son hôte le gauleiter Burckel. Ni Pétain ni Laval n'ont répondu à l'invitation et ont simplement envoyé en observateur Paul Marion. Les autres collaborateurs n'ont pas la même envergure ni le même charisme, mais ils sont unis dans la haine du chef du PPF. Fernand de Brinon s'est précipité le premier. Le 23 août, il propose de réunir sous sa direction les ministres du gouvernement que Laval a abandonnés, ce qui écarterait évidemment Doriot. C'est ensuite le tour de Darnand de présenter la situation de la France qu'il vient de quitter. Bien conseillé par Fernand de Brinon, il n'est pas si mauvais politique. S'affirmant partisan inconditionnel du national-socialisme, il souligne l'intérêt d'incarner une légitimité, seul moyen de s'imposer aux Français qui, selon lui, se dégoûteront du gouvernement de Gaulle mais n'accepteront pas pour autant une formule imposée de l'extérieur. Des ministres sont présents et disposés à s'unir pour travailler encore ensemble. Le maréchal Pétain, qui a montré son attachement à l'idée de légitimité, accorderait certainement son parrainage. Le chef de la Milice a bien travaillé pour Fernand de Brinon qui tente d'exploiter son titre dévalué de délégué général dans les territoires occupés. Évidemment, à son arrivée, Jacques Doriot s'impose par sa foi en la victoire allemande, sa résolution, son esprit politique. Finalement, Ribbentrop conclut qu'un gouvernement Doriot sera établi pour diriger la France reconquise mais qu'en attendant fonctionnera une délégation administrative composée des ministres Bridoux, Déat, Darnand sous la direction de Fernand de Brinon qui apportera la caution du maréchal Pétain.

Le 1er septembre 1944, les collaborateurs sont récompensés, Hitler les reçoit dans son antre. Darnand est fasciné par cet homme pourtant décomposé qui ressasse ses promesses de victoire grâce aux armes secrètes. Hitler approuve les décisions de Ribbentrop : un gouvernement composé des Français présents sous les auspices de Pétain (ce qui n'est pas acquis) et la direction à Doriot (ce dont les autres collaborateurs ne veulent pas). Les Français feront état de bonnes paroles et de félicitations dispensées à chacun d'eux par le Führer. Ils sont bien les seuls à les avoir entendues[10]. Darnand accepte pourtant de participer à la délégation gouvernementale pour la défense des intérêts français en Allemagne constituée le 6 septembre et où il reçoit le titre ronflant d'organisateur des forces nationales. Environ 6 000 miliciens (et plus de 4 000 membres de leurs familles) se retrouvent en Allemagne où Joseph Darnand va de déception en déception.

En terres étrangères

Le 21 septembre, les miliciens passent le Rhin et sont installés dans un camp près d'Ulm. Le sort de la Milice dépend désormais des SS, Himmler ayant reçu la charge des nationaux des pays évacués. Flanqué de son neveu par alliance, Henry Charbonneau, d'un surprenant optimisme, Darnand prend contact avec l'Obergruppenführer Berger. L'accueil, avec force bourrades et libations de kirsch, est très cordial. N'est-on pas entre vieux camarades ? Avec Himmler, à Birkenwald, ce n'est pas très clair. Un tiers des miliciens entreront avec les autres volontaires français dans une division qui sera baptisée Jeanne d'Arc ou Charlemagne. Elle sera placée sous le commandement du général Puaud, ancien commandant de la LVF. Les autres miliciens se maintiendront comme francs-gardes ou iront travailler en usine. Les familles, elles, seront considérées comme les hôtes de l'Allemagne. Le mouvement politique envisagé pour réunir tous les Français d'Allemagne et les opposants à de Gaulle en France jouira d'une réelle indépendance pour son organisation et sa propagande, avec des prêts financiers du Reich. Darnand n'obtient rien de précis sur ses responsabilités personnelles. Et pour cause. Himmler n'est intéressé que par un apport de soldats à la défense du territoire. Il ne veut que des soldats, pas des politiques affaiblis par des rivalités entre doriotistes et darnandistes. De Darnand, on attend seulement qu'il envoie ses hommes à l'entraînement et au combat. Et justement, le propos de Darnand a évolué par rapport à celui de Nancy et du Struthof. Plus question de drapeau, plus question de chef français, mais d'une alternative plus simple : la Waffen SS ou les usines allemandes. Le discours est mal reçu, des officiers déclarent qu'ils ne combattront jamais sous l'uniforme allemand et qu'ils ne prêteront pas serment à Hitler. Darnand menace :

« Ce que je ne peux pas obtenir par la discipline et la fidélité, je peux l'obtenir par la force. » Les hommes grondent et le traitent de « dernier des négriers ». Darnand s'en indigne. Profitant de cette « révolte », des émissaires de Déat et de Bucard s'introduisent dans le camp pour reprendre les leurs. Darnand fait emprisonner ceux qui sont tentés par une action personnelle. Les recruteurs des Allemands et de Doriot profitent de ce trouble. Certains miliciens se laissent séduire. Darnand les récupère et leur met le marché en mains : la Waffen SS ou les mines de sel, ou encore le sort des disparus dans de mystérieuses corvées de bois… Martial, il se pose encore en chef politique dans une allocution aux miliciens : « Nous nous sommes battus en France et continuerons à nous battre aux côtés des armées allemandes, contre les mêmes ennemis. Nous devons rentrer en France et nous y rentrerons. Nous savons être prêts en ce moment pour les tâches politiques qui nous attendent. C'est parmi vous que je trouverai les chefs politiques nécessaires pour le relèvement de la France. »

Le 4 novembre, les miliciens sélectionnés pour la gloire d'être tués par les Russes dans la défense du Reich partent pour le camp de Wildflecken où le général Krukenberg procède à une rigoureuse sélection des recrues miliciennes. Ceux qu'il retient (environ 2 500) sont soumis au rude entraînement indispensable pour ce qui les attend. Maintenant qu'il a livré ses hommes Darnand ne sert plus à rien. Pourtant, il ne se résigne pas à s'occuper des « éclopés » de Sigmaringen, il prétend à l'animation politique de la division Charlemagne.

Le soutien du moral des futurs combattants est pourtant parfaitement assuré par l'ancien l'aumônier de la LVF, « Monseigneur » Mayol de Lupé, devenu aumônier de la Charlemagne. Darnand ne saurait dispenser les mêmes promesses de salut que l'aumônier botté et les hommes n'ont plus que faire d'endoctrinement politique français. Désormais, ils sont des soldats allemands comme les autres qui ont à démontrer leur acharnement au combat. Aussi Krukenberg, pas dupe du bluff de Darnand, a-t-il donné des ordres pour, s'il s'avisait de venir au camp, le ramener aux réalités de sa condition d'exilé. Quand, le 11 novembre, Darnand, qui arbore son uniforme d'officier SS, se présente au camp d'entraînement afin d'y prendre les fonctions qu'il s'est attribuées, il est reçu au poste de garde avec méfiance et envoyé au bureau des effectifs. Peut-il présenter son certificat de cessation de paiement ? Non. Alors il ne pénétrera pas dans le camp. Darnand tempête, demande à être entendu par le général Krukenberg. Hors de lui quand le général arrive, il lui assène : « Je suis le secrétaire d'État français et je réclame des égards. » Le ton change, le général l'assure de son plus grand respect pour le ministre français qu'il est et invite son hôte dans sa villa, hors du camp. Il lui offre à dîner et ses attentions sont autant de gestes offensants encore que déférents. Darnand part, dit un de ses compagnons, comme un renard qu'une poule aurait pris.

Au camp d'Euberg, où sont regroupés les miliciens dont les Allemands n'ont pas voulu pour la division Charlemagne, Darnand avoue : « J'ai été possédé par les Allemands » mais, pas découragé, il proclame : « Je vais me mettre à votre tête et nous allons partir en opérations en Italie, sous l'uniforme français, et je me battrai avec vous contre le maquis. » En fait, Darnand est désemparé, il pense un temps s'engager dans la brigade Wallonie de Degrelle, mais son petit état-major le fait renoncer. Il est plus urgent de conserver les siens qui fuient vers les formations allemandes ou françaises concurrentes. Il est même question de complot contre Darnand. Des hommes sont arrêtés. On leur rase le crâne. Il y a des exécutions.

Pour Darnand, c'est le retour désenchanté à Sigmaringen où il n'a plus qu'à veiller sur cinq cents francs-gardes. Le maréchal Pétain a déclaré qu'il les récusait pour sa garde, mais Brinon y tient. Ils distribuent et contrôlent les multiples cartes de séjour, de ravitaillement et d'identité. Darnand finit par renoncer à participer aux intrigues contre Brinon. Plus rien ne l'intéresse. Il cohabite en silence avec les bravaches de la Collaboration au château. Il supporte de plus en plus mal Déat qui poursuit ses entreprises de socialisme européen, voyageant librement dans le Reich et méprisant à son retour ses congénères français. Il est indifférent au sort des vieillards, des malades, des impotents, des nourrissons et des femmes chargées de petits enfants mal nourris qui peinent à survivre à Siessen, le camp voisin de Sigmaringen dirigé par Bertheux, le milicien d'Annecy. Au château, seule sa femme manifeste quelque compassion pour ces abandonnés. Les enfants meurent de dénutrition et de maladie. Ils reçoivent l'aide de l'écrivain Céline, retrouvant les réflexes du docteur Destouches et qui proteste auprès de

Fernand de Brinon : « Et l'état de mes nourrissons ?... là Brinon fallait qu'il m'écoute, pour les nourrissons j'attaquais ! qu'est-ce qu'ils en foutaient au camp ? six morts par semaine ?... qu'on y faisait mourir nos mômes !... exprès !... tout exprès !... je dis ! à coup de brouets de carottes crues !... oui !... absolument ! tous enfants de "collaborateurs"... suppression des mômes !... crimes très voulus[11] !.... »

Darnand ne s'intéresse guère à l'Organisation technique (OT), dirigée par Filiol et Degans et aussi largement aux mains des Allemands qui organisent l'envoi en France d'espions, de saboteurs. Cette avant-garde doit ainsi préparer la reconquête. À quoi bon des maquis blancs ! Le terrorisme ne peut que servir les communistes, pense Darnand. Il voit juste. Les miliciens-espions, souvent repérés en Allemagne par les services secrets français, sont arrêtés aussitôt arrivés en France. Leur sort est indifférent à Darnand qui ne partage pas non plus l'exaltation des hôtes du château de Sigmaringen quand semble réussir l'offensive allemande des Ardennes. Il réagit par dérision aux encouragements de ses amis Charbonneau et Bassompierre : « Je ne suis plus ministre que de la peau de mes fesses. »

Encore faut-il au printemps 1945 songer à son salut personnel, quitte à le masquer par une ultime volonté de se battre. Le contraste est grand entre la division Charlemagne qui a combattu jusqu'au bout à Berlin et l'aventure tardive et ambiguë des hommes de Darnand en Italie.

Les miliciens de Wildflecken prêtent serment entre deux troncs de chêne sur des poignards entrecroisés où est inscrite la devise « Mon honneur s'appelle fidélité », la devise des SS : « Je jure d'obéir à Adolf Hitler, chef de la Waffen SS, dans le combat contre le bolchevisme, en loyal soldat. » La division Charlemagne est composée du 57e régiment commandé par Victor de Bourmont (assisté d'Émile Monneuse et de Berret) et du 58e régiment commandé par Émile Raybaud (Fenet et Obtiz sont ses adjoints). À la tête de l'état-major se trouve Puaud, peu aimé des hommes qui ne font confiance qu'à ses collaborateurs, Bassompierre et Vaugelas. Ces régiments sont lancés prématurément dans la bataille en Poméranie où ils subissent de lourdes pertes. Ils furent incapables de résister à Hammerstein (entre Stettin et Dantzig à 100 km à l'intérieur des terres) à l'offensive furieuse des Soviétiques. Cinq cents morts et mille disparus. Le général Krukenberg procède alors à une réorganisation qui différencie un régiment de marche confié à Émile Raybaud (Fenet commande son premier bataillon, Bassompierre le second), d'un régiment de réserve dont le commandement revient à Victor de Bourmont (Monneuse et Berret commandent les deux bataillons). Leur mission est de couvrir la retraite des Allemands par le port de Kolberg. À cet effet, ils doivent barrer la voie Körling-Stettin, et défendre Körling à l'extrême. Le 4 mars, les Soviétiques attaquent et bientôt l'encerclement de Körling est presque complet. Il faut se replier vers le sud puis pivoter vers les bouches de l'Oder. Bassompierre, qui a remplacé Raybaud grièvement blessé, réussit le décrochage et gagne les rives de la Baltique où les Français se mêlent aux réfugiés allemands fuyant devant les Soviétiques. Le 12 mars, ils parviennent à la plage de Dievenow que tiennent encore des forces allemandes et réussissent à s'embarquer. Le régiment de réserve n'adopte pas la même tactique de fragmentation et croit pouvoir forcer le passage. Quand le brouillard se disperse la troupe apparaît à l'ennemi sur la plaine enneigée sans le moindre abri. Les hommes sont hachés par la mitraille, écrasés par les chars. « Épuisés, décimés, disséminés, privés de vivres et de munitions, les pieds qui commencent à geler, les survivants, s'ils ont le malheur de s'étendre pour se reposer, n'ont plus la force de se relever et sont faits prisonniers[12]. » Bourmont et Puaud disparaissent, sans doute tués. Une légende les dira prisonniers, retournés par les Soviétiques qui les emploient dans leurs services secrets.

Les rescapés des combats de Prusse-Orientale sont engagés à partir du 24 avril dans la défense ultime de Berlin. Combien de Français ont-ils combattu là, pris en tenaille par les forces du général Koniev et celles du maréchal Joukov ? Certainement pas les six cents imaginés par Saint-Paulien ni les quarante de Krukenberg. Un des leurs, Henri Fenet, estime leur nombre à deux cent cinquante. C'est encore beaucoup. Il s'agit d'une bataille de rues d'une semaine, l'ultime défense de la chancellerie et du bunker de Hitler. Abandonnés par les chars de la Nordland qui n'ont plus de carburant, ils décrochent de l'Hôtel de Ville et se retirent à la station de métro Stadtmitte où meurt leur dernier officier, Labourdette.

Il n'est plus question de sections mais de petits commandos qui, dans une atmosphère saturée de poussière et éclairée par les lueurs d'incendie, surgissent des caves, s'insinuent entre les pans effondrés d'immeubles, pour frapper encore des chars soviétiques. Le sol tremble, les cratères s'ouvrent. Ils sont chassés par les lance-flammes.

Le 30 avril 1945, Hitler se suicide. Le 1er mai, avec quelques éléments de la Luftwaffe, les Français tentent de se barricader dans les ruines du ministère de l'Air. Ils sont à une rue du bunker. Le 2 mai, des voitures avec des drapeaux blancs se frayent un passage dans la rue. C'est fini. Les Waffen SS français sont prisonniers des Soviétiques.

La fin de l'aventure est pitoyable pour l'ancien chef de la Milice. Curieusement la plupart des historiens de la Milice exaltent la volonté de Darnand de se battre jusqu'au bout contre les partisans italiens, ce qui ne correspond pas à la réalité. Y eût-il aspiré, la conjoncture militaire ne le lui aurait pas permis. Darnand le découvrit-il sur place ou ne chercha-t-il qu'à saisir en Italie le moyen de fuir hors d'Europe ? Sa passivité militaire contraste avec l'ardeur de ses anciens miliciens passés à la Waffen SS et combattant jusqu'au bout dans Berlin.

Le 12 mars, Darnand quitte Sigmaringen en voiture. Il rejoint les Allemands à Gardone et aurait offert l'aide de la Milice – en particulier le bataillon Carus – pour combattre les partisans italiens. Mais le général Wolf, chargé des forces allemandes en Italie, s'emploie à ce moment-là à établir une paix séparée avec les partisans. En Suisse, il a rencontré l'envoyé d'Allen Dulles et il y a chargé le général Tensfeld d'entamer des négociations avec le comité local de résistance italienne, afin d'obtenir des partisans le libre passage pour les troupes allemandes en retraite vers l'Allemagne par la vallée de la Valteline. Le 3 avril, avant tout accord à ce sujet, le comité de résistance lui demande de retirer toutes les formations fascistes de la vallée de la Valteline en n'y laissant que cinq cents policiers allemands pour le maintien de l'ordre. Le général Tensfeld décide de remplacer ces policiers allemands par le bataillon de miliciens dont l'aide lui avait été offerte. Les partisans s'abstiendront de l'attaquer si les miliciens n'ouvrent pas le feu. Le 10 avril, les miliciens sont à Tirano. Le père Bonfiglio, des Serviteurs de Marie, qui joue un rôle d'intermédiaire, conseille aussi une attitude d'abstention. La tentative de Carus pour reprendre les villages de Grosio et de Grosseto n'est pas l'épopée décrite par le milicien et par Delperrié de Bayac. Les accrochages sont dus à un groupe communiste dissident ignorant un accord conclu à un plus haut niveau. La Milice se trouve donc engluée dans les compromis italiens qui n'ont pas grand-chose à voir avec la geste des « dernières cartouches à Tirano ». L'accord entre Allemands et résistants italiens explique qu'à la suite de l'insurrection des résistants italiens du 24 avril la reddition des miliciens, à Tirano, s'est faite « avec les honneurs de la guerre ».

En réalité, Joseph Darnand a surtout mis les circonstances à profit pour organiser sa fuite. Grâce aux relations ecclésiastiques qu'il a nouées, il espère gagner l'Amérique du Sud. Après avoir remis le trésor de la Milice aux religieux du couvent des Serviteurs de Marie, à Notre-Dame de Tirano, Darnand se cache dans la montagne, à Edolo, chez la sœur du père Bonfiglio. Il s'apprête à gagner la Toscane, première étape de sa fuite vers une plus lointaine destination, mais l'espionnage sévit partout. Le 25 juin, il est arrêté par un officier de l'Intelligence Service, dans une grange, en compagnie du prêtre qui devait le guider vers un asile plus sûr. Il est livré à la sécurité militaire française.

Mis en confiance par un officier français, il révèle son identité et ne fait aucune difficulté pour rendre le « trésor de la Milice ». Retournant au couvent en compagnie de l'officier, il lui remet une caisse en bois à laquelle manquent évidemment les pièces d'or et les billets qui, cousus dans des vêtements, des ceintures ou d'autres cachettes, aident à la fuite de miliciens. Selon les strictes règles de la bonne administration française l'officier procède à un inventaire écrit qui figure dans les archives de l'État[13]. Au final, Darnand restitue 19 millions en billets de 5 000 francs, 107 000 francs en billets de 1 000 francs, 9 500 livres, 91 000 lires, 47 pièces d'or d'une livre sterling, 500 francs suisses (il déclara que lui appartenaient personnellement et en plus 50 000 francs, 78 pièces de 20 francs-or, 5 pièces de 20 dollars) ; 20 pochettes contenant des plaquettes de fils d'or ou de platine ; 680 000 Reichsmarks en billets ; 3 230 couronnes tchécoslovaques ; un sac de billets émis par la Wehrmacht ; une boîte métallique contenant 73 pièces d'or de 10 francs, 93 pièces d'or de 20 francs, 693 pièces d'or en livres sterling, 16 pièces d'or de 20 francs suisses,

39 pièces d'or belges, 4 pièces d'or de 10 dollars, quelques pièces d'or anciennes, deux bagues et une paire de boucles d'oreilles avec perles.

Après récupération du trésor, Darnand est ramené à Nice puis incarcéré à Fresnes. Gombert, Charbonneau, Raymond-Clémoz ont aussi été arrêtés. Jean Degans, Jean Filiol et Bout de l'An ont réussi à disparaître. Le bataillon de miliciens, avec Carus, est interné dans un camp à Pise puis, au bout de trois mois, nombre de ces hommes sont conduits à Naples d'où ils sont rapatriés à Marseille.

La femme et le fils de Joseph Darnand l'avaient suivi en Italie et se trouvaient à Varèse. Rien ne pouvait leur être reproché. Philippe Darnand n'était d'ailleurs pas milicien comme il est fréquemment écrit, mais, en raison de son âge, simplement avant-garde. Traumatisés par ce qu'ils apprennent de l'épuration, ils vivront plus ou moins clandestinement en Italie, aidés par maître Coutret, protégés par des religieuses et des ecclésiastiques (Philippe fut même un temps speaker à Radio Vatican). Jean de Vaugelas les invita à s'installer en Argentine. Pour les membres de la Milice il n'était pas facile de se réfugier à l'étranger. La Suisse n'acceptait, en principe, que ceux qu'elle reconnaissait comme victimes de leur foi religieuse, de représailles communistes évidentes. L'historien Luc Van Dongen, étudiant les dossiers d'agrément, y trouve souvent trace de protections religieuses. Les réfugiés ont bénéficié de l'aide de divers instituts religieux des cantons du Valais et de Fribourg (abbaye Saint-Maurice, couvent capucin de Sion, Convict Albertinum, Mission du Sacré-Cœur, foyer Saint-Justin)[14].

Le contre-espionnage français a tenté de fermer la frontière des Pyrénées pour empêcher le passage des collaborateurs vers l'Espagne de Franco. André Parent, du réseau Morhange, s'est activement employé à cette tâche. Des réfugiés en Espagne on connaît surtout des notables comme Abel Bonnard, mais la masse des exilés n'a pas encore été étudiée aussi précisément qu'en Suisse[15]. Paul Fréchou est resté deux ans en Espagne avant de gagner l'Argentine. François Gaucher, arrivé en 1947, y finira sa vie. Jean Filiol y travailla dans la filiale d'un grand groupe de cosmétiques. En 1949, alors que s'étaient produits de nombreux départs pour la France ou l'Amérique, il restait 357 exilés politiques qui n'étaient pas tous des miliciens. Les deux tiers d'entre eux ont bénéficié de l'aide du « Secours national français » fondé par Pierre Héricourt, ancien consul français à Barcelone, et par Laffon, ancien attaché de presse à l'ambassade de France.

Quelques miliciens importants réussissent à s'installer sur le continent américain. Le Québec, qui pendant l'Occupation avait montré de la sympathie pour la Révolution nationale et aidé le maréchal Pétain à maintenir des rapports avec les Britanniques, a accueilli Jacques Dugé de Bernonville, doublement condamné à mort par contumace par les cours de justice de Toulouse et de Dijon. Jusqu'en 1951 les demandes d'extradition se heurtent à de puissantes protections catholiques. L'ancien milicien finira par se réfugier au Brésil[16]. La destination favorite de la « cavale des maudits » est l'Argentine de Perón. Les collaborateurs français se retrouvent souvent à la brasserie Adam's près du port de Buenos Aires où ils se remémorent leur passé, commentent la guerre de Corée, se déchirent à belles dents. Certains reçoivent bon accueil à l'Alliance française. Leur manque de discrétion expose ces exilés aux représailles des services spéciaux français qui en auraient exécuté une dizaine, dont Jean de Vaugelas, devenu directeur des caves franco-argentines, tué en 1954, à Mendoza, dans un suspect « accident de voiture »[17].

Chapitre 9

Châtiment

Les miliciens partis en Allemagne sont devenus des parias pour leurs compatriotes, ceux qui restent sur le sol français sont exposés, dans plusieurs régions, à la haine qu'ils ont semée. Le temps d'expier est venu. Pour eux ce fut la mort sans jugement ou la justice expéditive de cours martiales de résistants. Nombreux furent aussi après la défaite de l'Allemagne ceux qui passèrent en cour de justice selon la législation prévue par le GPRF.

L'épuration extrajudiciaire a existé dans toute l'Europe, mais c'est en France qu'elle causa le plus de morts, les miliciens en constituant le groupe le plus important. Actuellement elle heurte nos sensibilités, surtout lorsqu'elle est présentée indépendamment des violences qui l'ont précédée sous l'Occupation. L'*Histoire de l'épuration* de Robert Aron ou *L'Épuration sauvage* de Philippe Bourdrel, les récentes révélations sur les assassinats et centres de torture communistes de la région parisienne par Jean-Marc Berlière constituent un épouvantable dossier à charge. Encore faudrait-il ne pas isoler l'épuration des violences antérieures de l'Occupation qui les éclairent sans les justifier et rappeler aussi sa fonction politique[1]. Le pardon n'est pas un réflexe spontané de l'homme et les transitions politiques s'accompagnent d'une aspiration à une justice qui confine à la vengeance et qui reste imparfaite, mais qui semble nécessaire à des autorités encore mal établies soucieuses d'imposer leur légitimité.

Cours martiales de la Résistance

Le châtiment le plus terrible fut infligé à des jeunes miliciens des régions où la répression contre les résistants avait été très dure : le Dauphiné et la Savoie, le Languedoc. Le Sud-Ouest a vu des cas semblables, mais les témoins en ont moins volontiers parlé.

La jeunesse des miliciens arrêtés et leur abandon par leurs chefs en fuite vers Allemagne n'ont pas plaidé pour un traitement indulgent de leurs actes. Peut-être dans une mesure plus grande encore l'impossibilité d'attraper les grands coupables échappés de France, a-t-elle été frustrante. De jeunes francs-gardes arrêtés à Uriage ou dans d'autres localités de l'Isère ont été traînés de camps en prisons et pouvaient servir d'otages à échanger contre des résistants. Finalement tous furent amenés à l'Hôtel Gambetta à Grenoble. Le nouveau préfet, Reynie, les trouve embarrassants et décide de régler rapidement leur sort. Il constitue une cour martiale par « délégation du commissaire de la République », un pouvoir qui ne peut être délégué. Le bâtonnier et un avocat de Grenoble acceptent de défendre ces jeunes, accusés d'avoir entretenu des intelligences avec l'ennemi. Le 2 septembre 1944, le jugement est rapide : les employés subalternes sont condamnés à des peines d'emprisonnement ou de travaux forcés. Six jeunes miliciens auraient pu bénéficier de la déposition bienveillante du capitaine Poiteau, ancien commandant de la compagnie Stéphane du maquis du Grésivaudan, qui les avait fait prisonniers et proposait de les récupérer pour combattre les Allemands, en les encadrant dans sa formation. Il n'est pas écouté et ces garçons sont condamnés à mort. À l'hôtel où ils ont été reconduits, ils s'entretiennent avec le RP Vermorel, aumônier de la prison. Le jeune Robert Musnier de Pleignes écrit à ses parents qu'ils vont mourir « en vrais Français et en vrais chrétiens ». L'aumônier proteste contre les gardiens improvisés qui injurient les condamnés. Ils sont hissés dans un fourgon, enchaînés et conduits à travers une foule hurlant des insultes et réclamant leur mort. Ils sont fusillés cours Berriat, ce qui n'apaise pas la foule déchaînée. Les gardiens tentent de repousser des individus enragés qui injurient l'avocat présent, maître Guy, urinent sur les cadavres, veulent les arracher aux cercueils où ils ont été placés[2]. Le journal *Les Allobroges* ne condamne pas ces débordements dans son article du 4 septembre : « Le milicien va payer. Nous demandons pour tous le châtiment suprême, inflexiblement, impitoyablement. Pas de pitié ! Pas de mômerie juridique. La justice, une vraie justice qui dépasse le Code pénal, une justice qui soit celle du peuple, une justice de bon sens, la vraie justice. » *Le Travailleur alpin* commente : « Les morts nous demandent, les morts exigent. Un devoir bien fait », mais le journaliste américain John Osborne parle dans *Life* d'un « délire collectif ». L'épuration judiciaire condamna ensuite en Isère 88 collaborateurs à mort (79 par contumace) avec quatre exécutions dont deux concernant des membres de la milice de Voiron.

Cour martiale du Grand-Bornand

Le 18 août 1944, s'annonce la libération de la Haute-Savoie, département meurtri par la répression milicienne. La violence de la répression contre les miliciens n'est pas seulement explicable par les souffrances endurées, mais aussi par la victoire, dans l'urgence, d'une conception de l'ordre sur une autre. Certains pensent que le mieux est d'envoyer au plus vite les miliciens et autres collaborateurs hors du département pour qu'ils soient emprisonnés et jugés ultérieurement, quitte à leur offrir des sauvegardes. La joie de la Libération submergera la foule, et il n'est pas nécessaire d'organiser des spectacles sanglants. D'autres, les FTP et les autorités administratives nouvelles, inexpérimentées, peu sûres d'elles, présentent ou se représentent la population comme avide de vengeance. Lui donner la satisfaction de voir les collaborateurs fusillés immédiatement la calmera et assiéra le nouveau pouvoir politique sur la peur. Le GPRF a autorisé la création de cours martiales. Autant en confier la réalisation aux FFI qui constituent la seule armée de la France.

À Annecy, une négociation est engagée entre le chef départemental de la Milice, Barbaroux, et des résistants, en particulier « Quino », chef des FFI de la région de Rumilly. Les cent trente miliciens et élèves de l'école d'Uriage qui se trouvent à la commanderie des Marquisats à Annecy obtiennent, contre l'engagement de libérer leurs otages, une promesse de sauvegarde pour leur famille et un traitement de prisonniers de guerre jusqu'à leur jugement de forme et de délai non précisés.

Le samedi 19 août, les miliciens libèrent les otages et se rendent. Ils quittent Annecy et sont désarmés à Saint-Jorioz, sous les insultes de la foule. Là, ils attendent les camions qui doivent les prendre. Deux jeunes miliciens sont abattus par leurs gardiens qui perdent leur sang-froid. Ensuite le convoi prend la route de Faverges, escorté par des maquisards du corps franc. Amenés par Thônes, au Grand-Bornand, ils affrontent partout les injures d'une petite foule qui exige leur punition, leur jette des pierres et réclame leur mise à mort. Les miliciens qui n'avaient pas conscience d'avoir suscité une telle haine en sont épouvantés tandis que les résistants qui les escortent sont impressionnés par les exigences de la foule. Une solution serait de les faire juger au plus vite et sur place par une cour martiale.

Porter un jugement péremptoire sur les procédés de justice de l'épuration est moins utile que d'en connaître les acteurs, leurs intentions, la procédure exactement suivie, les sentiments des condamnés. Des documents surgissent, soixante-dix ans après l'événement, donnant un autre éclairage. Marc-Antoine T. a décidé, à la mort de son grand-oncle, l'abbé Étienne Ducroz, témoin de la cour martiale et de l'exécution, de publier sur Internet le document rédigé en août 1944 par celui qui assista les miliciens jusqu'au dernier moment. Son témoignage n'est pas récusé par les défenseurs de la cour martiale du Grand-Bornand qui rappellent cependant que ce prêtre était de la vallée de Thônes qui n'avait pas connu les exactions commises dans le Chablais[3].

Les francs-gardes sont enfermés dans le grenier de la salle paroissiale du Grand-Bornand. Ils reçoivent la visite de l'abbé Ducroz qui entend une trentaine de confessions, recueille des messages pour les familles. À la préfecture, le commandant Nizier, chef des FFI, désigne, en accord avec le CDL, les membres de la cour martiale. Ce seront deux FTP, Bonfils et Augagneur (président), deux membres de l'AS, Louis Morel, ancien des Glières, Robert Poirson, un militaire de carrière, et le commandant d'active Clément[4]. Des FTP exigent d'accéder aux prisonniers. Un FTP s'écrie : « Personne ne peut m'empêcher de casser la gueule à un milicien. Si je le veux. » Le lieutenant Fournier obtient leur départ en promettant que la cour martiale sera présidée par un FTP : pour eux, une garantie de justice. Ils s'éloignent quand les gendarmes prennent le relais. Les prisonniers se plaignent à l'abbé Ducroz d'avoir été contraints de ramper sur le sol et d'avoir été frappés.

Les formes prises par le jugement du Grand-Bornand sont connues avec une précision rare. La rapidité est sa principale caractéristique. Aussi, pour ne pas laisser passer de temps entre la sentence et l'exécution, soixante-quinze cercueils sont-ils commandés le lundi 21 à une menuiserie et livrés. Les organisateurs du procès étaient déjà persuadés que ces miliciens étaient coupables de grands crimes pour lesquels la peine de mort serait prononcée. Quatre avocats acceptent d'assurer la défense des miliciens. Le mercredi 23, dans la salle des fêtes où le public est admis, commencent les interrogatoires destinés à établir des procès-verbaux. Les quatre-vingt-dix-sept procès-verbaux écrits par des policiers contiennent de nombreux aveux d'actes contre des résistants. Il est remis à chaque membre de la cour martiale une échelle des délits et crimes classés par ordre de gravité (de la simple adhésion aux exactions contre les résistants et aux rapports avec les Allemands) ainsi que des cartons pour exprimer leur vote.

La cour martiale siège longuement dans la salle des fêtes comble. Le président procède à l'identification des accusés qui se présentent successivement à la suite du chef départemental de la Milice, Yvan Barbaroux. Un résumé de l'interrogatoire est lu et une ou deux questions sont posées sur les raisons de leur action. Le chef départemental Barbaroux, interrogé sur la disparition du boulanger d'Annecy, Raymond, qui livrait du pain et de fausses cartes d'identité aux résistants, se défausse sur la section de police anticommuniste installée aussi aux Marquisats, qui lui administra des coups ayant entraîné la mort. Choisissant de le jeter dans le lac plutôt que de l'enterrer, ses membres demandèrent à deux miliciens de s'en charger. Pendant une interruption de séance, profitant de ce que les juges se restaurent, des énergumènes désarment les gendarmes et tabassent des accusés. À la reprise, c'est le commissaire qui dit son intime conviction sur la trahison ou non du prévenu. L'avocat dispose de cinq minutes pour souligner la spécificité du cas. L'audition des quatre-vingt-dix sept miliciens est terminée un peu après 2 heures. Le public doit quitter la salle avant de se retrouver, peu après, au fond, derrière les accusés installés aux premiers rangs. Le commissaire Massendès, qui tient le rôle de commissaire du gouvernement, demande la peine de mort pour les inculpés coupables de trahison et d'intelligence avec l'ennemi. Deux avocats tentent d'expliquer les motivations des francs-gardes. À cinq heures et demie, la cour se retire pour délibérer. C'est fait en moins d'une demi-heure. À 6 heures, le président lit, en butant dessus, la liste alphabétique des noms des prévenus en indiquant, pour chacun, la sentence : 21 sont relaxés et 76 sont condamnés à la peine de mort, exécutable dans les vingt-quatre heures. Le tribunal a prononcé la relaxe des simples adhérents, du personnel de service. Il a été sévère pour les trois frères Lacroix, seize, dix-sept et dix-neuf ans, qui affirmaient ne s'être réfugiés avec leur famille aux Marquisats que pour fuir les menaces proférées contre eux. Beaucoup sont originaires du bas Chablais, où l'affrontement avait été sanglant entre les deux camps et l'emprise religieuse particulièrement forte. Les relaxés ont par la suite été arrêtés par les FFI et emprisonnés, certains étant condamnés à des peines diverses et quelques-uns exécutés.

L'abbé Ducroz et le vicaire du Grand-Bornand décident de ne plus quitter les condamnés. Ils procèdent à une absolution collective et leur donnent le saint sacrement : « Vous allez recevoir Notre-Seigneur qui dans quelques instants vous accueillera lui-même au paradis. Lui seul sait le fond de vos cœurs et seul il est juge de vos intentions. Rappelez-vous qu'avant le triomphe de la Résurrection, il est passé par le Calvaire ; offrez-lui généreusement votre sacrifice et demandez-lui que votre sang soit le dernier sang français versé. »

Un camion et un fourgon emportent les quarante premiers condamnés et les deux prêtres au lieu d'exécution, à l'orée du bois de la Pezerettaz. Là sont disposés les soixante-quinze cercueils commandés à Annecy et un cercueil fabriqué au Grand-Bornand. En route, les miliciens disent leur chapelet. À l'arrêt du camion, ils marchent quelques minutes, découvrent les poteaux plantés. Ils y sont attachés par groupes de cinq et par ordre alphabétique. Le peloton d'exécution est composé d'hommes ayant eu à souffrir de la Milice. Le premier à tomber est le chef Barbaroux. Le camion repart chercher les trente-six derniers. À leur arrivée sur le champ, un gendarme leur remet une image pieuse portant la prière d'indulgence de Pie X pour l'heure des morts (« Seigneur, mon Dieu, j'accepte de plein cœur le genre de mort qu'il vous plaira de m'envoyer, avec ses angoisses, ses peines, ses douleurs. Je veux que le dernier soupir de mon cœur soit un acte de pur amour pour vous »). Ils s'agenouillent, chapelet entre les doigts ou autour du cou. Le prêtre les embrasse. Deux miliciens s'étreignent : « À tout à l'heure, au ciel. » Une vingtaine d'entre eux crient avant de mourir : « Vive le Christ-Roi, vive la France ! » Un seul a crié : « Vive Darnand ! » À 11 heures, tout est fini. Une cour martiale prononce à Annemasse dix-huit condamnations à mort. La cour martiale d'Annecy, le 5 octobre 1944, en ajoute sept.

Épuration judiciaire

Les miliciens présents en France au moment de la Libération et ceux qui y ont été ramenés après la défaite de l'Allemagne sont sévèrement sanctionnés. Après les fusillades sauvages ou après le jugement de cours martiales, se met en place, à l'automne, l'épuration judiciaire qui repose sur des ordonnances du GPRF. Ces dernières prévoient des juridictions d'exception comme la Haute Cour à Paris et les cours de justice en région. Les miliciens ont lourdement payé parce que la Milice est reconnue comme une source du recrutement pour la Waffen SS, ce qui établit sans conteste le crime de trahison pour ses responsables, et de plus ils sont bien connus des résistants. Si les chiffres de l'épuration sommaire restent discutés et difficilement contrôlables, ceux de l'épuration judiciaire sont connus à l'échelle nationale, mais les miliciens ne sont pas réellement distingués des collaborateurs[5]. Il est possible d'être plus précis au niveau des départements, l'enquête du Comité d'histoire de la Seconde Guerre mondiale portant sur la majorité d'entre-eux, mais les résultats des différents départements ne sont pas comparables en raison de sources différentes, exploitées différemment. Une étude modèle dans un département à faible effectif (il reste 88 miliciens à la mi-août 1944) menée par Michel Roux, reposant sur une connaissance exacte de chaque accusé, résout enfin des difficultés méthodologiques antérieures, en particulier par l'intégration des cas, fréquents, de miliciens jugés dans des cours de justice éloignées du lieu de leurs méfaits[6]. Ainsi les miliciens de la Haute-Loire sont-ils jugés non seulement par la cour de justice du Puy, mais aussi par les cours de justice de Bordeaux, Nîmes, Clermont-Ferrand, Lyon, Pamiers et Mende. Les miliciens partis en Allemagne ont échappé à l'épuration sommaire, mais pas toujours aux arrestations après la défaite allemande. D'autres se sont cachés quelque temps à la Trappe en Lozère, chez les Frères des écoles chrétiennes, mais ils se livrèrent ultérieurement à la justice. Quinze miliciens ne furent jamais retrouvés. À considérer les condamnations à mort, l'épuration des miliciens est d'une grande rigueur : 14 miliciens, pris à Estivareilles (Loire), dans l'attaque, le 14 août 1944, du convoi allemand qu'ils accompagnaient, sont fusillés (la femme et le fils d'un milicien sont épargnés).

La cour martiale du Puy, présidée par le capitaine FFI Lucien Rougier, tient quatre sessions. Le 4 septembre, elle prononce 5 condamnations à mort ; le 15 septembre, 5 condamnations à mort ; le 16 septembre, 5 condamnations à mort ; une seule le 21 septembre. Tous les miliciens sont passés par les armes. Les cours martiales ont ensuite prononcé de lourdes peines de prison et acquitté un milicien de seize ans manifestement débile et sa mère.

Il faut ajouter le bilan de la cour martiale du Brivadois qui condamna à mort neuf miliciens ainsi qu'un milicien en fuite qui fut capturé dans les Vosges et condamné à mort par un tribunal aux armées.

Les cours de justice fonctionnant à partir de l'automne 1944, au Puy ou ailleurs, ont prononcé dix-huit condamnations à mort de miliciens de la Haute-Loire (treize par contumace). Un seul a bénéficié d'une commutation de peine.

Une autre région mérite un examen particulier, celle de Montpellier. La répression y a été à la hauteur des horreurs commises par la Milice, en particulier au chef-lieu de l'Hérault. Le nombre des exécutions sommaires reste imprécis mais on connaît l'existence de prisons privées. Les incarcérations sont assorties d'interrogatoires violents et parfois de torture. La secrétaire du PPF, milicienne et collaboratrice du commissariat général aux questions juives, est tondue et violée. Dans le Gard, à Pont-Saint-Esprit, la caserne Pépin est un centre de torture organisé par un groupe FTP issu du bassin minier d'Alès. Les milices patriotes se désolidarisent de ces tortionnaires qui ont tué deux de leurs prisonniers. À la caserne « La Marseillaise » sévit Gérard Suberville à la tête de milices patriotiques et de membres de l'Action ouvrière qui envoie des tueurs chargés d'exécutions sommaires, pratiquement jusqu'à la fin de l'année 1944[7].

Quand la cour martiale de Montpellier se réunit le 30 août 1944, elle doit juger trois accusés. Elle condamne à mort le dernier préfet de l'Hérault qui était milicien et des responsables policiers. Le rigoureux Jacques-Augustin

Bailly estime que ces décisions ne constituent en rien un déni de justice : « Justice illégale, mais justice tout de même, meilleure en tout cas que celle des cours martiales de la Milice qui représentaient le degré zéro de la justice : ni instruction, ni défense, le prévenu n'étant même pas entendu[8]. » La seconde séance de la cour martiale (7 condamnations à mort et 13 peines de prison) soulève l'indignation des chefs FFI pour son indulgence. Ordre est donné au maquis de haute Lozère de gagner Montpellier où il défile le 5 septembre, jour où les sept condamnés sont fusillés et où le chef FFI Gilbert de Chambrun, de sa propre autorité, modifie une cour martiale jusque-là équilibrée. N'y siégeront que des soldats et officiers du maquis de la haute Lozère. Les séances de la nouvelle cour martiale se déroulent devant une foule qui hurle : « À mort ! » La matérialité des faits n'est pas recherchée, l'adhésion à la Milice constituant la preuve de l'intelligence avec l'ennemi. Le 6 septembre, elle condamne à mort dix-sept des vingt inculpés. Gilbert de Chambrun qui s'est adjugé le droit de grâce (Montpellier est coupé de Paris) se garde bien d'en faire bénéficier ces hommes qui sont immédiatement exécutés. Le 8 septembre, dans cette même cour martiale, dix-neuf des vingt inculpés sont condamnés à mort et exécutés. Les droits de la défense sont inexistants. Des FFI parlent d'arrêter le bâtonnier qui protège ces « salauds d'avocats ». Le 11 septembre, dix-neuf condamnations à mort sont encore prononcées. Le nombre de condamnations à mort tombe le 13 septembre à huit miliciens sur dix-neuf prévenus, le maquis de la haute Lozère ayant quitté Montpellier.

Au total, soixante et onze exécutions capitales ont eu lieu à Montpellier. D'autres cours martiales ont siégé dans la région, à Narbonne (10 prévenus, 10 condamnés, 10 exécutés), Rodez, Mende, Alès, Nîmes.

L'extrême rigueur de l'épuration en Languedoc tient aux crimes commis par les miliciens mais aussi, comme on l'a vu, aux difficultés qu'ils ont rencontrées pour fuir en convoi la région à la mi-août 1944. La Milice de Lot-et-Garonne, dont il a été souvent question, fut aussi rigoureusement épurée. On estime que les exécutions sommaires ont concerné 213 collaborateurs. Le tribunal nommé par le comité départemental de Libération prononça dix-neuf condamnations à mort (7 miliciens ou agents de la Milice).

Venant après les cours martiales, les cours de justice purent se montrer moins rigoureuses, les plus grands criminels ayant déjà été jugés. Les hauts responsables de la Milice qui n'ont pas réussi à trouver un asile en Espagne ou hors d'Europe sont arrêtés, jugés, et généralement condamnés à mort. Sont passés par les armes les proches de Darnand, Marcel Gombert, Jean Bassompierre, Max Knipping, Joseph Lécussan l'ancien chef régional de Lyon, Johannès Clavier de Macon.

À notre époque, où il n'existe plus de peine de mort, le grand nombre d'exécutions après la Libération n'est pas toujours compris par ceux qui n'ont pas vécu cette histoire. Il n'en était pas de même au lendemain de l'Occupation où l'opinion avait l'impression que les sanctions étaient trop douces. Quand les peines prononcées étaient trop faibles à leur goût ou quand une certaine indulgence était redoutée, voire quand une grâce avait été accordée par le général de Gaulle et ses successeurs, des groupes organisés se rendaient dans les prisons, et en arrachaient les prisonniers pour les lyncher et les tuer. Ainsi en fut-il dans le Nord, à Maubeuge, et à Cusset, dans l'aire urbaine de Vichy où des miliciens sont tirés de la maison d'arrêt et de l'hôpital pour être pendus par la foule. Le procureur de la République en sauvera un, en négociant avec les émeutiers[9]. Le 8 septembre 1946 encore, des FTP surgissent à la prison de Limoges, se dirigent vers la cellule où se trouve Émile Raybaud. Dans la hâte à l'exécuter, une rafale de mitraillette tue accidentellement un de ses compagnons de cellule[10].

Darnand en Haute Cour

En ce qui concerne Pierre Laval, la création et la direction de la Milice ne constituent que les éléments parmi d'autres d'une série d'accusations de trahison qui le conduiront au poteau d'exécution. Vis-à-vis de Darnand c'est l'essentiel de l'accusation.

Ministre, secrétaire général de la Milice, il relève de la Haute Cour de justice, tribunal exceptionnel institué par l'ordonnance du 18 novembre 1944 devant lequel comparaissent les anciens membres du gouvernement de l'État français, les secrétaires généraux des ministères, les gouverneurs et résidents de l'Empire. Elle est présidée par le premier président de la Cour de cassation, Paul Mongibeaux, assisté du président de la chambre criminelle de la Cour de cassation, et du premier président de la cour d'appel de Paris. Comme à la cour d'assises, un jury est réuni. Il est tiré au sort non plus sur une liste de citoyens, mais sur deux listes de cinquante noms, établies par l'Assemblée consultative. La première se compose de parlementaires de la IIIe République ayant voté « non » au projet de réforme constitutionnelle donnant le pouvoir constituant au maréchal Pétain le 10 juillet 1940 (les 80), et la seconde, de résistants non parlementaires. Pas moins de cent huit notabilités politiques furent traduites devant la Haute Cour de justice qui prononça trois acquittements et quarante-deux non-lieux. Contre des personnalités restées peu de temps et éliminées pour désaccord politique, comme Albert Rivaud, sous-secrétaire d'État à l'Instruction publique, des hommes qui avaient manifesté leur opposition à la politique de collaboration, comme le général Weygand, ou qui s'en étaient tenus à leur tâche administrative, comme Max Bonnafous, secrétaire d'État au Ravitaillement, partis d'ailleurs en désaccord proclamé avec l'action de la Milice, il n'y avait guère de motifs d'accusation. La Haute Cour ne condamnait donc pas systématiquement. Mais les dirigeants en fuite étaient lourdement condamnés par contumace. Les garanties judiciaires étaient plus larges que pour les tribunaux d'exception de l'État français sans être conformes aux règles du droit. Il n'existait pas de véritable instruction mais plutôt une vérification des preuves et documents et quelques interrogatoires par une commission de cinq magistrats et de six personnes désignées par l'Assemblée consultative qui se transformait en chambre d'accusation décidant, après avoir pris connaissance du réquisitoire du procureur général, si elle devait prononcer un non-lieu ou renvoyer l'affaire à l'audience. Après jugement, aucun pourvoi en cassation ne pouvait être formé. Il ne restait qu'à présenter un recours en grâce au chef du Gouvernement provisoire de la République française, le général de Gaulle, puis, après janvier 1946, à ses successeurs.

Le maréchal Pétain, qui avait critiqué l'action de la Milice dans sa lettre du 6 août 1944, contribua sans l'avoir voulu à l'instruction du procès de Joseph Darnand, car cette lettre, surtout le gros dossier qui y était annexé relatant les faits que le Maréchal reprochait à la Milice, constitua un document terrible contre l'ancien secrétaire général de la Milice. Quelques lois, en particulier celles sur les cours martiales, ses nominations au gouvernement et à la commission gouvernementale de Sigmaringen, ses déclarations étaient largement suffisantes pour que Joseph Darnand soit amené rapidement à l'audience.

Le général de Gaulle tenait à ce que l'épuration judiciaire commençât au plus tôt. Il fallait arrêter les épurations sommaires, donner l'impression aux observateurs étrangers que la justice reprenait son cours dans un État solide, apaiser les souffrances et les exigences des victimes survivantes et de leurs familles, calmer les surenchères politiques, en particulier celles du parti communiste, avant que se tiennent des élections qui parleraient d'épuration et de rénovation. Il fallait s'attendre à de forts châtiments en cette fin d'année 1945 alors que, depuis l'été, les déportés revenaient. L'attention du public allait être attirée sur les grands coupables. Le maréchal Pétain, Pierre Laval et Joseph Darnand appartenaient à cette « poignée de misérables et d'indignes » désignés par le général de Gaulle dans son allocution du 14 octobre 1944 qu'il opposait à l'immense majorité des « Français de bonne foi » qui avaient simplement commis des erreurs. Les peines de mort prévisibles exempteraient la masse des inculpés d'une « épuration » systématique. Le phénomène n'était d'ailleurs pas exclusivement français, car partout en Europe libérée se déroulaient des procès de collaboration.

Le procès de Joseph Darnand, fixé au 3 octobre 1945, se tient entre le procès du maréchal Pétain (23 juillet-15 août) et celui de Pierre Laval (4-9 octobre). Le garde des Sceaux n'est plus François de Menthon dont on se souvient qu'il avait été, en mai 1942, la victime du premier coup de force fasciste des futurs miliciens d'Annecy. Accusé par les communistes de n'être pas assez répressif et d'éprouver trop de scrupules en tant que professeur de droit et chrétien, François de Menthon a été remplacé, par intérim. Son successeur est un autre résistant, lui aussi ancien professeur de droit, et à Montpellier, terrain des exactions de la Milice : Pierre-Henri Teitgen. Déjà ont été jugés, en mars et avril 1944, l'amiral Esteva, résident général en Tunisie condamné à la détention à perpétuité, et le général Dentz, haut-commissaire de France au Levant, condamné à mort. Le 15 août 1945, c'est au maréchal Pétain d'être condamné à la peine capitale, le jury demandant que la peine ne soit pas exécutée en raison du grand âge du condamné.

Le 17 août, le général de Gaulle commue la peine de mort en réclusion à perpétuité.

Si l'armée s'est sentie concernée par le sort de l'amiral Esteva et du général Dentz, si Laval est entouré d'une famille riche, influente et d'anciens obligés, si le sort du maréchal Pétain regarde tous les Français pour lesquels il fut un chef respecté ou une figure détestée, à l'opposé Joseph Darnand est rejeté par tous. Il ne parvient même pas à trouver un avocat, jusqu'à ce qu'Henry Charbonneau, également incarcéré à Fresnes, obtienne que son propre avocat, maître Charles Ambroise Colin, prenne en charge sa défense avec l'aide de maître Georgie Myers, une spécialiste de l'enfance délinquante. Maître Colin, ancien combattant d'Action française, capte la sympathie de son client et lui fait accepter sa stratégie, avant qu'au procès la fierté de son client ne se réveille. Un procès impose en effet aux avocats de l'inculpé d'adopter une stratégie qui tienne compte de la volonté de leur client, de la peine prévisible et, plus que jamais, en cette période, des circonstances politiques. Après les deux premières condamnations à mort, la peine capitale avait toutes les raisons d'être prononcée d'autant plus qu'il ne fallait pas donner, à la veille du difficile procès de Pierre Laval, une impression d'hésitation à réprimer. Pour tout dire, la sentence était acquise avant l'audience. Que restait-il à sauver ? Les avocats présenteraient Joseph Darnand comme un homme à l'esprit borné qui avait suivi aveuglément un chef vénéré, ce qui convenait aux juges, au gouvernement mais était par trop dépourvu d'envergure politique. Le contraste était frappant entre les responsabilités étatiques de l'accusé et une personnalité si falote. Ses actes en devenaient vides de sens politique (Darnand le ressent quand il dit qu'il n'a pas pu s'expliquer au procès). L'avantage était d'éviter des sujets politiques, comme l'anticommunisme, qu'il était prudent de taire si les avocats visaient la grâce. Pouvait-on exécuter le subordonné quand son chef, Pétain, avait bénéficié de la grâce du général de Gaulle ? La conviction était que le 3 octobre Darnand serait condamné à mort mais qu'il aurait une petite chance d'être gracié.

Le nombre des interrogatoires avait été réduit à cinq. Le 9 août, Darnand avait déposé au procès du maréchal Pétain. Interrogé par le président qui l'avait fait venir en vertu de son pouvoir discrétionnaire, il répondit précisément et brièvement aux questions qui tendaient à montrer que Pétain connaissait le comportement de Darnand et de la Milice, que sans doute Pétain avait appris par ceux de l'entourage du chef de l'État qui ne l'aimaient pas son engagement dans la Waffen SS, que lorsqu'il lui exposait l'activité de la Milice, il recevait des conseils de prudence qui ne signifiaient rien pour un homme de son tempérament. Il précisa que les cours martiales n'avaient pas été créées par la Milice mais par le gouvernement. Il avait assisté à six ou huit Conseils des ministres sous la présidence de Pétain. En Allemagne, il ne l'avait aperçu, de loin, qu'au cours de ses promenades. Il restait beaucoup à apprendre du rôle de Darnand à Vichy.

Le procès se déroule en seulement un après-midi, le 3 octobre 1945. Il y a douze jurés parlementaires, qui se retrouveront dans la plupart des grands procès de la Haute Cour. Parmi les jurés résistants on trouve un parent des victimes de Joseph Lécussan et de la Milice. La présence de résistants et de membres des familles de résistants tués à cause de l'action des accusés est voulue par les auteurs des ordonnances sur l'épuration. La veuve de Gabriel Péri siège dans plusieurs jurys dont celui du procès Darnand.

L'acte d'accusation est implacable. Il insiste sur la trahison qu'a constituée la mise à la disposition des Allemands de la Milice. Darnand n'est pas crédible quand il prétend ne pas avoir connu les crimes d'une Milice qu'il excitait par ses discours. Finalement, il a livré à Hitler la majorité de ses miliciens pour les usines de guerre ou la division Charlemagne. À côté, moins graves sont des vols de fonds publics. Il a collaboré à une entreprise de démoralisation de la nation, pratiqué l'intelligence avec l'Allemagne en vue de favoriser ses entreprises contre la France et réalisé des enrôlements pour une puissance en guerre contre la France. Il a désigné les membres des cours martiales et implanté au prix de crimes la Milice à Paris.

Le président adopte une ligne apparemment favorable à l'accusé et un ton qui le met en confiance. Il s'étonne qu'un tel héros de guerre, modèle de tous les combattants, ait pu devenir un si ardent collaborateur. L'interrogatoire tend à faire ressortir, par contraste, l'ignominie de sa conduite ultérieure. Le magistrat dévoile sa pensée en suggérant que Darnand fut, entre les deux guerres, un extrémiste : « Vous aviez surtout les opinions d'un factieux » n'aspirant qu'à changer un régime de liberté par une tyrannie brutale, un partisan du « chambardement ». Habilement, Darnand nie avoir eu une activité politique considérable et, s'il fut en 1934 contre un « chambardement », c'est contre celui que les autres avaient créé. Il précise qu'il fut, parmi les cagoulards, un des rares à bénéficier d'un non-lieu. Que ceux qui le jugent veuillent bien admettre qu'il n'est pas arrivé, immédiatement, comme d'autres, à la collaboration avec l'Allemagne.

Se souviendra-t-on qu'en 1940 il n'y avait pratiquement pas de résistants sauf les Français libres ? Lui, il était de la première résistance, « de celle qui s'est battue jusqu'au dernier jour » sur la Seine et la Loire. Ensuite, il lui a semblé moins efficace d'agir à Londres, avec cinq cents hommes et des postes de radio, que de se ranger, pour une revanche espérée, derrière un maréchal de France, appuyé par l'Assemblée nationale, doté d'un territoire, d'une flotte et d'une petite armée, reconnu par les grandes puissances qui lui envoyaient, à Vichy, des représentants. L'enthousiasme populaire l'a impressionné. Il a travaillé avec les militaires pour camoufler des armes. La Milice n'a-t-elle pas été armée par les armes qui avaient été cachées en 1940 ? Si l'Allemagne perdait la guerre, il donnerait un coup de main pour la faire perdre définitivement. Si elle gagnait, la France obtiendrait « une place dans l'avenir de l'Europe ». Darnand se présente en homme ordinaire, peut-être leurré par les louanges qui l'entouraient à Vichy, mais honnête avec lui-même, pas partisan d'un double jeu : « Je suis fier de ce que j'ai fait. Je me suis trompé mais j'ai agi de bonne foi. Je crois avoir servi. » Le président renchérit : « Quand vous avez entendu un maréchal de France dire avec sincérité, dans l'honneur et la loyauté : “Entrons dans la voie de la collaboration”, en soldat, en honnête homme que vous étiez à ce moment, vous vous êtes dit : un maréchal de France ne peut pas me tromper. » Darnand : « C'est l'évidence même. » L'essentiel, la collaboration, est reconnu par l'accusé. Oui il a prêté serment à Hitler, mais c'était limité au combat sur le front de l'Est. On n'a même pas voulu de lui ensuite dans la division Charlemagne.

L'homme simple a été subjugué par la supériorité intellectuelle et politique des dirigeants de la France. Il était plus habitué à obéir qu'à réfléchir et à se méfier. La prudence, il n'a jamais su ce que c'était. Dans la Milice, il n'était que le second, toujours soumis à Laval qui nommait aux emplois et répétait aux miliciens : « Vous êtes mes amis. Je suis votre chef. Vous dépendez de moi. Vous êtes sous mon autorité. »

Les avocats ont visiblement conseillé à Darnand de ne pas rappeler la dimension idéologique – l'anticommunisme – de sa lutte contre les résistants et les communistes, désormais puissants et associés au pouvoir. Il a suivi leurs conseils parce qu'il n'a jamais su bien exprimer les motivations idéologiques de l'action. Il admet des assassinats de Français par des miliciens mais les attribue non à des ordres ou à une idéologie, mais à un commandement déficient. Lui-même était débordé par trop de responsabilités et incapable de se déplacer en les multiples lieux où il aurait dû contrôler l'action de ses subordonnés. Le maréchal Pétain le lui a reproché dans cette lettre du 6 août 1944, mais c'était parce que les Américains étaient aux portes de Paris et qu'il avait besoin de retrouver une virginité politique. Il était bien temps ! « On aurait pu s'y prendre un peu plus tôt. » Quand il a pu, il a sévi. Lécussan, il l'a révoqué. Mais il précise que ce n'était pas pour ses crimes, mais parce qu'il était malhonnête. On peut imaginer les sentiments des descendants de Victor et Hélène Basch à entendre restreindre ainsi la responsabilité de l'assassin des leurs.

Dans les derniers instants de son exposé, Darnand rejette le rôle qu'on lui a demandé de jouer. Il est toujours attendu dans un procès politique que l'accusé reconnaisse ses erreurs et l'énormité de sa faute, se dise enfin éclairé par la vérité, se repente. C'était trop demander à Joseph Darnand qui dit enfin le fond de sa pensée : il est un vaincu de l'histoire mais il garde sa fierté : « Si j'ai commis des erreurs, je le regrette amèrement. Je ne renie rien de ce que j'ai fait. La légitimité a changé de camp. Je sais parfaitement que l'arrêt est rendu. Je sais très bien qu'il n'y a rien à faire et que le dévouement de mes avocats, leur talent n'y changera rien. Cela m'est égal. »

Y aura-t-il comme au procès précédent, celui de Philippe Pétain, des témoins qui créent la surprise ou de ces témoignages plus ou moins sollicités qui nuancent l'image sombre de l'accusé ? Maître Myers lit une déposition écrite d'un gendarme qui, présent à Grenoble au siège de la Milice, a entendu une conversation téléphonique entre Dagostini et Darnand interdisant à son subordonné de « nettoyer », comme il le proposait, la ville de Voiron. Au procès de Darnand ne comparaît qu'un seul témoin de la défense, le père Bruckberger. Darnand a refusé que ses avocats « mouillent » des amis : « Écoutez, maître, je suis actuellement dans un tel merdier, environné d'une telle haine, que je refuse, et absolument, de mettre avec moi l'un quelconque de mes amis dans ce merdier. Je refuse de solliciter ou de faire solliciter mes amis.

– Comment voulez-vous qu'ils viennent si je ne les sollicite pas ? lui demande l'avocat.

– Alors, ne vous tourmentez pas, maître. Il y en a un qui viendra. Il ne me laissera pas seul. Il sera là[11]. » Le père Bruckberger, aumônier de FFI, ne se dérobe effectivement pas. Il développe le thème d'un esprit simple et trop révérend à l'égard des autorités militaires et politiques. Pour le dominicain, Darnand est un pur homme d'action qui a besoin de consignes. Qui les a données est le grand responsable : « Darnand est un homme sans culture, qui a un immense courage, extrêmement audacieux dans l'action, mais timide dans le raisonnement, car il se méfie toujours de son jugement propre. » Le dominicain ne nie pas la séduction chez Darnand d'une idéologie fausse, mais ce qui lui importait, c'était la fidélité à des camarades qui exploitaient sa gloire et à un maréchal qui l'utilisait. Le père Bruckberger a tenté de le rallier à une meilleure cause mais il lui a répondu : « Je ne suis pas de taille à aller contre l'autorité de Pétain. C'est lui qui a signé ma citation de l'autre guerre. Il arrivera ce qu'il arrivera, mais tout cela est trop obscur pour moi. Je me suis engagé derrière lui, j'irai jusqu'au bout. »

Avec l'avocat général Carrive, c'en est fini de la pudeur cauteleuse du président. Il veut, par tous les moyens dont il dispose, éviter les circonstances atténuantes. Il n'hésite devant aucun procédé. Il confie aux jurés que, lorsqu'il s'interroge, dans le silence de son cabinet, la voix de sa conscience s'élève pour le rassurer : « Tu peux tuer cet homme en toute tranquillité. » Pour lui, Darnand n'est qu'une brute, un fasciste, et la tentation de la Résistance est un mensonge. Il a obéi autant à Charles Maurras qu'au maréchal Pétain. Il a voulu la création de la Milice pour mettre cette nouvelle Gestapo au service de l'Allemagne nazie. Carrive évoque précisément les tortures infligées par les miliciens, crimes sur des patriotes et des Juifs, sur Jean Zay et Georges Mandel, crime sur le patriote « enfermé de longues heures, les mains attachées », les brûlures de cigarette, le courant électrique, les coups, les membres brisés, autant de tortures signalées dans le document de Pétain, et les massacres du puits de Guerry. Il évoque des villages entiers brûlés. Pour lui les faits sont flagrants, reconnus par l'accusé, Darnand a du sang sur les mains, il a fait preuve de servilité aux ordres allemands, il ne mérite que la mort.

Autrement difficile est la tâche des avocats de la défense, convaincus d'avance que leur client sera condamné à mort. Maître Myers plaide avec émotion l'indulgence, rappelant le mot de Marceline Desbordes-Valmore au sujet des morts de la Révolution française : « Pitié, nous n'avons plus le temps des longues haines. » Maître Colin n'est pas particulièrement adroit, manque de psychologie à l'égard des jurés (même s'il rappelle que sous l'Occupation il défendit des résistants), provoque en s'attaquant aux « faux résistants » de la dernière heure qui exigent du sang. Sa thèse est sommaire : Darnand, en homme simple, a suivi des chefs mais, personnellement, il n'est pas un assassin. Mais qui croira qu'un « homme simple » puisse devenir ministre ? La grande envolée lyrique de l'avocat suggérant de fusiller Darnand en Champagne, sur le lieu de ses exploits, n'est pas comprise : « Il tombera sous des balles françaises en face de la butte où reposent tant de camarades [...]. Mais alors, qu'il soit le dernier, et que ce dernier sacrifice, il l'offre encore à la France que seule il a aimée. » C'était donner un sens ambigu à une sentence de mort déjà acceptée par l'accusé.

Le jugement était prévisible. La délibération ne dura guère plus d'une demi-heure. Le président lit l'arrêt : peine de mort. Il ne reste que la grâce présidentielle qui appartient alors au chef du Gouvernement provisoire, le général de Gaulle. Darnand n'a guère d'espoir. Le précédent Pucheu (à qui de Gaulle reconnaissait des qualités de patriote en raison de son opposition aux Protocoles de Paris), exécuté en mars 1944, n'était pas encourageant. L'indulgence n'était pas envisageable, surtout au moment où s'ouvrait le procès de Laval qui serait difficile. Darnand était responsable de grands crimes même s'il n'avait pas tué de ses propres mains. Le serment à Hitler constituait un acte de trahison stupide et odieux. Les Français attribuaient les crimes de l'été 1944 aux miliciens qui avaient réprimé leurs compatriotes.

Darnand ne se trompe pas. De Gaulle observe la nervosité de l'opinion à la veille d'élections importantes. Faire grâce à Darnand pour son héroïsme dans la Première Guerre mondiale est impossible quand on a gracié le maréchal Pétain en raison de son grand âge et non en considération de sa conduite durant la Grande Guerre. De Gaulle n'aurait aucun avantage symbolique ou politique à gracier Darnand qui n'a aucun soutien dans le pays, excepté un dominicain aveuglé par l'amitié et mû par la charité chrétienne. Surtout, le retour des déportés a créé un choc émotif, d'autant plus que le parti communiste prend en charge leurs intérêts moraux, n'hésitant pas à faire défiler des hommes en vêtements rayés lors de manifestations. La région de Vichy est particulièrement agitée. Le camp d'Aigueperse, où ont été transférés les collaborateurs connus, est attaqué le 6 juin. Une collaboratrice est pendue à un pont. Le procureur général auprès de la cour de Riom signale que les forces de police s'abstiennent d'intervenir contre les auteurs de troubles avec lesquels ils sont en sympathie ou qui leur font peur. Le maintien de l'ordre est prioritaire. La grâce est refusée.

Le garde des Sceaux, Pierre-Henri Teitgen, donne au père Bruckberger l'autorisation exceptionnelle, pour la semaine avant l'exécution, de dire chaque matin la messe dans la cellule du condamné et de rester avec lui. Darnand ne dit même pas à Bruckberger que, sollicité par Mme Agnely, il était intervenu en sa faveur auprès d'Abetz et avait obtenu pour lui une simple peine à cinq mois de prison. Il préfère parler du corps franc, des bons moments d'action et de camaraderie, de sa famille, de ce que deviendront les miliciens, de Dieu sans doute. Le 9 octobre, Bruckberger lui annonce que son exécution est pour le lendemain.

Le dernier jour, Joseph Darnand rédige une lettre pour remercier sa femme de l'éducation qu'elle a donnée à leur fils, Philippe, qui fut leur fierté, et une autre pour recommander à ce fils de prendre toujours soin de sa mère : « Sois courageux et fort. Sois pour ta mère un compagnon attentif et solide. Sois fier du nom que tu portes. » L'ultime déclaration de Darnand devant le tribunal affirmait que, tout en sacrifiant aux usages de la cérémonie judiciaire, il ne regrettait rien au fond de lui-même. En accord avec Bruckberger, il l'écrit à ses miliciens. Au-delà de « fautes impardonnables » commises par des éléments douteux infiltrés dans leurs rangs, leur idéal demeure sans tache. Leur rejet d'une république faible était patriotique. Si les miliciens sont emprisonnés, c'est pour avoir eu des intérêts supérieurs de la patrie une opinion différente de celle qui a prévalu officiellement. Le combat anticommuniste était juste et le demeure, car cette idéologie communiste, « sous le masque d'un patriotisme hypocrite et d'une fausse conception de la justice sociale, est en réalité une doctrine de haine et de mort ». Il faudra le continuer dans l'union nationale et pour l'Europe. Devant la mort imminente, Darnand croit encore à la devise des SS : « Mon honneur est ma fidélité », l'honneur étant conçu comme une obéissance militaire absolue aux ordres des chefs.

Le 10 octobre, jour de l'exécution, Darnand se confesse, sert la messe du père Bruckberger, communie. Il boit une tasse de café, un petit verre d'alcool et fume deux pipes. À son ami dominicain, il donne une image de la Vierge accrochée au mur de sa cellule, une petite croix de bois blanc qu'il destine à son fils. Quand Carrive paraît, Darnand lui reproche d'avoir faussé le procès et ajoute : « Je vous pardonne et vous souhaite de mourir la conscience aussi tranquille que moi. » Les fers lui sont enlevés des pieds. Il marche dans le couloir en entonnant le *Chant des adieux*, « Ce n'est qu'un au revoir, mes frères ». Il remercie le directeur de la prison du traitement humain qu'il a reçu. La voiture cellulaire, précédée de motocyclistes, l'emporte jusqu'au fort de Châtillon. Le révérend père Bruckberger et son avocat sont là. Les soldats du peloton portent le béret alpin. Darnand reçoit l'absolution. Quand on l'attache, il entonne le *Chant des cohortes* : « À genoux nous fîmes le serment, miliciens de mourir en chantant. » Il crie : « Vive Dieu ! » et : « Vive la France ! » Les balles l'atteignent[12].

L'exécution de Joseph Darnand, le 10 octobre 1945, considérée comme juste par les Français, n'émeut guère les pétainistes. Xavier Vallat, alors incarcéré à Fresnes en attente de son procès, reçoit du gardien de Darnand un dernier salut du condamné. Il est satisfait de sa fin chrétienne. Dommage, écrit-il en guise d'épitaphe, que ce magnifique entraîneur d'hommes ait été perdu par un entourage de garçons incapables de réflexion et étourdis par l'action. La seule critique se trouve sous la plume des Britanniques qui sont généralement sévères quant à l'épuration française. Le nouvel ambassadeur de Grande-Bretagne en France, Alfred Duff Cooper, est choqué par l'attitude du président de la Haute Cour, « celle d'un persécuteur plutôt que d'un président de tribunal ». Le Britannique voit dans la condamnation à mort et le refus de la grâce une « tentative de la part de la Haute Cour de sauver, à la veille des élections, sa réputation bien entamée[13] ».

Cinq jours plus tard, est fusillé Pierre Laval, le créateur de la Milice, après une condamnation à l'issue d'un procès bâclé. Pendant l'instruction, il n'a été interrogé que sur les cours martiales et a enveloppé sa réponse de longues considérations sur la réforme de la police et les tristes nécessités du maintien de l'ordre. La mise à disposition de miliciens pour les Waffen SS fait évidemment partie d'un dossier très lourd sur la collaboration du chef du gouvernement. Il édifie son inutile défense sur l'exposé de sa politique étrangère, depuis 1931, dont l'unique but aurait été la protection des Français en leur assurant la paix. La thèse d'un Laval soucieux en dépit de faibles moyens de constituer un bouclier protecteur pour les Français contre les redoutables nazis était lancée. Elle sera développée dans le témoignage du directeur général de la police nationale, André Carpentier, le 16 mars 1951, pour l'ouvrage dont sa fille Josée et son gendre René de Chambrun avaient entrepris l'élaboration et la publication, *La Vie de la France sous l'Occupation (1940-1944)*[14]. Il ne s'agit plus d'histoire mais de mémoire.

Chapitre 10

La mémoire de la Milice

Faut-il évoquer une mémoire de la Milice ?

Après une implacable épuration son sort semble réglé, et sans la moindre polémique.

Ont été fusillés les grands responsables, Darnand, Gombert, Knipping, Raymond-Clémoz, Radici, des tueurs comme Dagostini, Boero, Neroni, Dehan. La peine de mort pour Robert Brasillach ou pour Charles Maurras a pu émouvoir des Français, mais personne en 1945 n'aurait élevé la voix, protesté en faveur de miliciens. La nation est satisfaite de voir extirpée la « poignée de misérables » qui a souillé l'honneur national. Les miliciens, morts ou en fuite, disparaissent de la mémoire des Français. Les pétainistes eux-mêmes, qui espèrent l'amnistie, ne reconnaissent pas les miliciens, déjà condamnés par Pétain le 6 août 1944, pour compagnons. S'il existe des survivants, qu'ils restent cachés et ne gênent pas les notables politiques en quête de réintégration.

Vers l'oubli

Après la guerre, les miliciens sont les fantômes d'un passé qui ne trouble pas. Exécutés, en prison, en fuite, ils sont rejetés de la communauté nationale et politique, confondus avec les autres collaborateurs dont l'opinion n'a pas toujours une connaissance exacte des actes. Ces hommes « ont eu des histoires pendant la guerre », ce sont des « collabos », un terme large et utilisé contre un adversaire politique de la gauche et du gaullisme. Les exécutions des violents et auteurs d'actes tortionnaires avaient joué leur rôle de catharsis sociale. Demeurait un peu de doute et de mépris mais, dans des villes préservées, rien qui évoque des actes atroces.

Peu d'historiens se sont attachés à l'étude des réinsertions de miliciens dans la société française. Michel Roux est un des rares à s'être penchés sur cette question des sorties de guerre. Quelques miliciens du Puy se dispersèrent en France mais d'autres revinrent, « y reprirent leurs activités comme si de rien n'était[1] ». L'un trouva une place d'employé municipal, un autre, redevenu professeur, parvint à obtenir la carte de combattant. De retour d'Indochine, P. ouvrit un magasin d'électroménager. La plus belle réussite fut celle de Michel C. (son entreprise de vente d'équipement de chaufferies industrielles équipa des sous-marins nucléaires français), devenu un membre actif de la médecine du travail, de la prévention routière, des syndicats de tourisme et du Rotary. La société admet la rédemption, une fois le jugement prononcé et la peine accomplie. Encore faut-il que le milicien ait accepté d'être jugé, ce qui n'est pas le cas de tous, et en particulier du plus connu d'entre eux, Paul Touvier.

Dans leur for intérieur, les miliciens libérés ou en fuite n'ont pas changé. Ils n'ont pas rejeté leur vision du monde et considèrent que les raisons de s'engager sont plus que jamais valables dans ces années de guerre froide. La réconciliation franco-allemande, la découverte à partir de 1953 des horreurs de la société communiste, apportent aux yeux de ces « Européens avant l'heure » la justification de leur action. En eux nul regret de leur engagement.

Léon Gaultier, proche de François Gaucher, l'auteur en 1961, à la Librairie française, de l'ouvrage *Le Fascisme est-il actuel ?*, juge « inique » le traitement infligé aux miliciens. Georges Rouchouze, garde du corps et homme de confiance de Francis Bout de l'An, à l'accent stéphanois et à la moustache gauloise, répond sans complexes aux interviews. Il n'hésite pas à se faire filmer – chant martial aux lèvres et bras levé – dans le rassemblement fasciste du mémorial édifié par les franquistes dans la sierra de Guadarrama. Quand il lui est demandé ce qu'il pense de son action passée, il répond : « Ce combat était un combat d'avant-garde. J'entends, le danger public numéro un était le bolchevisme. J'étais un précurseur. Le stalinisme a tué des milliers et des milliers de personnes. Pie XII avait dit le communisme "intrinsèquement pervers". » Cet être fruste affirme en plus avec une cynique autorité que les Juifs étaient responsables du déclenchement du second conflit mondial où il ne les a pas vus au combat : « Y z-avaient qu'à se battre. Ils auraient été tués. Ils seraient pas morts en déportation[2]. » D'Henri Fenet, un des derniers combattants de la Waffen SS à Berlin, exilé en Argentine où il fut conseiller technique de l'armée de Perón, il ne faut attendre ni regrets, ni propos décents. On peut hésiter dans un premier temps à faire état de ses réponses négationnistes à une interview, mais elles révèlent une réalité psychologique et une mémoire qui ne sauraient être dissimulées. Quand son interlocuteur lui demande si les nazis étaient des assassins, il répond qu'ils n'ont tué personne. Les morts des camps de concentration ? Ils sont dus au typhus, au travail dans des conditions de ravitaillement déficientes. Il justifie l'enfermement dans ces camps mais en nie le caractère d'extermination. Le phénomène n'est pas spécialement nazi : « Auschwitz n'est pas pire que la Kolyma. » Le national-socialisme avait, jusqu'à une guerre à laquelle il a été contraint, d'excellentes intentions sociales. Tous les pays ont commis des crimes de guerre mais « mensonge et crédulité s'accouplent pour former l'opinion » qui fabrique une vérité historique douteuse. On ne s'étonne pas d'entendre Fenet conclure : « Si c'était à refaire, je le referais[3]. » Les miliciens se rappellent leur passé sans aucun remords. Ils n'ont pas à espérer que naisse à leur égard un courant de sympathie. En 1992, les réalisateurs du film-documentaire *Haute-Savoie 1944*, Denis Chegaray et Olivier Doat relèvent : « Pas un seul instant, un collaborateur n'a quitté devant nous le statut de victime acquis au moment de l'épuration[4]. »

Quand les miliciens écrivent, ce qui est rare, ils ne diffèrent pas des autres Français engagés auprès des Allemands. Marie-Josée Chombart de Lauwe s'est inquiétée au nom de la Fédération des internés et déportés d'une inondation des librairies par le « flot brun » d'une contre-mythologie. Elle faisait référence à des publications d'aventures militaires dont certaines mettent en scène des épisodes des combats de la division Charlemagne contre les Soviétiques, à Berlin en 1945, qui ont un public amateur d'aventures militaires en Europe, en Indochine, en Algérie ou ailleurs. Le marché appartient d'abord à d'anciens collaborateurs du PPF qui ont adopté des pseudonymes, Saint-Loup qui est Marc Augier et Saint-Paulien qui est Maurice-Ivan Sicard, et à Jean Mabire. Saint-Loup, venu de la gauche (il fut au cabinet de Léo Lagrange), a une véritable expérience d'écrivain, candidat favori pour le prix Goncourt à son retour d'Argentine avec *La Nuit commence au cap Horn* (Presses de la Cité en 1963). Il a évoqué la LVF dans *Les Volontaires* et les Waffen SS français dans *Les Nostalgiques*. Saint-Paulien met en scène les SS français dans *Les Maudits* (Plon, 1958). Jean Mabire, par ailleurs journaliste, régionaliste normand, intéressé par l'occultisme, est prolifique avec *Les SS français* (Fayard, 1973), *La Division Charlemagne* (Fayard, 1974), *La LVF* (Fayard, 1985)[5].

Les pères miliciens ont transmis leurs représentations à leurs enfants. Enquêtant sur les enfants de « collabos », Pierre Rigoulot, après avoir parlé avec Chantal et Pierre Berthet-Touvier et s'être longuement entretenu avec Philippe Darnand, constate qu'ils comprennent leur père. L'engagement paternel a brisé la vie des premiers et rendu difficile la jeunesse du second pour lequel il n'est plus question d'entrer à Sciences Po. À sept ans, Pierre Touvier voulait être juge pour faire le procès en révision de son père. Menant comme sa sœur une vie sinon recluse, du moins clandestine, ils ont partagé toutes les alarmes des parents, sacrifié une vie professionnelle à la défense exclusive de leur père qu'ils voient comme la victime de groupes organisés. La Milice ? « Quand on voit ce qu'ont fait les autres, elle a peu à se reprocher. » Ils ne doutent pas des affirmations de leur père. Philippe Darnand, orphelin à dix-sept ans et vivant à l'étranger, a plus de distance à l'égard d'un père qu'il justifie tout en dénonçant l'inanité d'engagements politiques passionnels. Lui et sa mère, sur lesquels ne reposait aucune accusation, n'ont pas voulu revenir d'Italie en France d'où parvenaient des nouvelles effrayantes qui les tenaient dans une angoisse permanente : tabassage de Mme Agnely, assassinat d'un cousin à Aix-les-Bains. Le fils et sa mère vivotèrent quelque temps en Italie avant de partir, à l'incitation de Vaugelas, pour Buenos Aires et Tucuman. Il passa le baccalauréat en Argentine et termina des études d'ingénieur chimiste qui le mèneront chez Hoesch avec une recommandation de Rudolf Rahn. Il a dirigé une unité de production en Espagne et fondé une famille en épousant une Allemande de Cologne. Il garde de la méfiance envers la France. Très croyant, Philippe Darnand justifie politiquement son père acculé en 1944 à un choix : Hitler ou Staline[6].

Combats pour l'amnistie

L'épuration judiciaire étant passée, les condamnés et leur famille, des exilés volontaires, comptent sur l'amnistie. Elle sera facile à imposer à l'opinion et à arracher à l'Assemblée nationale à la faveur d'un changement de majorité, mais la mémoire de la Milice, même ténue, constitue une gêne pour présenter une image décente du régime de Vichy au moment où la situation internationale offre des occasions d'agir. La guerre froide a écarté les communistes du gouvernement en mai 1947. Dans l'Europe de l'Est, les coups de force pour s'emparer du pouvoir, l'épuration utilisée à des fins d'élimination de classes, suscitent la réprobation et jettent un doute sur la pureté des finalités de l'épuration française. Dans l'hypothèse, pense-t-on, d'un déferlement soviétique sur l'Europe, regrouper toutes les forces non communistes de la nation devient une nécessité. Ce climat favorise la campagne pour l'amnistie, amnistie qui est aussi une tradition républicaine en France (on songe aux membres de la Commune). Précédée de la loi du 16 août 1947, qui ne concerne que les jeunes, et de la loi du 5 janvier 1951, concernant ceux qui ont été punis de moins de dix ans de dégradation nationale, elle est assurée par la loi du 6 août 1953. Elle intervient donc dans un délai assimilable à ceux du XIXe siècle après une campagne particulièrement habile, gommant les aspects détestables de la période, en particulier les épisodes liés à la Milice[7].

La stratégie des pétainistes est d'offrir aux Français, curieux de leur récent passé, des souvenirs d'acteurs de Vichy convenables, mesurés, confessant quelques erreurs dues à l'inexpérience, affichant la bonne volonté au service des Français dans la détresse, affirmant un discret patriotisme antiallemand. La faute, si faute il y a, est rejetée sur le démoniaque Pierre Laval. Ainsi paraissent *Le Temps des illusions* d'Henry Dumoulin de Labarthète, directeur du cabinet civil du maréchal Pétain jusqu'en avril 1942, riche de formules brillantes, esquivant les questions gênantes, confessant assez d'erreurs de bonne foi pour convaincre un large public. Le livre paraît en 1946, en Suisse, aux Éditions du Cheval ailé dont Jean Jardin est le directeur littéraire. Louis Rougier explique dans *Mission secrète à Londres, les accords Pétain-Churchill* le renvoi de Laval par Pétain le 13 décembre 1940 par la volonté du Maréchal d'éviter toute rupture avec Churchill. L'amiral Auphan célèbre l'action de la marine. Alfred Fabre-Luce, René Gillouin, Bertrand de Jouvenel procurent le plaisir de révélations sur les secrets de l'État français et rencontrent le succès.

L'année 1948 voit aussi sortir de prison des personnalités politiques de Vichy bénéficiaires de non-lieux ou relevées de faibles condamnations pour faits de Résistance. Elles doivent souvent leur jugement tardif et indulgent à des services rendus aux Américains. Il en est ainsi de Marcel Peyrouton, l'ancien ministre de l'Intérieur de 1940 qui a rejoint Alger en 1943 pour y prendre le poste de gouverneur général. Pierre-Étienne Flandin, brièvement ministre des Affaires étrangères après le 13 décembre

1940, met sur pied le « Banquet des 1 000 » qui, en souvenir de la campagne des banquets de 1848, cherche à réintroduire des hommes politiques de la IIIe République un temps écartés par l'épuration, mais s'affirmant dignes descendants des grands ancêtres républicains[8]. Les fonctions d'élus locaux sont reconquises par leurs anciens titulaires et trois notabilités pétainistes résistantes seront élues aux législatives de 1951.

D'évidence, les miliciens n'ont pas leur place dans cette stratégie de velours. À peine André Mutter, ancien résistant de droite, membre du Parti républicain de la liberté, militant de l'amnistie, publie-t-il en décembre 1949 dans *Paroles françaises* un article s'interrogeant sur la légalité de la cour martiale du Grand-Bornand que les réactions violentes des résistants de Haute-Savoie se font jour. Mieux vaut oublier les miliciens qui font « tache », comme l'avait écrit le maréchal Pétain. Chacun l'avait constaté lors de la campagne personnelle du père Bruckberger pour la grâce du milicien Jean Bassompierre qui détonna dans ce concert de bienséances littéraires et politiques.

Éclairant parcours, d'ailleurs, que celui de Jean Bassompierre. Il a milité aux Jeunesses patriotes, participé aux manifestations nationalistes du quartier latin, rejoint le PPF, et s'est trouvé bien d'être admis au peloton d'EOR de Saint-Cyr. Nommé sous-lieutenant au 74e bataillon alpin de forteresse à Lantosque, il devient un familier de Darnand auquel Deloncle l'a chargé de donner les renseignements que recherche la Cagoule sur les communistes infiltrés dans l'armée. Revenu à Nice après un armistice qui l'a fait pleurer de rage, il ressasse sa rancœur : « Il est manifeste, écrit-il, que notre désastre militaire provient surtout de la carence complète d'un régime vomi par tous les honnêtes gens. » Il n'a aucune hésitation à se donner corps et âme au maréchal Pétain en espérant qu'il conduira à la revanche dans le cadre de la Légion puis du SOL dont il écrit, avec Durandy et Noël de Tissot, les vingt et un points de doctrine. Il organise les SOL du Var, des départements alpins, de Saône-et-Loire, de Lot-et-Garonne et des Hautes-Pyrénées. Il s'engage dans la LVF par anticommunisme et dans l'illusion de gagner, dans les steppes russes, la restauration de la France. Au début de 1944, Darnand, secrétaire général au Maintien de l'ordre, le rappelle en France pour l'aider à organiser la Milice en zone nord. Il est confronté à la mutinerie de la prison de la Santé. Il est de l'aventure de la division Charlemagne où la camaraderie de combat lui apparaît comme annonciatrice de temps nouveaux : « N'est-ce pas comme un présage de cette solidarité européenne qui finira par s'imposer malgré tous les préjugés, face à une Asie de plus en plus redoutable[9] ? » Prisonnier, il s'est évadé et a cru pouvoir quitter l'Italie mais, trahi, il est arrêté le 30 octobre 1946 à Naples au moment où il embarquait sur un cargo à destination de l'Amérique du Sud. Il est jugé au printemps de 1948.

Son avocat est le même que celui de Darnand, Maître Colin. Les vingt-huit fusillés de la cour martiale instaurée après la mutinerie de la prison de la Santé de juillet 1944 (même s'il n'en fut pas membre) et ses liens étroits avec Darnand ont pesé lourd contre l'accusé qui est condamné à mort. Le père Bruckberger, qui a échoué à obtenir la grâce de Darnand, croit le moment venu de sauver la vie d'un chef milicien. Il met l'accent sur l'image militaire de Bassompierre : combattant valeureux de 1939-1940, engagé dans des combats à l'est contre les Soviétiques, il a eu deux frères tués pour la patrie, l'un en 1940, l'autre au-dessus de l'Alsace, en 1945, au retour d'une mission de bombardement. Des résistants comme Sanguinetti et Biaggi ont témoigné en sa faveur au procès. La guerre froide permet de comprendre le combat antisoviétique et on peut croire que l'armée française engagée dans de rudes affrontements en Indochine sera ménagée par le président de la République. Le dominicain est confiant : « Nous n'avions à lui reprocher que d'avoir été dans l'autre camp, qui est maintenant le camp des vaincus. Si de Gaulle eût encore été au gouvernement, je n'aurais pas eu la moindre inquiétude[10]. » Mais Vincent Auriol refuse la grâce. Par ailleurs, les pétainistes le renient. La campagne pour l'amnistie avait commencé et Bassompierre n'était pas le bon porte-drapeau pour les prudents qui la menaient. Furieux de ce lâchage, Bruckberger met en cause, dans *L'Intransigeant*, le maréchal Pétain auquel des soldats ont prêté serment et qui, pleins d'honneur, sont donc moins responsables que lui. Surtout le « complot des couvents » de l'année précédente rend, à gauche, tout soutien ecclésiastique suspect. En mars 1947, en effet, le ministre de l'Intérieur, Édouard Depreux, avait accusé les religieux de plusieurs couvents, en particulier ceux du monastère de La Source, d'avoir abrité et aidé des collaborateurs. La riposte des religieux résistants devant cette affaire avait frappé l'opinion. Le père Riquet déclara qu'il n'avait pas attendu l'été 1944 pour résister (allusion à la nomination par le gouvernement de Vichy d'Édouard Depreux à la tête du Conseil de la Seine ?) et il rappela que les couvents avaient aidé les Juifs et les résistants heureux de trouver ces lieux d'asile : « Pères de Thymadeuc, de Belloc et des Dombes, est-ce pour cela que vous avez souffert à Buchenwald et à Dachau ? Est-ce pour cela que vous êtes morts, père Jacques, père Gwenaël et vous père Guillère de ce couvent de la Glacière perquisitionné l'autre jour ? »

Bassompierre est le dernier milicien à être fusillé en France. Hors de lui, le père Bruckberger dépasse les bornes en accusant le président de la République de se laisser manipuler par les communistes qui « dans la coulisse avaient exigé le sang de l'innocent » ainsi que les démocrates chrétiens détenteurs du ministère de la Justice, et bien entendu les pétainistes sans courage. La sanction tombe. Sa revue, *Le Cheval de Troie*, disparaît. Les dominicains de la région parisienne le désavouent. Il est expédié à Aïn Sefra dans l'Atlas marocain. Il ne revint jamais sur son sentiment : « L'exécution de Bassompierre reste pour moi un crime aussi inexpiable que celle du duc d'Enghien[11]. »

Le général de Gaulle détenait une des clés de l'amnistie. Président avec vigilance à l'épuration au nom de la raison d'État, de la nouvelle légitimité et de l'image de la France, il finit par baisser sa garde à la fois par intérêt politique et pour obtenir des soutiens à son projet de réforme de l'État. Il a laissé le colonel Rémy, fondateur du grand réseau de résistance Confrérie Notre-Dame, jouer les voltigeurs en déclarant que la France avait eu besoin à la fois du glaive-de Gaulle, et du bouclier-Pétain. Désormais Charles de Gaulle dénonce les agissements des « séparatistes » un peu amendés sous l'Occupation mais qui ont le tort, désormais, de placer « au-dessus de tout le service d'un État étranger », visant ainsi la Russie soviétique, menaçante pour la liberté des hommes et l'indépendance de la France. Il introduisait un principe, celui de l'utilité nationale des services qui, d'une manière ou d'une autre, pourront être exigés pour le compte du pays. Le cheminement est lent, marqué, en mars 1949, par quelques paroles de pitié à l'égard d'un « vieillard inoffensif à l'heure qu'il est », et, le 16 mars 1950, par la stigmatisation des dirigeants qui refusent la grâce médicale de Pétain : « C'est un opprobre de laisser en prison un homme qui va avoir quatre-vingt-quinze ans. » Politiquement les voix de Français et de Françaises attachés au souvenir du maréchal Pétain sont utiles au RPF et, une fois le pouvoir reconquis, elles le seront encore pour assurer la stabilité de la Ve République. C'est dans cet état d'esprit que Charles de Gaulle réfléchit sur le cas de Joseph Darnand, le secrétaire général de la Milice, dans le troisième volume des *Mémoires de guerre*, publié en 1959.

Texte étonnant ! Adoptant le ton de la sérénité historique, Charles de Gaulle scrute une personnalité pas banale : « L'accusé portait la responsabilité de bon nombre de crimes commis par Vichy au nom du maintien de l'ordre. L'ancien "secrétaire général" n'invoqua pour sa défense que le service du Maréchal. Ce que le national-socialisme comportait de doctrinal avait assurément séduit l'idéologie de Darnand, excédé de la bassesse et de la mollesse ambiantes. Mais, surtout, à cet homme de main et de risque, la Collaboration était apparue comme une passionnante aventure qui, par là même, justifiait toutes les audaces et tous les moyens. Il en eût, à l'occasion, couru d'autres en sens opposé. À preuve, les exploits accomplis par lui, au commencement de la guerre, à la tête des groupes francs. À preuve, aussi, le fait que portant déjà l'uniforme d'officier allemand et couvert du sang des combattants de la Résistance il m'avait fait transmettre sa demande de rejoindre la France libre. Rien, mieux que la conduite de ce grand dévoyé de l'action, ne démontrait la forfaiture d'un régime qui avait détourné de la patrie des hommes faits pour la servir[12]. » De Gaulle commet une inexactitude chronologique : quand Darnand propose de rejoindre la France libre, il ne porte pas encore l'uniforme allemand et n'est pas encore « couvert du sang des combattants de la Résistance ». Les Glières, les cours martiales, les crimes liés au débarquement prévisible ou réalisé, ce sera pour plus tard. Mais quel regard ! De Gaulle a compris l'exaspération du Darnand d'avant guerre vis-à-vis de la « bassesse et de la mollesse ambiantes » de la IIIe République. Même si lui-même n'a pas la rage de l'ancien combattant, héros de la Grande Guerre devant la « victoire perdue », il n'a guère d'indulgence pour les dirigeants de ce régime. Le général de Gaulle avance d'autres raisons pour expliquer le comportement de Darnand. La première manifeste une attention rare à cette tentation, à l'âge où la jeunesse s'envole, d'une « passionnante aventure » chez un être qui n'a pas les moyens intellectuels d'y résister. La seconde raison est cette « tentation de la France libre ». Le cas Darnand fournit à de Gaulle une nouvelle occasion de méditer sur la responsabilité du chef politique, Pétain, certes, mais aussi lui-même. Son esprit se tourne vers d'autres héros militaires. Aux prises avec la politique du moment, n'a-t-il pas le devoir de tirer du guêpier politique d'Alger Massu et Bigeard ?

Après l'amnistie, les miliciens libérés prennent une place discrète au sein de la communauté nationale. Les temps ne sont plus à la rumination du passé. Le développement économique offre des perspectives souriantes à la société française qui goûte aux promesses de la société de consommation et jouit du plein emploi. L'avenir assuré détourne du passé. De Gaulle, revenu au pouvoir, donne du prestige à la France, construit l'Europe, se permettant de laisser l'Angleterre à sa porte, neutralise les communistes même si, à l'opposé, il verse du sel sur les plaies de la droite et des officiers en créant l'État algérien indépendant et en liquidant l'Empire devenu communauté d'États indépendants. Les SS Oberg et Knochen, amnistiés, sortent de prison en 1962. L'année suivante, le Général consacre la réconciliation franco-allemande par le traité de l'Élysée. Une page semble tournée. Seulement, en 1972, le président Pompidou gracie Paul Touvier.

L'affaire Touvier ou le réveil de la mémoire

Après 1968, un changement de mentalité se produit en France. Il rend possible la condamnation du premier Français pour complicité de crime contre l'humanité, le milicien Paul Touvier, qui avait échappé à tout châtiment et réclamait d'être exempté de toute peine.

Un sentiment de liberté d'esprit et un plaisir de contester les anciennes références se diffusent après que le général de Gaulle a quitté la vie publique. L'entrée des chars russes à Prague contribue, par ailleurs, à l'effritement de l'image exemplaire que le parti communiste avait cherché à imposer de lui-même.

La représentation de la France de l'Occupation, écrasée par une dictature, mais éperdue d'héroïsme tricolore et quasi unanimement résistante, soutenue par les gaullistes et les communistes, est contestée. Elle est mise à mal par des productions audiovisuelles de la nouvelle économie de la communication qui a l'ambition de participer, à côté des institutions traditionnelles du savoir, l'Université, le monde savant, le livre, à la formation de l'esprit public. Cette évolution des mentalités explique le choc culturel, en 1971, du film-documentaire *Le Chagrin et la pitié*. La diffusion de ce film produit par l'ORTF fut refusée sur les deux chaînes publiques de télévision qui étaient alors les seules à s'offrir aux regards des Français. Privé d'une diffusion et de l'exploitation financière envisagée de son œuvre, le réalisateur Marcel Ophuls se tourna vers la projection en salle de cinéma et se déclara victime d'une censure prétendant cacher aux Français une vérité historique. Le film-documentaire trouva un public, d'abord dans une salle d'art et d'essai puis dans une plus grande salle et finit par être vu par 600 000 personnes et être acheté par plusieurs télévisions étrangères. Alors que le roman acide de Marcel Aymé *Uranus* (Gallimard, 1948) ou le film d'Autant-Lara *La Traversée de Paris* (1956) n'avaient pas troublé l'opinion bien qu'ils peignissent une France de l'Occupation et de la Libération passablement ignoble, le documentaire d'Ophuls fut un événement culturel.

Un large public accueillit cet éclairage sur l'Occupation comme un dévoilement des tabous. Pour les 600 000 spectateurs ce fut une révélation et parfois un sentiment de répulsion. L'idée d'associer bandes d'actualités, films de propagande, chansons d'époque et témoignages constituait une innovation. C'est devenu un procédé classique du film-documentaire qui interroge aussi des historiens. Autre originalité : les témoins mis en scène par Ophuls ne se limitaient pas à des responsables politiques comme Pierre Mendès France, Anthony Eden, Jacques Duclos incarnant avec son accent méridional un communisme bonhomme, mais le réalisateur donnait la parole à des Français ordinaires de province, pharmaciens, enseignants, commerçants, domestiques. Le projet était de montrer une ville française, Clermont-Ferrand. Le montage conférait un accent de vérité à la parole individuelle. Marcel Ophuls, utilisa avec malignité des plans de coupe, tendit des pièges où tombèrent les témoins, néophytes de l'exercice. Il laissait l'ancien coureur cycliste Geminiani déclarer derrière le comptoir de son café que des Allemands… il n'en avait vu aucun. Une patronne de salon de coiffure, Mme Solange, accusée d'avoir été une délatrice, niait, mais un plan de coupe montrait ses mains triturant nerveusement son vêtement. Il en ressortait l'impression que cette France profonde, loin d'avoir été résistante, s'était accommodée des occupants et avait même été collaboratrice. Il ne s'agissait plus de célébrer les héros épiques de *La Bataille du rail* ou d'admirer les dirigeants glacés et implacables de *L'Armée des ombres*. Cette fois apparaissait un collaborateur sans remords, un ancien de la division Charlemagne, l'attaché de presse de cinéma Christian de La Mazière qui, lunettes fumées sur le nez, expliquait les chemins de son engagement sous les plafonds dorés du château de Sigmaringen.

Le documentaire est interdit de diffusion télévisuelle parce qu'il donnait une image négative de la France. Simone Veil, magistrate membre du conseil d'administration de l'ORTF, contribua à ce refus, en raison des droits élevés de l'œuvre et à cause d'une vision qui ne correspondait pas à la France dont se souvenait l'ancienne déportée. L'interview de professeurs de lycée embarrassés, qui disaient ne pas avoir remarqué la persécution antisémite, avait de quoi choquer la lycéenne contrainte sous l'Occupation à la clandestinité, et que son professeur de lettres aidait à préparer le baccalauréat[13]. L'historien américain Stanley Hoffman trouvait l'œuvre manichéenne et, lui aussi, se souvenait du couple d'enseignants qui, sous l'Occupation, l'avait accueilli avec sa mère et qui pouvait plus légitiment que les maladroits interviewés de Clermont-Ferrand incarner les « Français moyens ». Les gaullistes notaient la quasi-absence de Charles de Gaulle et de la France libre, les communistes affirmaient qu'une vérité historique ne s'atteint pas avec la juxtaposition de témoignages individuels. En face, la diffusion du film par la télévision deviendra, jusqu'à sa programmation onze années plus tard, un combat contre la censure.

Le Chagrin et la pitié, suivi par d'autres œuvres de la vague rétro, suscita dans l'opinion active un sentiment favorable aux demandes de ceux qui exigeaient depuis longtemps, et en vain, que lumière soit faite sur les agissements d'un ancien responsable de la Milice de la région de Lyon, Paul Touvier, et qu'il soit enfin traduit en justice et condamné. Il se peut qu'aient joué aussi l'appel à un examen de conscience sur les pratiques de l'armée dans la guerre d'Algérie, qui avaient eu un grand écho dans la presse, ainsi qu'un « réveil de la mémoire juive » éclatant après la guerre des Six-Jours, même si l'expression est actuellement contestée par François Azouvi qui, dans *Le Mythe du grand silence. Auschwitz, les Français, la mémoire* (Fayard, 2012), montre que cette mémoire n'est pas éteinte après 1945 et voit dans les déclarations enfiévrées de 1967 un « aboutissement » plutôt qu'une « renaissance ».

Paul Touvier avait échappé à la justice de l'épuration qui l'aurait certainement condamné à mort ou aux travaux forcés[14]. Depuis, il jouait la victime de vengeances des communistes acharnés contre le grand chrétien qu'il prétendait être. Sa mémoire n'était pas celle de ses victimes mais celle de sa propre personne que les circonstances de l'Occupation et la politique avaient portée au-delà de toute norme sociale.

Le modeste employé au service de la traction de la gare de Chambéry trouve la réussite sociale dans la Milice française. Milicien, il accède à un stage de l'école d'Uriage, qui le propulse à la direction du 2e service régional de la Milice (le renseignement) pour la région lyonnaise. On le voit recevoir Henriot pour la fête de Jeanne d'Arc, avec sa sœur, Jeanne, promue à ses côtés, héroïne du jour. Il s'enrichit, mène une vie large, se retrouve au niveau des hauts fonctionnaires régionaux et exerce un pouvoir sur la vie de centaines d'hommes. Il trouve une grande jouissance dans sa capacité de punir, de nuire, de terroriser en toute impunité. Parfois il se donne le beau rôle en intervenant en faveur d'originaires de Chambéry. Se tenant dans l'ombre, il n'apparaît pas comme le plus dangereux des miliciens, surtout si on le compare au terrible Joseph Lécussan auquel l'opposent quelques conflits. Dans la répartition des rôles, lors des interrogatoires, il préfère le rôle du « gentil ». À l'approche de la Libération, il n'est pas insensible au nouveau rapport des forces qui se dessine et, avant de disparaître de Lyon, il libère les otages qu'il détenait, et emporte les 500 000 francs qu'il a retirés d'une grosse opération de la Milice. Il se cache au Prado dont le supérieur, le père Ancel, est un ami de la famille Touvier. Condamné à mort par contumace par la cour de justice de Lyon (10 septembre 1946) et la cour de justice de Chambéry (4 mars 1947), il vit ensuite sous une fausse identité.

Son égocentrisme, sa conviction d'être une victime expiatoire, son hypocrisie, ses manières mielleuses, son absence de scrupules et son aptitude à manipuler certains êtres le protègent d'une manière parfaitement compréhensible. Arrêté en 1947, au moment du « complot des couvents », accusés d'abriter des collaborateurs impunis, il est interrogé rue des Saussaies et « oublié » dans une salle dont la porte était restée ouverte en l'absence de tout inspecteur. A-t-il dénoncé des religieux et obtenu sa liberté au prix de confidences sur ses bienfaiteurs ? Sans être le véritable « proscrit de l'intérieur » qu'il prétend, il joue de sa situation de marginal de la société, réussissant en particulier à capter la confiance du chanteur Jacques Brel, sensible à toute souffrance, ce dont Touvier se prétend abondamment accablé. Être lavé de tout devient une obsession de l'ancien milicien qui le pousse à solliciter des soutiens dans le monde ecclésiastique qui n'a apparemment pas une mémoire horrifiée de la Milice dans laquelle, il est vrai, Touvier prétend n'avoir eu qu'un rôle mineur. Il y aurait même rendu des services. Les demandes d'intervention pour des cas douloureux sont le pain quotidien des ecclésiastiques. L'ancien milicien est bien décidé à bénéficier de cet esprit de charité. Il exerce une emprise sur l'esprit de l'abbé Charles Duquaire, secrétaire particulier de Mgr Gerlier, archevêque de Lyon[15]. Par le père Blaise Arminjon, provincial de la compagnie de Jésus, il touche le député UNR du Rhône, Gorce-Franklin, puis le père Sommet, ancien de Dachau, qui l'introduit auprès de Joseph Rovan, compagnon de déportation du ministre Edmond Michelet, devenu son directeur de cabinet. Le philosophe catholique Gabriel Marcel est un temps séduit. Des conseils sont demandés à René Brouillet, ambassadeur de France auprès du Saint-Siège, le résistant qui recommanda en 1944 au général de Gaulle un normalien sachant écrire, Georges Pompidou. Les gaullistes chrétiens n'arrivent plus à se débarrasser de ce Touvier qui s'accroche à eux.

En 1967, la prescription de sa peine de mort permet à l'ancien milicien de se réinstaller dans la maison de son père à Chambéry. Il aurait pu vivre tranquillement s'il avait reconnu ses erreurs, mais Touvier est un orgueilleux tombé de haut quand l'État français s'est écroulé. Narcissique, fier de son aventure, il ne ressent pas de culpabilité. Il exige la remise des peines annexes à l'amnistie (interdiction de séjour dans certains départements et confiscation des biens). Pour cela il a besoin d'un dossier riche de témoignages sur les services qu'il a rendus, de préférence de la part de résistants. Ce n'est pas impossible pour peu que la vérité soit interprétée. Son protecteur, Mgr Duquaire, que sa bonne fortune a conduit à une situation au Vatican que son intelligence politique ne justifie pas entièrement, part à la chasse aux témoignages favorables. L'ecclésiastique sollicite avec insistance, et parfois avec indécence, jusqu'à ce que d'anciens résistants écrivent des lignes attestant que, si le milicien ne les a pas vraiment aidés, il s'est abstenu, alors qu'il en avait le pouvoir, de leur nuire. Un roman s'élabore qui transforme Touvier en milicien bienveillant qui, pour sauver un grand nombre de Français, a dû en sacrifier quelques-uns. Il l'avoue et met tout particulièrement en scène un épisode de juillet 1944 où il sauva vingt-trois otages réclamés par les Allemands après l'assassinat d'Henriot, au prix du sacrifice de sept individus juifs, malheureusement fusillés à Rillieux. Ne lui en saura-t-on jamais gré ? Ne rendra-t-on pas enfin un jour justice aux vraies victimes de l'horreur de l'Occupation ? Il ne demande pas pour lui, qui a tant souffert et qui sait la valeur de la souffrance pour un chrétien, mais pour sa femme et pour ses deux enfants innocents.

Après plusieurs refus de grâce, le dossier enfin bien ficelé aboutit au cabinet du président de la République, Georges Pompidou. Il ne contient aucune mention de torture ni d'assassinat. La levée des peines accessoires ne devrait pas susciter de scandale. Le 23 novembre 1971, Georges Pompidou signe la remise gracieuse des peines d'interdiction de séjour et de confiscation des biens attachées aux peines prescrites. Quand elles l'apprennent, les associations de résistants et de victimes de la région lyonnaise, qui n'avaient cessé de réclamer en vain la mise en jugement de Paul Touvier, sont indignées. Elles seront, cette fois, entendues grâce au changement d'état d'esprit de l'opinion.

Se mêle à l'indignation morale contre l'impunité dont avait joui le milicien un combat plus politique contre le signataire de la grâce, Georges Pompidou, avec une mise en cause de la censure à laquelle sont sensibles les milieux intellectuels (une affiche de Mai 68 avait proclamé : « Libérons l'ORTF »). Pompidou n'avait pas la réputation d'avoir été un résistant et il ne prétendait nullement l'avoir été, ce qui indignait les anciens résistants qui estimaient que Charles de Gaulle aurait dû leur réserver le monopole de sa confiance.

L'écrivain Maurice Clavel, ancien résistant, ancien RPF évoluant vers des courants maoïstes, fut scandalisé des propos de Georges Pompidou rapportés en août 1971 par un journaliste du *New York Times Magazine* : « Je déteste toutes ces histoires de la Résistance, je déteste les médailles, je déteste les décorations de toute sorte. » Clavel inséra la citation du journaliste dans un court-métrage destiné à l'ORTF. Il la durcit en parlant d'« aversion » du président de la République pour la Résistance, terme qui fut éliminé avant projection comme inexact et excessif. Maurice Clavel protesta avec fracas sur le plateau de télévision où était prévu un débat le 31 décembre 1971 en se retirant sur un : « Messieurs les censeurs, bonsoir ! »

Il faut attendre le début du mois de juin 1972 pour que Jacques Derogy dénonce dans *L'Express* le scandale de la grâce de l'ancien chef milicien. Le président Pompidou ne parvient pas à arrêter les critiques en dépit de sa conférence de presse du 21 septembre 1972 où il plaide pour la réconciliation nationale : « Allons-nous éternellement entretenir saignantes les plaies de nos désaccords nationaux ? Le moment n'est-il pas venu de jeter le voile, d'oublier le temps où les Français ne s'aimaient pas, s'entredéchiraient et même s'entretuaient ? »

Des plaintes sont déposées le 9 novembre 1973 à Lyon et le 27 mars 1974 à Chambéry. Paul Touvier se cache à nouveau mais ne bénéficiera pas de l'oubli. C'est que l'opinion est sensibilisée par les productions cinématographiques (1971 : *Le Chagrin et la pitié*, 1974, *Lacombe Lucien*, *Les Guichets du Louvre*). Témoignait aussi de cette sensibilité nouvelle l'ouverture d'un débat par « l'Invité du dimanche » du 7 mars 1971 (après la demande de pardon de Willy Brandt s'agenouillant devant le monument des victimes du ghetto de Varsovie) : le philosophe Vladimir Jankélévitch s'interrogeait à nouveau sur le pardon. Celui qui avoue le crime et le regrette sera-t-il pardonné ? Le pardon « est-il mort dans les camps de la mort » ? Entre l'absolu de la loi d'amour et l'absolu de la liberté méchante la contradiction demeure, regrette le philosophe[16].

La procédure contre Touvier est reprise, en dépit de la prescription, cette fois pour crime contre l'humanité. Il est accusé de participation à l'assassinat des époux Basch et à l'assassinat de sept Juifs à Rillieux dont, comme il a été dit, il a écrit lui-même l'aveu en se faisant gloire d'avoir sauvé un plus grand nombre d'otages par le sacrifice de quelques Juifs. En 1979, les faits sont déclarés non prescriptibles mais il reste encore à prouver que ce crime contre des Juifs a été exécuté à l'instigation d'un responsable d'une organisation criminelle nazie (la Gestapo), intégrant le choix de victimes juives dans un plan concerté et d'extermination systématique (arrêt de la chambre criminelle de la Cour de cassation du 20 décembre 1985). Le crime de Rillieux et l'assassinat des Basch justifieraient l'accusation. Pour que s'ouvre le procès il ne manque plus que l'accusé Touvier, qui se cache, avec femme et enfants, dans des établissements religieux. Il est finalement arrêté au prieuré Saint-Joseph, à Nice, le 24 mai 1989. Les résistants ne sont pas pour autant au bout de leurs peines.

Le 13 avril 1992, la 1re chambre d'accusation de la cour d'appel de Paris rend un arrêt de non-lieu en estimant que le régime de Vichy ne pratiquait pas, à la différence du Reich, une « politique d'hégémonie idéologique ». La Milice, qui a pu en avoir l'intention, n'a pas réussi à établir un projet idéologique, car les Allemands n'étaient pas disposés à l'y autoriser. Les crimes étaient donc prescrits. Cet arrêt provoque à nouveau l'indignation des accusateurs de Touvier et de ses victimes. Devant l'émotion soulevée le procureur général Pierre Truche saisit la Cour de cassation qui casse partiellement l'arrêt de la cour d'appel. L'affaire, réduite aux seuls crimes de Rillieux, est renvoyée devant la cour d'assises de Versailles (et non de Lyon) qui déclare, le 20 avril 1994, Paul Touvier coupable des faits reprochés et le condamne à la peine de réclusion criminelle à perpétuité. Il mourra à l'hôpital de la prison de Fresnes le 17 juillet 1995. La première plaque qui avait été posée à Rillieux-la-Pape, portant l'inscription : « À la mémoire des patriotes fusillés par la Milice. 28 juin 1944 », est remplacée par une seconde, inaugurée par Charles Pasqua le 28 juin 1994, et dont le texte est conforme au jugement récent : « Ici le 29 juin 1944 / Sept juifs ont été assassinés par la police de Vichy / complice de la Gestapo[17] ».

Après le procès de Touvier, la mémoire de la Milice s'affaiblit. D'autant plus facilement qu'elle était toujours restée imprécise et son histoire mal connue des Français.

Lucien Lacombe, considéré comme milicien, n'est qu'un agent français de la police allemande ; Maxime Loin dans *Uranus* est « le collaborateur » écrivant dans la presse plus qu'agissant dans un cadre politique identifié ; Christian de La Mazière appartient à la division Charlemagne. Dans *Au revoir les enfants* de Louis Malle les enfants déjeunent dans un restaurant élégant de Fontainebleau lorsque surgissent des hommes en bleu, grand béret incliné sur l'oreille, pour opérer un contrôle des papiers et molester un convive juif, avant d'être mis à la porte par des Allemands s'estimant importunés pendant leur repas. Des spectateurs intellectuels pourtant cultivés ont demandé pourquoi des « chasseurs alpins » jouaient ce rôle de policiers alors qu'en 1987 ils auraient dû reconnaître des miliciens. L'histoire imprécise de la Milice française et de ses victimes sert cependant de support à des leçons civiques. Le 1er septembre 2010, le grand maître du Grand Orient lance, devant le monument commémoratif de Jean Zay, un appel aux républicains pour qu'ils soient fidèles aux vertus des adversaires et des victimes de la Milice : « Ils ont choisi la lumière et la liberté contre l'obscurité des dogmes, du fanatisme et de la haine. » L'ancienne résistante Lucie Aubrac, soucieuse de transmettre aux jeunes générations le souvenir du combat résistant, peint à gros traits, dans *La Résistance expliquée à mes petits-enfants* (Seuil, 2000, p. 61-62), les horreurs de la Milice : « Il [le maréchal Pétain] décrète sa création le 30 janvier 1943, pour le dixième anniversaire de l'arrivée de Hitler au pouvoir. Elle est composée de Français bien payés, armés, qui vont se conduire aussi sauvagement que la Gestapo. Ils sont souvent plus terribles qu'elle, volent et tuent en toute impunité. De juin 1943 à juin 1944 il n'est pas de jour qui ne soit marqué par des incendies, des tortures, des exécutions sommaires. Des fermiers sont jetés vivants dans leur grange en flammes parce qu'un parachutage d'armes a eu lieu près de chez eux. Des jeunes filles, infirmières ou agents de liaison dans le maquis, capturées, sont mortes dans la souffrance et l'humiliation. L'une d'elles, en Auvergne, a même été enterrée vivante. » Le petit enfant frémit : « Tout le monde devait avoir très peur et chacun rester chez soi. »

Un lieu demeure en France où la mémoire de la Milice n'est pas éteinte.

Glières et Grand-Bornand, une mémoire à vif

En Haute-Savoie, se heurtent des mémoires politiques opposées de la Résistance comme le montre la controverse à propos de l'hommage du président de la République, Nicolas Sarkozy, aux héros des Glières. L'initiative a suscité des contre-manifestations patronnées par les résistants Stéphane Hessel et Raymond Aubrac au nom d'une conception sociale de la Résistance incarnée par le programme du CNR. La lecture du modeste bulletin *Le Messager du Chablais* du 18 novembre 2010 révèle que la mémoire de l'Occupation fait encore peser une chape de plomb sur certains villages savoyards opposant des familles, enfermant des individus dans un malaise psychologique entretenu par des traditions orales, des mystères, l'impossibilité d'accéder à la rationalité de l'histoire. Faut-il se taire ? Faut-il parler ? Une habitante du Grand-Bornand avoue : « Ce dont on a besoin, c'est de vérité. Mais même aujourd'hui, on ne voudrait pas l'entendre. » Une jeune femme trouve « dévastateur » le silence qui s'appesantit : « Pourquoi se taire ? J'aimerais leur dire combien encore ces silences sont lourds de conséquences sur les générations qui s'ensuivent. Combien sont dans mon cas, à l'égard de tout soupçon, de tout regard, cette torture psychologique qui vous ronge inlassablement et qui malgré le temps ne s'estompe pas. Non ! Pire que cela, sournoisement. »

Les fusillades du Grand-Bornand sont un sujet sensible. Toute mise en cause déclenche une vive réaction. Que Paul Abrahams critique, dans le *Financial Times* du 11 novembre 1995, « Bitter Memories of Resistance », des actions violentes de résistants et en particulier les fusillades de miliciens au Grand-Bornand en 1944, Michel Germain, vigilant défenseur de la mémoire de la Résistance savoyarde lui rétorque dans *Le Dauphiné libéré* : « Apprenez, Monsieur l'Anglais, qu'il ne suffit pas de tirer le premier, il faut viser juste. On ne réécrit pas impunément l'histoire. »

Cette épuration par une cour martiale était-elle justifiée ? Comment expliquer ce qui s'est passé ? À la Pezerettaz, où furent fusillés soixante-seize miliciens, se trouvent encore cinquante tombes des fusillés, surmontées de simples croix de bois portant nom et date de la mort. Il avait été proposé aux familles de reprendre les corps et de les enterrer dans leur cimetière. Beaucoup n'ont pas bougé pour des raisons qui vont de la honte de les ensevelir dans le village à la volonté de perpétuer sur place le souvenir d'une épuration récusée. Or il arrive que des promeneurs, croyant qu'il s'agit de résistants fusillés, se recueillent sur les tombes[18]. Un monument ne saurait être élevé mais comment rédiger quelques lignes d'explication ? Des sites révisionnistes entretiennent un doute quant à la culpabilité de ces jeunes fusillés et mettent à nouveau en cause et dans sa globalité l'épuration. Affirmant que les critiques de diverses origines ne sont qu'une réhabilitation de « collaborateurs des nazis », les associations de mémoire de la Résistance et de la déportation du département de la Haute-Savoie rétorquent par une brochure rappelant les combats passés, les valeurs alors unanimement défendues par tous les résistants (unanimité évoquée avec nostalgie). Elles justifient le verdict de la cour martiale, justice d'exception mais justice légale s'exerçant dans le cadre du rétablissement de l'État de droit[19]. La lettre du GPRF aux commissaires de la République et aux préfets du 29 juillet 1944 ne demandait-elle pas l'instauration immédiate de cours martiales appelées à juger « les traîtres notoires, tels les miliciens pris les armes à la main » ? Seulement, les condamnés de la cour martiale du Grand-Bornand ont-ils été pris « les armes à la main » ? Ils s'étaient rendus, en libérant leurs otages, après une négociation avec un chef de la Résistance qui avait promis la préservation de leurs familles et pour eux emprisonnement et jugement.

Sans que soit réhabilitée la Milice, cette polémique montre que la peine de mort choque. Cette incompréhension ne nourrit cependant aucun mouvement d'opinion. Tout au plus trouve-t-on sur Internet l'avis du révisionniste Vincent Reynouard qui, sous le titre « Pour la Milice, Justice ! », critique la manière d'écrire l'histoire de Lucie Aubrac et réclame que soit instaurée, le 22 octobre, « une journée d'hommage au milicien inconnu[20] ».

Du passé au présent

Le procès Touvier a satisfait les victimes et apparaît, en raison du grand âge d'éventuels autres inculpés, comme un des derniers de ce genre. La presse a été déçue à cause du carcan judiciaire qui enserrait les débats, rendus de plus confus par l'action dispersée d'une trentaine d'avocats des parties civiles. Ce procès suscita aussi un malaise perceptible dans le livre de l'historien Henry Rousso et du journaliste-historien Éric Conan : *Vichy, un passé qui ne passe pas* (Fayard, 1994). Pour ceux qui ne l'ont pas lu et se sont contentés de l'impression donnée par le titre, il pourrait sembler que cet ouvrage témoigne de la permanence de l'obsession mémorielle de Vichy dans la France à la fin du XXe siècle. Avec la distance de quelques années, sa lecture révèle plutôt une gêne des auteurs devant les audiences du procès Touvier. Les témoins, cinquante ans après les faits, ne sont plus là ou ne sont plus vierges. En toute bonne foi, ils mêlent leurs souvenirs à ce qu'ils ont lu et entendu depuis. Leur angoisse de voir Touvier échapper à une sanction influence leur discours. La prescription des crimes de guerre a, comme il a été dit, obligé les avocats des parties civiles (à l'exception d'Arno Klarsfeld) à recourir au crime contre l'humanité dont les conditions d'applications sont strictes. Il leur fallait montrer que l'action de Touvier à Rillieux était la conséquence d'un ordre d'un État pratiquant une hégémonie idéologique. Or, cet État ne pouvait pas être l'État français pratiquant la collaboration par nécessité et par intérêt mais seulement le Reich. Il était donc nécessaire de prouver que l'ordre de fusiller les otages venait des Allemands et que l'action de la Milice n'était pas une décision française autonome, ce qui est pourtant la première évidence. Les règles juridiques de prescription et les règles de procédures ne conviennent pas toujours à l'établissement de la vérité historique, d'où la déception des historiens et de l'opinion devant les procès[21]. Si le président de la cour d'assises de Versailles, Henri Boulard, s'est félicité que soient venus à la barre les historiens René Rémond, François Bédarida, Michel Chanal, Robert Paxton, la présence active d'historiens, qui culminera au procès de Maurice Papon, n'est pas sans poser de problèmes. Les historiens ne sont pas les témoins des événements qu'ils étudient et ne sauraient donc prêter serment de « dire la vérité ». Henry Rousso refusera d'ailleurs de participer à des audiences de procès de crainte de voir l'histoire instrumentalisée par la justice, et il indique ses réserves scientifiques sur le concept de « contexte » qu'il est demandé à ses confrères d'expliquer aux jurés. Des historiens, et quel que soit leur attachement à la défense du souvenir des réalités de l'Occupation et de la Résistance, sont parfois gênés quand le « devoir de mémoire », lourd d'émotion, interfère avec la recherche de vérité, objet de la raison et leur mission propre de savants. Ils finissent par protester contre l'inflation de lois mémorielles. Conan et Rousso sont clairs : « Faut-il ranger le devoir de mémoire au pupitre ? Non pas, mais que cesse ce rituel infantile consistant à s'indigner tous les six mois parce qu'un scoop révèle que des Français ont collaboré ou que Vichy fut complice de la "Solution finale" : on le sait, on le dit, on l'enseigne et on le commémore. L'important aujourd'hui n'est plus de dénoncer, ni de dévoiler des secrets. Il est de comprendre et plus encore d'accepter[22]. » Un abus de mémoire empêche de vivre le présent. Cette paralysie née d'un envahissement de la vie par la mémoire trouve une illustration littéraire dans le roman de Lydie Salvayre *La Compagnie des spectres* (Seuil, 1997) où une femme traumatisée par l'assassinat en 1943 de son frère par des miliciens s'est enfermée dans une prison mémorielle et ne voit plus, cinquante ans plus tard, dans tous ceux qui s'approchent d'elle, que des miliciens de Darnand, soudards ivrognes, minables et tortionnaires qu'elle couvre d'injures.

L'obsession du devoir de mémoire risque de voiler la nécessaire observation de l'actualité. Refaire sans cesse le procès des années noires françaises obscurcit les horreurs et les responsabilités des contemporains de Pol Pot, celles de la France au Rwanda et toutes celles qui aujourd'hui restent masquées quand, selon l'expression d'Alain Finkielkraut, l'écoute ne s'ajoute pas à la vigilance[23].

Les miliciens français engagés dès 1943 dans les Waffen SS, contre un ennemi commun, les Soviétiques, ne se voyaient ni comme de vulgaires collaborateurs du Reich nazi ni comme de simples aventuriers. Ils revendiquaient un engagement idéologique et se considéraient comme des Européens combattant le communisme aux côtés d'autres Européens. Qu'en est-il de cette mémoire des Européens ? Elle n'est pas la même de la mer du Nord à l'Adriatique, de la Baltique à la mer Noire. Les trente mille Norvégiens du Nasjonal Samling (Rassemblement national) de Vidkun Quisling, le chef du gouvernement de Norvège, et, aux Pays-Bas, les cent mille adhérents du Mouvement national fasciste d'Anton Mussert (20 000 Hollandais ont été volontaires dans la Wehrmacht) ont été traités comme les collaborateurs français. Combattus, haïs et vigoureusement épurés par une forte Résistance décidée à construire une démocratie, ils ont laissé aux habitants de leur pays une mémoire sereine et résolue. En Norvège, en effet, l'opinion publique a réclamé et obtenu le jugement d'Anders Breivik, responsable le 22 juillet 2011 d'un attentat à Oslo et d'une tuerie sur l'île d'Utoya, véritables crimes idéologiques qui causèrent soixante-dix-sept morts. Reconnu finalement comme responsable, cet assassin se réclamant avec force poings levés d'une « culture européenne » fut condamné le 21 août 2012 à vingt et un ans de prison, ce qui correspond en Norvège à la peine maximale prolongeable.

L'exigence de lumière et de vérité n'a pas pu être la même en Europe centrale et orientale où ont existé des mouvements collaborateurs et des milices actives.

Y avaient plus particulièrement sévi en Hongrie les Croix fléchées de Ferenc Szalasy, en Roumanie la Garde de fer, en Croatie l'oustachi Ante Pavelitch massacreur de milliers de Serbes orthodoxes[24]. À partir de 1945, une épuration a certes été réalisée dans ces pays mais les critères qui prévalurent ne furent pas essentiellement nationaux, ce qui ne pouvait qu'en compromettre la légitimité. Elle y obéit en effet à une volonté révolutionnaire et de lutte des classes, et, circonstance aggravante pour plusieurs d'entre eux, elle se réalisa sous l'impulsion et le contrôle d'un État étranger, l'URSS.

Après la chute du mur de Berlin, ces pays intègrent progressivement l'Union européenne où ils arrivent lourds d'un passé mal connu des Occidentaux qui ont perdu la familiarité qu'ils entretenaient avant 1914 avec la culture d'Europe orientale. Dans ces nations la mémoire, brouillée par une seconde épuration, cette fois postcommuniste, est loin d'être assainie. Elle contribue, avec les frustrations économiques et les angoisses identitaires, à saper les mythes vertueux élaborés par l'Europe occidentale après le second conflit mondial. Ces sources historiques, laissées dans l'ombre, attisent des haines, alimentent des conflits, provoquent la recherche d'un ennemi extérieur unificateur. La violence idéologique n'en finit pas de tenailler les hommes de ce vieux continent qui n'a pas réussi à éradiquer tous ses spectres.

NOTES

Avant-propos

1. Michèle Cointet, *Nouvelle Histoire de Vichy*, Fayard, 2011.

Chapitre premier
Les origines de la Milice

1. Peter Lieb et Robert O. Paxton « Maintenir l'ordre en France occupée », *Vingtième siècle*, octobre-décembre 2011, n° 112, p. 118-125.

2. Jean-Marc Berlière, Denis Peschanski, *La Police française (1930-1950)*, La Documentation française, 2000. Georges Carrot, *Le Maintien de l'ordre en France au XX*[e] *siècle*, Henry Veyrier, 1968.

3. L'article de Simon Kitson, « From Enthousiasm to disenchantment; the French Police and the Vichy Regime, 1940-1944 », *Contemporary European History*, vol. XI, n° 3, août 2002, p. 371-390, montre, contre une historiographie un peu dépassée, la « résistance passive » de la police. J'avais aussi signalé, dans le grand réseau de Résistance Alliance de Marie-Madeleine Fourcade, la place importante et efficace des policiers engagés dans le renseignement militaire en faveur des Britanniques (*Marie-Madeleine Fourcade. Un chef dans la Résistance*, Perrin, 2006).

4. Jean-Paul Brunet, *Doriot*, Balland, 1986.

5. Jacques Benoist-Méchin, *De la défaite au désastre*, t. II, Albin Michel, 1985, p. 246.

6. AN Z 6 662 5229.

7. Jacques Delperrié de Bayac qui a le mérite d'avoir écrit la première histoire de la Milice, *Histoire de la Milice, 1918-1945*, Fayard, 1969 (les témoignages y ont une forte influence) et Pierre Giolitto, *Histoire de la Milice*, Perrin, 1997, donnent une importance excessive au vivier légionnaire au détriment de l'histoire politique générale et de la radicalité du projet idéologique et politique de la Milice.

8. Romain Rainero, *La Commission italienne d'armistice avec la France. Les rapports entre la France de Vichy et l'Italie de Mussolini, 10 juin 1940-8 septembre 1943*, Société d'histoire de l'armée de terre, Saint-Maixent, 1995. Henri Anzeau, *La Guerre franco-italienne*, Presses de la Cité, 1967. Jean-Louis Panicacci, *L'Occupation italienne du sud-est de la France, juin 1940-septembre 1943*, Presses universitaires de Rennes, 2010. Frédéric Le Moal, Max Schiavon, *Juin 1940. La guerre des Alpes. Enjeux et stratégie*, Economica, 2012. Marie-Anne Matard-Bonucci, *L'Italie fasciste et la persécution des Juifs*, Perrin, 2006.

9. Jean-Paul Cointet, *La Légion française des combattants. 1940-1944*, Albin Michel, 1995.

10. AN F7 14890.

11. Michel Germain, *Histoire de la Milice et des forces de maintien de l'ordre en Haute-Savoie*, La Fontaine de Siloé, Montmélian, 1997, et *Chroniques de la Haute-Savoie pendant la Deuxième Guerre mondiale*, La Fontaine de Siloé, Montmélian, 2004.

12. *Les Procès de collaboration, Fernand de Brinon, Joseph Darnand, Jean Luchaire*, Albin Michel, 1948.

13. *Journal de Marcel Déat*, 8 septembre 1942. Jean Bassompierre, *Frères ennemis*, L'Homme libre, 1948, p. 125.

14. Sur François de Menthon, communication de son fils Olivier au *Colloque François de Menthon*, 23 septembre 2000, conseil général de Haute-Savoie. Concernant le traquenard du 2 mai, AN 3 W 139.

15. Le document figure dans AN 3 W 139.

16. Joseph Barthélemy, *Ministre de la Justice, Vichy, 1941-1943*, Pygmalion, 1989, p. 486.

17. Philippe Pétain, *Discours aux Français*, Jean-Claude Barbas (éd.), Albin Michel, 1989.

Chapitre 2
Joseph Darnand, chef de bande

1. Procès en Haute Cour de Joseph Darnand.

2. AN 3 W 139.

3. Georges Groussard, *Service secret, 1940-1945*, La Table ronde, 1964, p. 460 *sq*.

4. Gérard-Trinité Schillemans, *Philippe Pétain : le prisonnier de Sigmaringen*, Éditions M.P., 1965.

5. *Ibid.*

6. R. L. Bruckberger, *Tu finiras sur l'échafaud. Mémoires*, Flammarion, 1978, p. 243 *sq*.

7. Henry Charbonneau, *Mémoires de Porthos*, La Librairie française, 1980, p. 199.

8. Dominique Venner, *Histoire de la collaboration*, Pygmalion, 2004.

9. Jacques Benoist-Méchin, *De la défaite au désastre*, *op. cit.*, t. II, p. 148.

10. *Combats*, 5 juin 1943.

11. Henry Charbonneau, *Mémoires de Porthos*, *op. cit.*, p. 339.

Chapitre 3
Milice et société française

1. Michel Chanal, « La Milice française dans l'Isère », *Revue d'histoire de la Deuxième Guerre mondiale*, n° 127, juillet 1982.

2. Louis Malle, Patrick Modiano, *Lacombe Lucien. Scénario*, Gallimard, 1974.

3. D'après les historiens Jean Estèbe, *Toulouse 1940-1944*, Perrin, 1996, Monique Luirard, « La Milice française dans la Loire », *Revue d'histoire de la Deuxième Guerre mondiale*, n° 91, 1973 ; Jean-Pierre Koscielniak, *Collaboration et Résistance en Lot-et-Garonne*, Éditions d'Albret, 2003 ; Jean Larrieu, « Les adhérents des mouvements de collaboration dans les Pyrénées-Orientales », *Annales du Midi*, juillet-décembre 1992 ; Christelle fageot, *La Milice en Vaucluse*, Études comtadines, 2008.

4. Jean-Luc Leleu, *La Waffen SS, soldats politiques en guerre*, Perrin, 2007, p. 206.

5. En zone sud, il s'agit souvent de petites villes. Prendre garde à l'évolution de la notion de classes moyennes, devenue très politique. Nous nous référons ici à la notion de classes moyennes utilisée par Serge Berstein dans son étude modèle, *Histoire du parti radical*, PFNSP, 1980-1982. Les classes moyennes, si fortes au parti radical, sont des indépendants possédant un capital ou des diplômes rentables et des revenus de sources diverses. Au début du XXIe siècle, on entre dans la catégorie des classes moyennes avec des revenus de 3 000 euros par mois. La notion, pour des raisons de stratégie politique et d'image, a été élargie vers le bas.

6. Dominique Fernandez, *Ramon*, Grasset, 2008, p. 482 et p. 748.

7. Marguerite Duras, *L'Amant*, Éditions de Minuit, 1984, p. 65.

8. Pierre Giolitto, *Histoire de la Milice*, *op. cit.*

9. *Le Messager Chablais-Savoie, Faucigny*, novembre 2010.

10. Jean-Pierre Koscielniak, « Les mineurs poursuivis pour collaboration à la Libération », *Arkhéia*, n° 22, p. 7-13.

11. Alain Ferrari, *Milice, film noir*, 1997.

12. Jean-Pierre Koscielniak, *Collaboration et Résistance en Lot-et-Garonne*, *op. cit.*

13. André Laurens, *Une police politique sous l'Occupation. La Milice française en Ariège*, Nîmes, Lacour, p. 128 *sq.*

14. Gérard Chauvy, *Lyon, 1940-1947*, Perrin, 2004.

15. AN 3 W 139.

16. AN 3 W 139.

17. Jean-Marc Berlière, François Le Goarant de Tromelin, *Liaisons dangereuses. Miliciens, truands et résistants. Paris 1944*, Perrin, 2013.

18. Jean Estèbe, *Toulouse, 1940-1944*, Perrin, 1996, p. 142.

19. Jacques Delperrié de Bayac, *Histoire de la Milice, 1918-1945*, *op. cit.*, p. 176.

20. Jean-Pierre Koscielniak, *Collaboration et Résistance en Lot-et-Garonne*, *op. cit.*

21. Henry Charbonneau, *Le Roman noir de la droite française. Les Mémoires de Porthos*, La Librairie française, 1980, p. 112-113.

22. Jacques Delarue, *Crimes et trafics de la Gestapo française*, Amis d'Historama, 1972, t. I, p. 87.

23. Fabrice Virgili, *La France « virile ». Des femmes tondues à la Libération*, Payot, 2000 ; Alain Brossat, *Les Tondues. Un carnaval moche*, Levallois-Perret, Manya, 1992.

24. Alain Corbin, *Le Monde retrouvé de Louis-François Pinagot. Sur les traces d'un inconnu*, Flammarion, 1998.

25. André Ruby, *La Contre-Résistance à Lyon*, L'Hermès, 1981, p. 66.

26. Henri Amouroux, *La Grande Histoire des Français sous l'Occupation*, t. VIII, Robert Laffont, p. 478.

27. Anne Simonin « La femme invisible : la collaboratrice politique », *Histoire@politique*, n° 9, dossier « Nouveaux regards sur l'histoire », 1er mars 1995. Françoise Leclerc et Michèle Weindling, « La répression des femmes coupables d'avoir collaboré pendant l'Occupation », http://clio.revues.org, n° 1995.

28. Jean-Pierre Koscielniak, « Les mineurs », *op. cit.*

29. Christelle Fageot, *La Milice en Vaucluse, 1943-1944, op. cit.*, p. 174.

30. Serge-Henri Moreau, *Thorens, berceau du maquis*, 1945, p. 114.

31. Joseph La Picirella, *Témoignages sur le Vercors*, Lyon, Imp. Rivet, 1969, p. 112.

32. *Histoire de la guerre 1939-1945*, p. 272.

33. Leclerc et Weindling, *op. cit.*

34. Fabienne Frayssinet, *Quatre saisons dans les geôles de la IVe République*, Regain, Monte-Carlo, 1953, p. 20.

Chapitre 4
De l'impatience aux liaisons fatales

1. AN AJ 41 1324.

2. Jean-Marc Berlière, « Les renseignements généraux sous l'Occupation : enjeux, dérives et tentations d'une police d'information », *in* Sébastien Laurent, *Politiques sous surveillance, XIXe-XXe siècle*, Presses universitaires de Bordeaux, 2001, p. 159-178.

3. Cité par Delperrié de Bayac, *Histoire de la Milice, 1918-1945, op. cit.*, p. 179.

4. AN F1A 3741.

5. Gérard Chauvy, *Lyon, 1940-1944*, Plon, 1985, p. 181.

6. Jean-Pierre Lambert et Gérard Le Marec, *Organisations, mouvements et unités de l'État français, Vichy 1940-1944*, Jacques Grancher, 1992, p. 147.

7. Monique Luirard, « La Milice française dans la Loire », *Revue d'histoire de la Deuxième Guerre mondiale*, juillet 1973.

8. Christelle Fageot, *La Milice en Vaucluse, 1943-1944*, Études comtadines, 2008.

9. Pierre Giolitto, *Histoire de la Milice*, *op. cit.*, p. 185.

10. Léon Gaultier, *Siegfried et le Berrichon. Le parcours d'un collaborateur*, Perrin, 1991.

11. *Ibid.*

12. Lettre d'un fils de La Nouë du Vair, 16 octobre 2005, courrier électronique, très critique à l'égard de Delperrié de Bayac.

13. Georges Carus, *Ce que je n'avais pas dit*, Éditions de Lore, 2009.

14. *Ibid.*, p. 34.

15. AN 3 W 141.

16. Raymond Tournoux, *Le Royaume d'Otto*, Flammarion, 1982, p. 150-152. Et Georges Groussard, *Services secrets, 1940-1945*, La Table ronde, 1964, p. 464 *sq.*

17. AN 3 AG 2/400, cité par Baynac, *Présumé Jean Moulin*, Grasset, 2006, p. 716.

18. Éric Roussel, *Pierre Brossolette*, Fayard, 2010.

19. Michèle Cointet, *De Gaulle-Giraud, l'affrontement*, Perrin, 2005, p. 383-386 et p. 404.

20. Témoignage de René Bousquet dans Delperrié de Bayac, *Histoire de la Milice, 1918-1945*, *op. cit.*, p. 206.

21. AN 3 W 139.

Chapitre 5
Darnand intronisé par les Allemands

1. Le plan figure dans AN 3 W 141.

2. Michèle Cointet, *Nouvelle Histoire de Vichy*, *op. cit.* ; *Le Conseil national de Vichy*, Aux Amateurs de livres, 1989.

3. AN 3 W 140.

4. AN 3 W 141.

5. AN AJ 41 294.

6. Serge de Sampigny, *La France à l'heure allemande*, Arte, 4 décembre 2012.

7. AJ 41 294.

8. AN 3 W 213.

9. AN 3 W 141.

10. AN 3 W 213.

11. AN 3 W 141.

12. Georges Carrot, *Le Maintien de l'ordre en France au xxe siècle*, Henry Veyrier, 1990, p. 173. Jean-Marc Berlière, François Le Goarant de Tromelin, *Liaisons dangereuses. Miliciens, truands, résistants. Paris, 1944, op. cit.*

13. Jean-Marc Berlière, *op. cit.*, publie sa fiche tirée de AN 2 6 329 3576, p. 322-323.

Chapitre 6
La Milice fait ses preuves

1. Biographie très favorable à Philippe Henriot : François-René Nans, *Philippe Henriot*, Godefroy de Bouillon, 1996. Une mise au point récente et précise : Jacques Puyaubert « Philippe Henriot, du collège Charrier à Radio-Vichy », *750 ans de Sainte-Foy-la-Grande*, éd. de l'Entre-deux mers, 2007.

2. Alfred Fabre-Luce, *Journal de la France*, Imprimerie JEP, p. 549.

3. Jean Tracou, *Le Maréchal aux liens*, André Bonne, 1944, p. 97-98.

4. AN BB 18 3562.

5. *Ibid.*

6. AN 3 W 213.

7. Virginie Sansico, *Les Cours martiales du secrétariat général au Maintien de l'ordre*, Payot, 2002. « France 1944 : maintien de l'ordre et exception judiciaire » *Histoire@politique*, n° 3, novembre-décembre 2007. Laurent Douzou, « La Cour martiale de Lyon, 2 février-4 août 1944 », *La Justice des années sombres*, La Documentation française, 2001.

8. Jacques-Augustin Bailly, *La Libération confisquée. Le Languedoc, 1944-1945*, Albin Michel, 1993.

9. AN BB 18 3562.

10. Amicale des anciens d'Eysses, Michel Reynaud, *Eysses contre Vichy*, éd. Tirésias, 1992, p. 59 *sq*.

11. AN 3 W 141.

12. *Ibid.*

13. AN 3 W 139.

14. AN 3 W 141.

15. *Combats*, 15 juillet 1944.

16. AN 3 W 139.

17. Françoise Basch, *Victor Basch, de l'affaire Dreyfus au crime de la Milice*, Plon, 1994.

18. AN 3 W 139.

19. AN 3 W 141.

20. Pierre Trouillé, *Journal d'un préfet pendant l'Occupation*, Gallimard, 1964, p. 230-232.

21. Deux ouvrages fondés sur de nombreux témoignages, aux appréciations souvent opposées : Michel Germain, *Glières, mars 1944, « Vivre libre ou mourir », épopée héroïque et sublime*, La Fontaine de Siloé, 1994 ; Henri Amouroux, *Un printemps de mort et d'espoir, novembre 1943-6 juin 1944*, Robert Laffont, p. 221 *sq*. Abbé Truffy, *Les Mémoires du curé du maquis des Glières*, Ara, 1979 (réédition d'un témoignage de 1950). Un portrait du héros de Glières, Patrick de Gmeline, *Tom Morel, héros des Glières*, Presses de la Cité, 2008. Louis Jourdan-Joubert, *Glières, Haute-Savoie, première bataille de la Résistance*, Amicale des anciens des Glières et imp. Chevalier, Genève, 1945.

22. Jean-Louis Crémieux-Brilhac, *La France libre*, Gallimard, 1996, p. 797 *sq*.

23. Texte du colonel Praxt cité par Michel Germain, *Glières, mars 1944*, *op. cit.*, p. 185.

24. Serge-Henri Moreau, *Thorens, berceau de la Résistance*, L. Depollier, 1945.

25. Discussion des chiffres dans Amouroux, *Un printemps*, *op. cit.*, p. 290-294.

26. Papiers de Chambrun.

27. AN FI CIII 1187.

28. Ahlrich Meyer, *L'Occupation allemande en France, 1940-1944*, Privat, 2002.

Chapitre 7
Combattre pour une cause perdue

1. AN 3 W 139.

2. AN 3 W 139.

3. Jean Tracou, *Le Maréchal aux liens*, *op. cit.*, p. 304.

4. Morlot raconte l'attentat dans *Action*, 22 septembre 1944.

5. AN 3 W 139.

6. AN 3 W 139.

7. Jean-Marc Berlière et François Le Goarant de Tromelin, *Liaisons dangereuses. Miliciens, truands, résistants, Paris, 1944, op. cit.* Selon cette enquête

très fouillée, la légende d'un Mansuy méditant l'assassinat de Charles de Gaulle à l'Hôtel de Ville, arrêté par des patriotes, vient de Roger Stéphane qui en fit la confidence à Béatrice Bretty, la compagne de Mandel, laquelle la répéta au biographe de Mandel, Bertrand Favreau : *Georges Mandel ou la Passion de la République*, Fayard, 1996. Le récit de l'attentat s'inspire des procès Boero, Lambert, Neroni (AN 33 AP 8), et du procès Knipping (AN Z 6 398).

8. AN 3 W 140.

9. AN 3 W 140.

10. André Brissaud, *La Dernière Année de Vichy*, Librairie académique Perrin, 1965, p. 430.

11. AN Z 6 738.

12. François Delpla, *Qui a tué Georges Mandel ?*, L'Archipel, 2008.

13. Barbara Lambauer, *Otto Abetz et les Français ou l'Envers de la Collaboration*, Fayard, 2001, p. 610-611.

Chapitre 8
La fuite

1. Michèle Cointet, *Marie-Madeleine Fourcade. Un chef de la Résistance, op. cit.*, p. 274.

2. Jacques Delperrié de Bayac, *Histoire de la Milice, 1918-1945, op. cit.*

3. Jacques-Augustin Bailly, *La Libération confisquée, op. cit.*

4. Jacques Delperrié de Bayac, *Histoire de la Milice, 1918-1945, op. cit.* et souvenirs familiaux.

5. *Cahiers anecdotiques de la Banque de France. Témoignages et documents*, sl. nd.

6. AN 3 W 139.

7. Robert Steegman, *Struthof-KZ Natzweiler et ses kommandos : une nébuleuse concentrationnaire des deux côtés du Rhin, 1941-1945*, Strasbourg, Kaléidoscope-La Nuée bleue, 2005.

8. Une plaque est placée dans le mur de l'ossuaire de Struthof : « À la mémoire des martyrs du réseau Alliance sauvagement assassinés à la veille de la libération du camp par les bourreaux nazis du Struthof. Nuit du 1er au 2 septembre 1944 » (Michèle Cointet, *Marie-Madeleine* Fourcade. *Un chef de la Résistance, op. cit.*, p. 280). Il y eu deux rescapés sur les 106 membres du réseau Alliance internés en Alsace.

9. Georges Rouchouze, entretien, archives orales de l'IHTP, ENT 235.

10. AN 3 W 140.

11. Louis-Ferdinand Céline, *D'un château l'autre*, Gallimard, 1957, p. 108.

12. Récit dans Pierre Giolitto, *Volontaires français sous l'uniforme allemand*, Perrin, 1999.

13. AN 3 W 139.

14. Luc Van Dongen, *Un purgatoire très discret. La transition « helvétique » des nazis fascistes collaborateurs après 1945*, Perrin, 2008.

15. Michel Catala, « Les exilés en Espagne pendant la seconde guerre mondiale », *Matériaux pour l'histoire de notre temps*, juillet-septembre 2002.

16. Yves Lavertu, *L'Affaire Bernonville. Le Québec face à Pétain et à la Collaboration*, VLB Éditions, 1994.

17. Éric Conan, « La cavale des maudits », *www.lexpress.fr*, 12 août 1993.

Chapitre 9
Châtiment

1. Robert Aron, *Histoire de l'épuration*, Fayard, 1967, 1969, 1974, 1975 ; Philippe Bourdrel, *L'Épuration sauvage, 1944-1945*, Perrin, 1988 et 1991 ; Jean-Marc Berlière, *Liquider les traîtres. La face cachée du PCF clandestin*, Larousse, 2009 ; Fabrice Virgili, *La France « virile ». Des femmes tondues à la Libération*, *op. cit.* Une vision plus politique et l'attitude de Charles de Gaulle dans l'épuration : Jean-Paul Cointet, *Expier Vichy*, Perrin, 2008.

2. Récit dans Pierre Giolitto, *Volontaires français sous l'uniforme allemand*, *op. cit.* et documents privés.

3. AN 3 W 139. Michel Germain, *Le Véritable Procès du Grand-Bornand*, Montmélian, La Fontaine de Siloé, 2012. Document Ducroz sur le Web.

4. Robert Poirson, membre de la cour martiale du Grand-Bornand, a livré son témoignage (Association pour l'histoire de la justice, *La Justice des années sombres*, La Documentation française, 2001, p. 255-272).

5. Jean-Paul Cointet, *Expier Vichy*, *op. cit.*

6. Michel Roux, « Miliciens en Haute-Loire. Pour une première approche statistique et historique ».

7. Jacques-Augustin Bailly, *La Libération confisquée, op. cit.*, p. 317 *sq.*

8. *Ibid.*, p. 269 *sq.*

9. *Jour de pendaison au village*, réalisé par Daniel Schneidermann, Riff International Productions, 2005. Cusset n'est pas un « village » mais une petite ville aux portes de Vichy (Michèle Cointet, *Vichy capitale, 1940-1944*, Perrin, 1998).

10. AN 3 AG 49.

11. Raymond Bruckberger, *Tu finiras sur l'échafaud*, Flammarion, 1978, p. 259.

12. Hugues Viel, *Darnand, la mort en chantant*, Jean Picollec, 1995.

13. François Malye, Kathryn Hadley, *Dans le secret des archives britanniques. L'histoire de France vue par les Anglais, 1940-1981*, Calmann-Lévy, p. 116.

14. Institut Hoover, Stanford University, California, *La Vie de la France sous l'Occupation, 1940-1944*, Plon, 1957, t. I, p. 564-568.

Chapitre 10
La mémoire de la Milice

1. Michel Roux, « Miliciens en Haute-Loire. Pour une approche statistique et historique », art. cité.

2. Georges Rouchouze, entretien, archives orales de l'IHTP, ENT 235. Alain Ferrari, *Milice, film noir*, 1997.

3. Henri Fenet, archives orales de l'IHTP, ENT 235.

4. *www.humanite.fr*, 25 avril 1992.

5. Philippe Carrar, "From the Outcasts' Point of View. The Memoirs of the French who Fought for Hitler", *French Historical Studies*, vol. XXXI, n° 3, été 2008.

6. Pierre Rigoulot, *Les Enfants de l'épuration*, Plon, 1993.

7. Stéphane Gacon, *L'Amnistie. De la Commune à la guerre d'Algérie*, Seuil, 2002.

8. Michèle Cointet, « Le banquet des 1 000 », *in* Gilles Richard, Jacqueline Sainclivier, *La Recomposition des droites*, Presses universitaires de Rennes, 2004.

9. Jean Bassompierre, Charles Ambroise Colin, *Le Sacrifice de Bassompierre, par Charles Ambroise Colin, suivi de Frères ennemis par Jean Bassompierre*, L'Homme libre, 1948.

10. Raymond-Léopold Bruckberger, *Tu finiras sur l'échafaud. Mémoires*, *op. cit.*, p. 433.

11. *Ibid.*, p. 434.

12. Charles de Gaulle, *Mémoires de guerre*, t. III, Plon, 1959, p. 231.

13. Simone Veil écrit : « Les années 1970 avaient inversé la tendance des années 1950 ; à l'époque, réconciliation des Français et reconstruction du pays obligent, les gaullistes étaient parvenus à imposer l'idée d'une France héroïque et résistante à laquelle tout le monde a fait semblant de croire. Vingt ans plus tard, la pensée dominante avait changé, tout aussi simplificatrice ; désormais les jeunes se montraient ravis qu'on leur dise que leurs parents s'étaient tous comportés comme des salauds, que la France avait agi de manière abominable, que pendant quatre ans la délation avait été omniprésente, et qu'à l'exception des communistes, pas un seul citoyen n'avait accompli le moindre acte de résistance. *Le Chagrin et la pitié* tombait à pic dans ce concert d'autoflagellation, et c'est à ce titre que je trouvais ce film injuste et partisan » (*Une vie*, Stock, 2007, p. 326). John Sweets, *Clermont-Ferrand à l'heure allemande*, Plon, 1996.

14. Laurent Greilsamer, Daniel Schneidermann, *Un certain monsieur Paul. L'affaire Touvier*, Fayard, 1989.

15. Rapport René Rémond, *Paul Touvier et l'Église*, Fayard, 1992.

16. François Azouvi, *Le Mythe du grand silence. Auschwitz, les Français, la mémoire*, Fayard, p. 279.

17. Jean-Claude Valla, *La Milice. Lyon, 1943-1944*, éditions de la Librairie nationale, 2002, p. 69, et *L'Affaire Touvier. La contre-enquête*, Éditions du Camelot, 1996.

18. www.ledauphinelibere.com, 30 juin 2012.

19. *Le Patriote résistant*, n° 855, juillet-août 2011. Michel Germain, *La Vérité vraie sur le procès de la Milice et des miliciens au Grand-Bornand, du 19 au 24 août 1944*, La Fontaine de Siloé, 2012.

20. Éric Conan, « Calvados, le révisionnisme sans masque », *L'Express*, 27 février 1992.

21. Oriane Cointet, *Justice et histoire*, mémoire de DEA de philosophie du droit, université Paris-II, 2000.

22. Éric Conan, Henry Rousso, *Vichy, un passé qui ne passe pas*, Fayard, 1994. François Bédarida, promoteur à l'IHTP d'une histoire au service de la société, s'interroge : « Comment accorder le droit et la morale, comment concilier la justice et l'histoire ? », (*Touvier. Le dossier de l'accusation*, Seuil, 1996, p. 29).

23. *Une voix venue de l'autre rive*, Gallimard, 2000.

24. Yves Durand, *Le Nouvel Ordre nazi. La collaboration en Europe, 1938-1945*, Complexe, 1990. Michèle Cointet, « La collaboration européenne », *in* Jean-Paul Bled, Edmond Jouve, Christophe Réveillard, *Dictionnaire historique et juridique de l'Europe*, PUF, 2013.

REMERCIEMENTS

À Oriane Cointet pour sa relecture critique du manuscrit.
À Fabrice d'Almeida pour ses dynamiques suggestions.

BIBLIOGRAPHIE

Sources

Archives

L'essentiel se trouve dans la série W Dossiers Laval (3 W 213), Darnand (3 W 139-140-141) et 3 W 169 (Phalange africaine).

FIA 3747.

F1 CIII : rapports des préfets (surtout 1137 Alpes-Maritimes), 1143 (Bouches-du-Rhône), 1158 (Isère), 1187 (Haute-Savoie), 1225 (Rhône).

Moins riche : F7 D 14933 (Sarraut), D 14993, D 14897, D 14900, D 14905, D 14937, D 15304.

F 60 1675.

AJ 41, 294-296 Dossiers de meurtres.

BB18 3490-3491 et Rapports des procureurs généraux.

Sur différentes personnalités : Z 6 /120, 398, 778, 33 AP 8 35 AP 8.

Journal de Marcel Déat.

Les procès de collaboration, Fernand de Brinon, Jean Luchaire, Joseph Darnand, Albin Michel, 1948.

Procès en Haute Cour du maréchal Pétain. Procès en Haute Cour de Pierre Laval.

Combats était l'hebdomadaire de la Milice.

Souvenirs, discours, œuvres de fiction à cadre historique

Bassompierre, Jean, *Frères ennemis,* L'Homme libre, 1948.

Benoist-Méchin, Jacques, *De la défaite au désastre*, Albin Michel, 1984-1985.

–, *À l'épreuve du temps*, Julliard, 1989.

Bruckberger, Raymond, *Tu périras sur l'échafaud. Mémoires*, Flammarion, 1970.

–, *Si grande peine*, NRF, 1945.

Carus, Georges, *Ce que je n'ai pas dit*, Éditions de la Lore, 2009.

Charbonneau, Henry, *Les Mémoires de Porthos*, R. Desroches, 1969.

Fabre, Marc-André, *Dans les prisons de la Milice. La brigade Poinsot, le château des Brosses, la libération de Vichy*, Imprimerie Wallon, 1944.

Gaultier, Léon, *Siegfried et le Berrichon, le parcours d'un « collabo »*, Perrin, 1991.

Groussard, Georges, *Services secrets, 1940-1945*, La Table ronde, 1964.

Henriot, Philippe, *Et s'ils débarquaient ?*, Inter-France, 1944.

La Mazière, Christian de, *Le Rêveur casqué*, Robert Laffont, 1972.

Mohrt, Michel, *Mon royaume pour un cheval*, Gallimard, 1988.

Mordrel, Olier, *Breiz atao*, Moreau, 1973.

Saint-Loup (Augier, Marc), *Les Volontaires* (1963), *Les Hérétiques* (1965), *Les Nostalgiques* (1967), Presses de la Cité.

Truffy, abbé Jean, *Mémoires du curé du maquis des Glières*, Atra, 1979.

Travaux

(Lieu d'édition mentionné quand il ne s'agit pas de Paris)

Association française pour l'Histoire de la Justice, *La Justice des années sombres, 1940-1944*, La Documentation française, 2001.

Azéma, Jean-Pierre, « La Milice », *Vingtième siècle*, n° 28, oct.-déc. 1990, p. 83-105.

Bailly, Georges-Augustin, *La Libération confisquée. Le Languedoc, 1944-1945*, Albin Michel, 1993.

Basch, Françoise, *Victor Basch, de l'affaire Dreyfus au crime de la Milice*, Plon, 1994.

Berlière, Jean-Marc et Le Goarant de Tromelin, François, *Liaisons dangereuses. Miliciens, truands, résistants. Paris 1944*, Perrin, 2013.

Chauvy, Gérard, *Lyon, 1940-1947*, Perrin, 2004.

–, *Histoire sombre de la Milice*, Ixelles éditions, 2012.

Cointet, Jean-Paul, *Pierre Laval*, Fayard, 1993.

–, *Marcel Déat. Du socialisme au national-socialisme*, Perrin, 1998.

–, *Sigmaringen*, Perrin, 2003.

Cointet, Michèle, *Nouvelle Histoire de Vichy*, Fayard, 2011.

–, *Vichy et le fascisme*, Complexe, 1987.

Collectif, *Les Collabos. L'Histoire*, Pluriel, 2011.

Conan, Éric et Rousso, Henry, *Vichy, un passé qui ne passe pas*, Fayard, 1994.

Cotta, Michèle, *La Collaboration*, Colin, 1964 (sur la presse).

Delperrié de Bayac, Jacques, *Histoire de la Milice, 1918-1945*, Fayard, 1969 (un livre pionnier).

D'Orcival, François, *Les Français contre la Milice. Les grandes énigmes de l'Occupation*, Éditions de Crémille, 1970.

Estèbe, Jean, *Toulouse, 1940-1944*, Perrin, 1996.

Fageot, Christelle, *La Milice en Vaucluse, 1943-1944*, Études comtadines, 2008 (une belle étude locale).

Forbes, Robert, *For Europe. The French Volunteers of the Waffen-SS*, Helios and CY Limited, 2006.

Germain, Michel, *Histoire de la Milice et du maintien de l'ordre en Haute-Savoie*, La Fontaine de Siloé, 1997.

Giolitto, Pierre, *Histoire de la Milice*, Perrin, 1997.

–, *Volontaires français sous l'uniforme allemand*, Perrin, 1999.

Greilsamer, Laurent et Schneidermann, Daniel, *Un certain Monsieur Paul : l'affaire Touvier*, Fayard, 1989.

Historia, « La Milice. La collaboration en uniforme », hors série, n° 40, 1975.

Jäckel, Eberhard, *La France dans l'Europe de Hitler*, Fayard, 1968.

Koerner, Francis, *L'Épuration en Auvergne, 1944-1948*, La Galipote, 2009.

Koscielniak, Jean-Pierre, *Collaboration et Résistance en Lot-et-Garonne*, Éditions d'Albret, 2003 (une des meilleures études locales).

Koscielniak, Jean-Pierre et Souleau, Philippe, *Vichy en Aquitaine*, Éditions de l'Atelier, 2011.

Laurens, André, *Une police politique sous l'Occupation. La Milice française en Ariège, 1942-1944*, CRDP, 1982.

Mabire, Jean, *La Division Charlemagne*, Fayard, 1974.

Nans, François-René, *Philippe Henriot*, Godefroy de Bouillon, 1996.

Rigoulot, Pierre, *Les Enfants de l'épuration*, Plon, 1993.

Rousso, Henry, *Pétain et la fin de la Collaboration*, Complexe, 1984.

–, *Le Syndrome de Vichy*, Seuil, 1987.

Ruby, Marcel, *La Contre-Résistance à Lyon*, L'Hermès, 1981.

Saint-Paulien, *Histoire de la Collaboration*, L'Esprit nouveau, 1964.

Sansico, Virginie, *Les Cours martiales du secrétariat général au Maintien de l'ordre*, Payot, 2002.

Valla, Jean-Claude, *La Milice à Lyon, 1943-1944*, Éditions de la Librairie nationale, 2002.

Venner, Dominique, *Histoire de la Collaboration*, Pygmalion, 2004.

Viel, Hugues, *Darnand, la mort en chantant*, Jean Picollec, 1995.

Œuvres audiovisuelles

Malle, Louis, *Lacombe Lucien*, 1974.

Ophuls, Marcel, *Le Chagrin et la pitié* (Christian de La Mazière), 1971, scénario et entretien, Alain Moreau, 1981.

Chegaray, Denis et Doat, Olivier, *Haute-Savoie 1944*, documentaire, avril 1992.

Ferrari, Alain, *Milice, film noir*, 1997.

Schneidermann, Daniel, *Jour de pendaison au village*, Riff International Production, 2005.

Weber, Christophe, *Ces Français qui ont choisi Hitler*, France 3, 16 janvier 2012.

INDEX DES NOMS DE PERSONNES

TABLE

Réalisation : Nord Compo à Villeneuve-d'Ascq

Achevé d'imprimer en février 2020
par Normandie Roto Impression s.a.s. à Lonrai
N° d'impression : 2000310
Dépôt légal : mars 2020
ISBN : 979-10-210-4121-9
Numéro d'édition : 4404
Imprimé en France